KB276152

성덕에 입덕하다 – 함께했던 10년, 혁신을 그리다

성덕에 입덕하다 – 함께했던 10년, 혁신을 그리다

초판 1쇄 인쇄 2025년 11월 18일
초판 1쇄 발행 2025년 11월 28일

지은이 성덕초등학교 교육공동체
펴낸이 김승희
펴낸곳 도서출판 살림터

기획 정광일
편집 송승호·이희연·조현주
디자인 유나의숲

인쇄·제본 (주)신화프린팅
종이 (주)명동지류

주소 서울 양천구 목동동로 293, 2215-1호
전화 02-3141-6553
팩스 02-3141-6555

출판등록 2008년 3월 18일 제313-1990-12호
이메일 gwang80@hanmail.net
블로그 https://blog.naver.com/salimterbook
한국교육연구네트워크 https://www.kednetwork.or.kr

ISBN 979-11-5930-340-1(03370)

성덕에 입덕하다

함께했던 10년, 혁신을 그리다

성덕초등학교 교육공동체

살림터

성덕초등학교에
오신 것을
환영합니다.

성덕의 10년, 충남 혁신교육의 따뜻한 등불이 되다

김지철(충청남도교육감)

이 책에는 폐교 위기에 있던 작은 학교가 아이들의 웃음소리 가득한 행복한 배움터로 거듭나기까지, 성덕 교육공동체가 걸어온 10년의 발자취가 고스란히 담겨 있습니다. 이 감동적인 여정을 기록한 책의 발간을 진심으로 축하합니다.

특히, 성덕초등학교가 실천한 교과서 너머 삶과 맞닿은 '프로젝트 수업'은 충남 미래교육 2030이 지향하는 '교육과정 전환'의 핵심 가치를 가장 잘 보여주는 모범 사례입니다. 교사들이 자발적으로 교육과정을 재구성하고, 삶과 배움을 연결하는 이러한 주제 중심 수업을 통해 학생들은 스스로 질문하고 탐구하는 '학습 주체'로 성장하고 있습니다.

학생들이 학교 운영의 주인이 되어 민주주의를 체험하는 '다모임'과 '자율 동아리', 자연 속에서 배움의 즐거움을 온몸으로 깨닫는 '계절학교' 또한 성덕초만의 자랑입니다. 그 속에서 피어나는 아이들의 반짝이는 눈망울이야말로 우리가 추구해야 할 교육의 가장 밝은 미래입니다.

이 모든 변화는 아이들의 성장을 위해 끊임없이 대화하며 숙고해 온 선생님들의 뜨거운 열정, 학교를 향한 변함없는 신뢰를 보여주신 학부모님들의 깊은 사랑, 그리고 보이지 않는 곳에서 묵묵히 지원해 주신 모든 분이 함께했기 때문입니다.

'성덕스러움'이라는 고유한 향기로 가득한 이 책이, 작은 학교와 혁신교육을 고민하는 모든 분께 따뜻한 위로와 실천의 용기를 전하는 등불이 되기 바랍니다.

성덕초가 지난 10년의 아름다운 성장을 발판 삼아, 앞으로도 모든 아이가 저마다의 빛깔로 세상을 환하게 비추는 숲으로 자라날 수 있는 든든한 뿌리가 되어주길 기원합니다. 충남교육청은 성덕초의 빛나는 여정에 늘 함께하겠습니다.

성덕초 혁신교육 10년,
가슴으로 엮은 우리 이야기

성덕초등학교가 '혁신학교'라는 이름으로 새로운 꿈을 꾸기 시작한 지 어느덧 10년이 흘렀습니다. 지난해 말에 이어 올해 7월에도 함께 고민하며 오늘의 성덕을 이뤄낸 10년의 교육 가족들이 한자리에 모였습니다. 소중했던 순간들을 떠올리며 성장해 온 감동을 나눴습니다. 아이들의 작은 웃음소리 하나, 선생님들의 뜨거운 고민 하나하나가 모여 만든 소중한 발자취를 이제 한 권의 책으로 엮어 세상에 내놓습니다. 오늘의 성장을 위해 뜨거운 마음으로 헌신해 주신 모든 분께 진심 어린 감사와 존경을 전하고 싶습니다.

우리는 10년 전부터 '맛있는 배움, 멋있는 공동체, 행복한 학교'라는, 소박하지만 굳건한 비전 아래, 함께 손잡고 '나다움'으로 빛나는 아이들의 성장을 꿈꾸었습니다.

긴 여정에서 성덕초는 많은 것을 피워냈습니다. 아이들은 '다모임'을 통해 학교의 주인이 되어 민주주의를 배우고, '자율 동아리'에서 각자의 관심사를 마음껏 펼치며 도전과 책임감을 키웠습니다. 교과서 너머, 아이들의 삶과 맞닿은 '프로젝트 수업'과 자연을 벗 삼은 '계절학교'는 배움이 곧 삶이 되는 소중한 경험을 선물했습니다. 선생님들은 '학습공동체'에서 머리를 맞대고 끊임없이 고민하며, 아이들의 빛깔을 찾아주는 '교육과정 전문가'로 함께 성장했습니다. 모든 아이를 따뜻한 시선으로 보듬고 존중하는 문화 속에서 우리는 함께 숲을 이루는 법을 배웠습니다.

이 과정에서 교사들의 자율성을 존중하고, 모든 구성원이 '내 일처럼 학교를 걱정하는 주인의식'으로, 한마음 한뜻으로 지혜를 모아 위기도 헤쳐 나갔습니다. 아이들의 꿈을 담아낸 '감성꿈틀 사업'은 낡은 학교를 배움과 쉼이 공존하는 행복한 배움터로 탈바꿈시켰습니다.

이 책에 담긴 글들은 바로 이런 성덕의 '10년'을 함께 만들어온 우리 교육공동체 한 분 한 분의 진솔하고 감동적인 이야기입니다. 교사의 뜨거운 열정과 사랑, 학부모의 깊은 관심, 행정실의 묵묵한 지원, 그리고 관리자의 고뇌가 모두 '함께 배우며 나다움으로 성장하는 행복한 성덕교육'이라는 하나의 별을 향해 빛나고 있었음을 깨닫습니다. 이 소중한 이야기들이 세상에 빛을 보기까지 참여해 주신 집필진과 기록물 통합 원고팀, 그리고 보이지 않는 곳에서 힘을 보태주신 모든 분께 다시 한 번 감사드립니다. 이 책은 '성덕스러움'이라는 우리만의 빛깔로, 불가능해 보이던 꿈을 현실로 만들어낸 감동적인 여정의 기록입니다, 같은 길을 걷는 분들에게는 희망과 용기를 전하는 따뜻한 등불이 되리라 생각합니다.

지난 10년의 값진 성찰을 디딤돌 삼아, 앞으로도 우리 아이들이 저마다의 빛깔을 지닌 소중한 존재로 당당히 설 수 있도록, 미래의 삶에서 든든한 뿌리가 되어주는 학교와 삶의 터전이 될 수 있도록 늘 깨어 노력하겠습니다.

이 책을 읽는 분들의 마음에 깊은 울림과 감동을 선사하고, 작은 학교가 만들어낼 수 있는 소중한 가능성을 발견하게 되기를 바랍니다.

2025년 가을
성덕초등학교 교육 가족을 대표하여 방장호

우리 아이들은 특별합니다:
인성과 마음이 건강한 성덕의 아이들

성덕 아이들은 공부만 잘하는 아이들이 아니라,

인성과 마음이 건강한 아이들로 자라났다. …

작은 씨앗이 모여 숲을 이루듯, 성덕 아이들은 세상 속에서

햇빛을 향해 나아가는 나무가 될 것이다.

언젠가 또 다른 씨앗을 품어줄 따뜻한 그늘이 될 것이다.

숲을 지난 아이, 빛을 향해 나아가다
– 학부모가 바라보는 6년간의 성장 이야기

하은정(학부모)[*]

"나는 잘 모르는데, 틀리면 어떡해요?"

두레장인 누나가 졸업하고 6학년이 된 시우가 두레장을 맡아야 한다는 말을 들었을 때 내뱉은 첫 마디였다. 걱정스러운 표정에는 이미 두레장 역할을 알고 있다는 마음이 담겨 있었다. 순간, 이 아이가 그동안 함께 배우고 자라며 얼마나 값진 성장을 해왔는지 느낄 수 있었다.

성덕초에는 '두레 활동'이 있다. 학년별로 한두 명씩 모여 하나의 두레를 이루고, 선후배가 함께 어울려 서로를 알아가며 놀이와 프로젝트 활동을 하는 소규모 공동체다. 그 안에서 6학년은 한 해 동안 동생들을 이끌며 챙기는 '두레장'을 맡는다. 시우도 6학년이 되었기에 언젠가 이 역할을 맡을지도 모른다는 생각은 했지만, 실제로 임명장을 받았다는 소식을 들었을 때는 기쁨보다 걱정이 앞섰다. 그러나 담임선생님께서는 "5학년 부두레장이 곁에서 잘 도와줄 거예요"라며 안심시켜 주셨다. 아이 곁에는 늘 도와주는

---

* 2023학년도 졸업생 박시우 어머니.

손길이 있었다.

두레장 이야기를 듣는 순간, 입학식 날이 떠올랐다. 긴장과 설렘으로 가득한 교실에서 나는 다른 학부모들 앞에서 아이가 조금은 다르다는 사실을 고백해야 했다. 친구들이 시우의 '틀림'을 '다름'으로 받아들이고 함께 지낼 수 있기를 간절히 부탁드렸다. 학교생활의 시작이 결코 쉽지 않으리라는 것을, 나는 누구보다 잘 알고 있었다.

어린 친구들에게는 이해하기 어려운 모습이었을 수도 있다. 늘 배려받는 친구가 좋은 조건으로만 보이지 않았을 수도 있다. 하지만 선생님들은 "시우는 힘든 아이가 아니에요"라며 다독여 주셨고, 관계 속에서 친밀감을 느낄 수 있도록 끝없이 애써 주셨다. 집에서는 늘 불안하고 미안한 마음뿐이었지만, 학교와 함께였기에 안도했고, 아이는 한 걸음씩 성장해 갈 수 있었다.

그 성장은 해마다 열리는 성장 발표회 '별빛축제'에서 확인할 수 있었다. 무대에 오르기까지 부족한 점이 많았지만, 선생님들은 아이에게 모든 걸 혼자 감당하라고 요구하지 않으셨다. 오히려 엄마와 함께 준비할 수 있도록 길을 열어 주셨다. 아이는 부족함을 숨기지 않고 자신답게 무대에 설 수 있었고, 친구들과 어깨를 나란히 하며 한 뼘 더 자라난 모습을 보여주었다. 그때 나는 큰 울림과 감사를 느꼈다.

졸업을 앞둔 6학년의 수학여행 역시 큰 도전이었다. 수면 분리가 쉽지 않은 아이에게는 낯선 공간에서의 하룻밤이 벅찬 일이다. 그러나 학교는 "모두가 함께 추억을 쌓는 것"이 중요하다며, 엄마가 곁에서 도울 수 있도록 배려해 주셨다. 그 덕분에 아이는 또래 친구들과 제주도의 바람을 맞으며 소중한 추억을 만들 수 있었다. 성덕은 아이 한 사람의 특별한 필요가지 품어주는 학교였다.

그리고 이제 두레장을 맡은 시우는 동생들과 역할을 나누며 자신이 받은 배려를 돌려주려 한다. 완벽하게 해내지는 못하더라도, 최선을 다해 보려는 마음 자체가 성장의 증거였다. 동생들이 시우에게 방법을 알려주고 함께 도와주는 과정은, 혼자였다면 외로웠을 길을 함께 걷게 해주었다.

돌아보면, 두려움으로 시작했던 학교생활은 엄마를 칭찬받게 하는 아이의 모습으로 이어졌다. 이 아이의 성장에는 성덕에서 보낸 6년이 고스란히 담겨 있다.

씨앗마다 모양과 색이 다르듯, 아이들도 저마다의 빛깔과 가능성을 지닌 존재다. 부모가 흙을 고르고 씨앗을 심어주었다면, 선생님들은 햇살과 비가 되어 아이들을 길러 주셨다. 그리고 친구들은 서로의 그늘이 되어주며 웃음과 눈물을 나누었다.

이렇게 부모와 선생님, 친구가 함께했기에 아이들은 혼자가 아니라 함께 숲을 이루며 건강하게 자라날 수 있었다.

그 결과 성덕 아이들은 공부만 잘하는 아이들이 아니라, 인성과 마음이 건강한 아이들로 자라났다. 서로 존중할 줄 알고, 약한 싹을 보듬으며, 함께 숲을 이루는 법을 배운 아이들이다. 작은 씨앗이 모여 숲을 이루듯, 성덕 아이들은 세상 속에서 햇빛을 향해 나아가는 나무가 될 것이다. 언젠가 또 다른 씨앗을 품어줄 따뜻한 그늘이 될 것이다.

졸업 후 시우는 중학교 생활에도 잘 스며들었다. 낯선 환경에서도 주저앉지 않고, 초등학교에서 배운 '함께하는 힘'을 기억하며 새로운 도전을 이어갔다. 학교 오케스트라에 합류해 기타 연습에 몰두했고, 친구들과 '샤이니 오케스트라' 무대에 서는 경험을 했다. 무대 위에서 즐겁게 연주하는 모습은, 성덕에서 자라난 배움의 열매가 또 다른 자리에서 빛을 발하고 있음을 보여주었다.

성덕초의 6년은 아이에게 단순한 학창 시절이 아니었다. 자기 빛깔을 지닌 존재로 당당히 설 수 있게 한 토대였고, 앞으로의 삶에서도 흔들림 없이 나아갈 수 있는 뿌리가 되어주었다.

교실보다 큰 배움, 마음이 자라는 학교

김혜정(학부모)[*]

첫아이의 초등학교 선택은 쉽지 않았다. 동생이 둘 있어서 한 번의 결정이 세 아이의 학교생활에 영향을 미칠 것 같아 고민이 깊었다. 가능하면 세 아이 모두 같은 좋은 학교에 다니게 하고 싶은 마음이 컸기에 첫 선택에 더욱 신중을 기할 수밖에 없었다.

마침, 배정받은 학교가 과밀학급 해소 대상이라 인근의 작은 학교들로 진학할 기회가 생겼다. 전학이나 이사를 하지 않고도 학교를 선택할 수 있었기에 아이와 주변 학교들을 둘러보며 입학 상담을 받기 시작했다.

예전부터 시골 작은 학교에 대해 긍정적으로 생각했고 아이도 나도 성덕초의 분위기나 선생님들의 태도에 호감을 느꼈지만, 막상 현실이 되니 망설여졌다. 같은 반 친구들과 6년을 함께 보내야 하는 구조와 혁신학교에 대한 우려, 학력이나 사교육 문제까지 여러 가지 걱정이 뒤따랐다. 이런 고민으로 입학 결정을 내리기가 쉽지 않았다. '이 선택이 과연 아이에게 좋은 선택일까?' 수없이 되뇌었다.

---

[*] 졸업생 이효린, 이효아 및 2학년 이효슬 어머니.

그러던 중 마지막으로 교장선생님과 상담을 했다. 이전 상담보다 한층 깊은 이야기를 나누며 학교의 운영 철학, 아이들을 대하는 방식, 학부모와의 소통에 대해 진심 어린 설명을 들었다. 상담이 끝나갈 무렵 교장선생님께서 조용하면서도 단호하게 말씀하셨다.

"믿고 보내 주세요."

그 한마디가 유난히 크게 와닿았다. 그동안 머리로만 판단하려 했지만 결국 중요한 건 신뢰임을 깨달았다. 학교를 믿고 아이를 믿고 우리의 선택을 믿는 것. 그렇게 성덕초 입학을 결정하게 되었다.

아이의 초등학교 생활을 돌아보면 몇 번의 크고 작은 어려움도 있었지만, 행복하고 즐거운 기억이 더 많이 남는다. 새로운 친구들과 선생님을 만나며 하나하나 배워나가고, 일상의 소소한 순간마다 웃음과 성장을 함께한 시간이다. 학교가 너무 좋았던 아이는 아파서 결석하는 날이면 아픈 것보다 학교에 가지 못하는 것을 더 슬퍼했다. 코로나-19로 오랫동안 학교에 가지 못한 시기, 어른인 나도 버겁고 힘들었지만, 그 시간이 아이에게는 정말 미칠 노릇이었을 것이다.

성덕초등학교는 그야말로 따뜻하고 열린 공간이다. 학부모에게도 늘 열려 있어 언제든지 학교에 들러 아이들의 생활을 지켜볼 수 있었고, 궁금한 점이나 건의할 일이 있을 때마다 교장선생님과 선생님들이 귀 기울여주셨다. 학교는 아이들을 보내는 곳만이 아니라 동네 사랑방처럼 보호자와 아이들 그리고 선생님이 교감하는 곳이었다.

가끔 아이를 데리러 학교에 가면 운동장에서 선생님들과 아이들이 배드민턴을 치거나 축구, 캐치볼을 하는 모습이 눈에 띄었다. 자전거나 인라인스케이트를 타는 아이들 곁에서 선생님이 함께하며 서툰 아이들을 도와주기도 하셨다. 수업 시간만 함께하는 것이 아니라 아이들의 놀이와 삶에 친구처럼 다가와 주신 선생님들의 모습에 늘 감사하고 또 안심되었다.

안전을 위한 배려도 인상 깊었다. 아이들이 통학버스를 타고 내릴 때 최대한 차도를 건너지 않도록 교장선생님께서 버스 기사님과 함께 버스를 타시며 여러 차례 노선을 점검하고 조정하셨다는 이야기를 듣고 그 세심한 마음에 깊이 감동했다. 아이 한 명 한 명의 안전을 위해 발로 뛰는 모습은 교육 이상의 진심이었다.

이 학교의 가장 특별한 점의 하나는 학년 간의 벽이 낮다는 것이다. 다모임 활동이나 동아리 활동을 통해 전교생이 함께 어우러지며 형제자매 같은 관계를 만들어간다. 첫째 아이는 늘 언니가 있으면 좋겠다고 했는데, 너무도 잘 맞는 1년 선배 언니를 만나 "진짜 내 언니였으면 좋겠어"라고 할 정도로 친자매처럼 지냈다. 서로를 챙기고 응원하고 기대며 쌓아온 깊은 우정은 아이의 초등학교 시절을 더욱 풍요롭게 해주었고, 그 관계는 지금까지도 쭉 이어가고 있다.

아이들은 졸업 후에도 선생님이 보고 싶다며 학교가 끝나면 학원으로 과외로 바쁜 일상을 보내다가도 틈만 나면 선생님을 만나러 학교에 간다. 졸업생이 아닌 전학 간 아이도 선생님을 뵈러 함께 갔다고 했다. 아이들과 선생님의 신뢰와 사랑이 얼마나 깊은지 느껴졌고, 그런 성덕초에 아이가 다닌 것이 참 다행이고 감사하다.

교장선생님은 아이들을 위해 간식을 준비해 주시고, 아이들은 놀이터에 가듯이 교장실을 스스럼없이 드나드는 모습도 참 인상적이다. 우리가 어릴 때 느낀, '근엄하고 먼 존재'였던 교장선생님의 이미지와 달리 성덕초 교장선생님은 아이들에게는 다정하고 푸근한 할아버지 같은 분이다. "아이들

이 교장선생님을 너무 힘들게 해드리는 건 아닐까요?" 걱정스러워 말씀드
렸더니 "아유~ 좋아요. 친구인걸요."라고 하시며 아이들을 친구처럼 여기
시는 모습에 교육자로서 진심이 고스란히 느껴졌다.

　　하지만 안타깝게도 한 가지, 정말 일어나지 않기를 바랐던 일이 4학년
때 아이에게 생기고 말았다. 단짝 친구들 사이에 소외되는 일을 겪은 것
이다. 엄마로서도 너무나 속이 상하고, 작은 학교라 친구 관계가 한정적
일 수밖에 없다는 점에 처음으로 후회하게 되었다. 아이에게도 미안한
마음이 컸고, 다른 친구들과 어울려 보자고 하는 것 외엔 해줄 수 있는
게 없었다. 아이는 많이 울고 학교 가기를 싫어했으며 예전의 밝은 모습
을 잃은 듯했다.
　　하지만 시간이 흐르면서 다른 친구들이 먼저 손 내밀어 주었고, 아이는
점차 우울함을 떨쳐내며 학교에서의 즐거움을 되찾았다. "엄마, 친구들이
같이 놀자고 먼저 말 걸어줘서 고마웠어요."라는 말을 들었을 때 뭉클해졌
다. 그 일을 계기로 아이는 더 다양한 친구들과 교류하게 되었고, 무엇보
다 마음이 더 단단해지고 한층 성장했다. 아이 스스로도 그 경험을 통해
관계의 소중함과 사람 사이에서 일어날 수 있는 어려움을 이겨내는 방법
을 배운 것 같다.

　　성덕초에는 '계절학교'라는 이름 아래 계절에 맞춘 다양한 체험활동들
을 한다. 봄, 여름, 가을, 겨울마다 진행되는 이 활동들은 교과서를 넘어서
삶을 배우는 시간이자 자연과 더 가까워지는 시간이기도 하다. 그중 가장
기억에 남는 건 '별빛축제'로, 아이들이 무대 위에서 끼와 재능을 마음껏
펼치는 자리다. 우리 아이도 친구들과 함께 동요나 가요에 맞춘 안무를 선

보이기도 하고, 5학년 때는 친구들과 대본을 써서 〈대머리 선녀와 나무꾼〉이라는 패러디 연극을 무대에 올렸다. 가족애와 웃음이 어우러진 그 무대는 부모에게도 아이에게도 잊지 못할 추억이다.

사회자 오디션에 도전해 축제 사회를 맡기도 하고, '성덕대통령'이 되어 공약을 실천하는 등의 다양한 경험을 통해 아이는 약속을 지키는 책임감의 무게를 배우고 스스로 도전해 무언가를 이뤄내는 기쁨과 열정을 온몸으로 느꼈다. 이런 경험들은 아이에게 큰 자부심과 자신감을 심어주었고, 두려움 없이 도전할 수 있는 삶의 원동력이 되어주었다.

초등학교 6년의 마지막을 장식한 수학여행 또한 아이에게 더욱 특별한 경험으로 남았다. 아이들은 희망하는 여행지를 정하고 일정을 기획한 뒤 발표 자료를 만들어 학교 운영위원회에서 프리젠테이션을 했다. 최종 목적지로 제주도가 선정되었고, 아이들은 자신들이 주도적으로 계획한 수학여행을 하게 되었다. 준비 단계부터 실제 여행까지 전 과정에 적극적으로 참여한 덕분에 아이들은 큰 뿌듯함을 느꼈고, 전반적인 만족도도 매우 높았다. 다만, 수요자 부담 없이 진행된 여행인 만큼 예산에 제한이 있어 아이들이 기대했던 만큼의 다양한 먹을거리를 즐기지 못해 다소 아쉬움도 있었다. 그럼에도 무엇보다 6년 동안 함께한 친구들과의 마지막 여행이라는 점에서 더욱 특별하고 소중한 추억으로 남았다.

이 모든 경험에서 아이는 초등학교 6년이라는 시간을 단지 학교생활로 보내지 않았다. 사람을 배웠고, 마음을 나누었으며, 세상을 알아가고 자신을 키워갔다. 그리고 그런 여정을 함께 걸어온 선생님들, 친구들, 그리고 학교에 깊은 감사의 마음을 전하고 싶다. 무엇보다 아이가 이런 환경에서 웃고, 울고, 성장할 수 있었음에 부모로서 감사한 마음뿐이다.

졸업을 앞둔 우리의 성장 이야기

윤여명(2025 성덕대통령)[*]

벌써 초등학교 마지막 학년의 절반이 지나갔다. 6년 동안 꾸준히 자랐지만 6학년 1학기에 가장 많이 성장한 것 같다. 몇 달 뒤면 졸업이어서 설레기도 하고, 전보다 어려워진 공부들로 재밌기도 하고 힘들기도 했지만, 지나간 날의 경험들을 돌아볼 때 역시 그런 생각이 든다.

1학기를 돌아보면 많은 것이 떠오르는데, 다모임이 특히 기억에 남는다. 두레장이 되고서 다모임이라는 활동을 통해 리더십에 대해서도 배우고, 다른 친구들과 소통하면서 의견 조율하는 법을 배웠으며, 회의를 직접 체험해 보면서 배웠다. 다모임을 하면서 힘들기도 했지만 재미있어서 좋았다.

뭐든 시간이 지날수록 어려워지는 걸 느끼게 된 게 6학년 1학기였다. 공부는 물론 다른 것도 어려워졌지만 열심히 노력하다 보니 점점 괜찮아진 것 같다. 6학년 1학기는 노력과 리더십에 대해 많이 배우고 성장한 것 같다. 특히 학교 행사들이 도움이 되었다. 다른 친구들과 협력하는 행사들이 많았기에, 서로 도와주면서 함께 하는 것이 뜻깊었다. 힘들기도 했지만,

---

[*] 2025학년도 6학년 민주시민 프로젝트 학생 투표로 당선된 '성덕대통령'.

오랫동안 기억에 남을 것이다. 힘들 때도 많았지만, 친구들과 함께 해결해 간 경험들을 통해 성장하기도 했다.

가장 기억에 남는 건 모의 대통령 선거인 성덕대통령 활동이다. 1학기 때 마음이 맞는 친구들이랑 함께 고민하며 협동하는 과정이었다. 준비하며 힘들기도 했지만, 이 활동으로 배운 게 많았다. 홍보 과정도 재밌었고, 투표할 때는 떨리기도 했다. 내가 되리라 생각지 못했기에, 당선됐을 때는 실감이 나지 않았다. 회의 같은 것도 해보면서 정말 많이 성장한 것을 느낀다.

작년까지만 해도 나는 투표하는 입장이었지만 몇 개월 사이에 후보로 나온다는 게 실감 나지 않기도 했다. 벌써 초등학교 마지막 학기이며 곧 졸업이라는 것이 믿기지 않는다. 1학기 때만 해도 졸업이 멀게 느껴지고 빨리 졸업하고 싶었지만 2학기가 되니 정든 학교에 더 남고 싶다는 생각도 들고, 이번 학기가 더욱 특별하게 느껴진다. 특별하게 느껴지는 만큼 더 열심히, 후회 없이 보내려고 한다. 성덕초등학교에서의 남은 날들을 더 열심히 보내고 싶다.

성덕초에서 아이들과 마음을 가꾼다
– 학교가 즐겁다는 아이들, 함께 성장하는 인성 이야기

강나연(보건교사)

#1. 흔들리던 교실, 보듬지 못한 시간들

"선생님, 새로 옮긴 학교는 좀 어때요? '혁신학교'는 일도 많다던데…."

"잘 지내셨어요? 전 정말 좋아요. 잘 적응했어요. 선생님은요?"

"그렇다면 다행이네요. 말도 마세요. 저는 거의 매달 학폭에, 자해에…. 이제는 전문가가 다 된 것 같아요."

"어떡해요. 힘내세요, 선생님…."

오랜만에 친한 선생님과 대화를 나눈 후 기분이 묘했다. 다른 세계의 일 같았다. 얼마 전, 그러니까 성덕에 오기 전의 내 상황들이었는데 말이다. 감정 조절이 어려운 아이, 죄책감 없이 친구를 괴롭히는 아이, 자해를 자랑하듯 이야기하는 아이, 폭력과 상처로 힘든 아이들의 마음을 여력이 되지 않아 다 보듬지 못한 때가 있었다.

순수한 아이들에게 좋은 영향력을 줘야겠다며 초등학교를 선택했다. 내게 아이들이란 존재는 순수하고, 변화되기 쉬우며, 성장 가능성이 무한하다고 믿었기에 늘 사랑스러웠다. 그러나 언제부턴가 '초등학생답다'라는 말은 순수함만을 나타내는 말이 아닌 게 되어버렸다. 세상은 점점 피폐해지고, 아이들도 나이에 따라 더 복잡한 상처를 안고 있었으며, 나 또한 그 무게에 함께 흔들렸다.

#2. 요동치는 사춘기, 오히려 의젓해진 아이들

성덕초에 와서 처음 들은 말은 조금 낯설었다. "성덕초 아이들은 학년이 올라가면서 오히려 더 협조를 잘하고 의젓해진다"라는 이야기였다. 특히 감정이 요동치는 사춘기에 어떻게 그런 모습이 가능할지 의문이 들었다. 믿지 못했다. 하지만 아이들을 만나고 지내며 알게 되었다. 순수한 마음과 바른 인성을 지닌 아이들이 성덕초에 다 모여있었다.

먼저 인사하며 다가오고, 친구들과 함께하는 시간을 즐겁게 여기는 모습은 교사인 나조차도 따뜻하게 만든다. 복도나 운동장에서 마주친 학생들에게 의례적으로 "학교는 재밌니?"라고 물어보면, 놀랍게도 싫다고 하는 아이가 단 한 명도 없었다. 아이들은 하나같이 학교가 즐겁다고 했고, 그 진심 어린 대답에 감동했다.

성덕 아이들은 생각보다 훨씬 의젓하게 문제를 해결한다. 다툼으로 마음이 상한 친구가 있어도, 서로 만나 대화하고 감정을 나누며 풀어갔다. 작은 손으로 후배의 어깨를 두드리며 "괜찮아 나도 그랬었어." 하며 선배들은 후배를 다독이고, 친구들은 서르 도우며 관계를 회복했다. 교사는 그 곁에서 조용히 지켜보다가 필요한 순간에만 도움을 주었다. 선후배 사이에 자연스럽게 스며든 배려와 존중 속에서 아이들은 사회성과 공감 능력을 길러갔다. 어른들도 힘든 일일지 모를 일들을 아무렇지 않게 해결해 간다.

표현력이 부족해 걱정되던 아이도 프로젝트 수업에서 소외되지 않고 친구들과 협력하는 모습을 보여주었다. 역할을 나누고 의견을 주고받으며 함께 결과물을 완성하는 과정에서 아이는 자신감을 얻었고, 더불어 살아가는 법을 체득했다.

아이들이 왜 이렇게 인성이 바른지, 그 이유를 곰곰이 생각해 보았다. 그 바탕에는 아이들을 사랑으로 섬세하게 챙겨주시고 학교 일에 적극적으로 나서는 부모님들이 계셨다. 다양한 체험과 배움을 위해 오랜 시간 부단히 교육과정을 고민하시는 선생님들, 아이들이 비를 맞을까 하여 학교 이곳저곳을 살펴 뛰어다니며 우산을 챙겨 보내던 선생님 모습에 감동한 일도 떠오른다. 학교 일이라면 먼저 나서서 궂은일도 마다치 않는 관리자분들, 부족함이 없도록 묵묵히 학교를 아름답게 꾸미고 지켜 주시는 행정실 선생님들 그리고 보이지 않는 곳에서 일하시는 모든 분은 학교를 사랑하고 서로 돕고 싶어 했다. 학교 전체가 함께 아이들의 인성을 키워 내는 따뜻한 울타리인 것이다. 그래서일까, 성덕초의 1년 차 교사인 지금, 주기적으로 다른 학교로 옮겨가야 하는 규정이 벌써부터 아쉽기만 하다.

#3. 인성은 곧 미래다

빠르게 변화하고 정보가 넘쳐나는 오늘날일수록, 흔들림 없이 건강한 관계를 맺게 하는 힘은 인성이다. 혁신학교가 지향하는 바는 경쟁보다 협력, 점수보다 성장을 중시하는 교육이다. 여기서 나는 지식을 전달하는 사람을 넘어, 아이들의 '마음'을 키워주는 교사가 되고 싶다. 아이들이 힘들 때 곁에서 고민하고 응원하며, 실패조차 삶의 일부로 받아들이는 법을 알려 주고 싶다.

미국의 교육가 트라이언 에드워즈(Tryon Edwards)는 이렇게 말했다.

"생각이 말이 되고, 말이 행동이 되며, 행동이 습관이 되고,
습관이 성품이 되며, 성품이 운명이 된다."

아이들의 작은 생각 하나가 결국 그들의 운명이 된다는 이 말처럼, 교사로서 아이들이 올곧은 생각을 품고 내면의 힘을 키워갈 수 있도록 돕고 싶다. 올바른 인성과 따뜻한 마음을 바탕으로 성장한 아이들은 흔들리지 않는 자신감을 갖게 되고, 더불어 살아가는 세상에서 건강한 힘을 발휘할 수 있다.

우리는 때로 실패한다. 그러나 그 실패를 품을 줄 알 때, 아이들과 나는 더 큰 시너지를 내며 함께 성장할 수 있다. 성덕초는 아이들이 사회성을 배우고, 실패도 수용할 줄 아는, 함께 협력하며 성장하는 공간이다. 나 역시 매일 이곳에서 아이들과 큰마음으로 교사이자 배움의 동반자로 자라나고 있다.

이렇게 인성교육이 저절로 이루어지는 성덕초를 자랑하고 싶다.

교장실에서 꽃 피운 10년

방장호(교장)[*]

2016년, 성덕초등학교는 혁신학교라는 이름으로 새로운 여정이 시작되었다. '함께 배우며 나다움으로 성장하는 행복한 학교'를 만들겠다는 비전 아래, 우리 교육공동체는 서로 존중하고 배려하며 소통하는 공동체 생활을 목표로 삼았다.

나는 2017년 9월, 혁신학교를 향한 깊은 궁금증과 걱정을 안고 성덕초 교감으로 부임했다. 마침 교장선생님은 대학 동아리 선배이자 두 번의 교사 생활을 함께한 인연이 있기에, 네 번째 만나게 된 셈이었다. 당시 그분은 혁신학교의 시작과 함께 공모 교장으로 처음 부임한 교장을 의심의 눈초리로 경계하던 선생님들에게 "공모 교장 계획서 내용을 모두 백지상태에서 시작하겠다."라는 결의를 공포했다고 한다. 모든 것을 교원들과 협의하며 학교 경영의 틀부터 새롭게 하겠다는 의지를 듣고 선생님들도 학교장에게 마음 한켠을 내 주었다는 이야기에 고개가 끄덕여졌다. 이후 혁신을 위한 실험과 고민의 전면에 첫 혁신학교장으로서 혁신학교의 기틀을 굳건히

---

[*] 2017~2021년 본교 교감. 2024년부터 교장으로 재직.

세우게 되었다고 생각한다. 그 후 2기 공모 교장의 가장 중요한 과제를 교육환경 재구조화 사업으로 결의하여 교육청과 시청을 귀찮을 정도로 찾아다니며 지원을 끌어오고, 학생들의 요구사항을 적극 반영하여 교육활동 중심의 이상적인 교육환경을 구축하게 되었다.

혁신 의지와 강인한 리더십을 발휘한 전임 학교장들의 뒤를 이어, 교감을 거쳐 일반 신규 교장으로 부임하게 된 나는 성덕 교육 가족들의 기대에 미치지 못할까 늘 노심초사하며 스스로를 돌아보고 있다. 혁신학교의 가치를 굳게 지지하며, 선생님들의 자율적인 교육활동에 어려움이 없도록 교육공동체 구성원 간 협력과 활력을 지원하는 것이 나의 최우선 역할이라 생각한다.

매일 아침은 학생 맞이로 시작한다. 학생 대부분이 3~5km 떨어진 공동학구 지역에서 오는 관계로 45인승 두 대의 학교 버스와 학부모 차량으로 등하교한다. 선팅이 짙은 승용차로 학생을 내려주고 급하게 출근하시는 학부모와 눈도 마주치지 못할 때도 있지만, 대부분 학생을 내려주며 눈인사를 보내 주신다. 버스에서 내릴 때 손을 내밀어 주면 어린 동생들은 잘도 잡아주며 밝게 인사하지만, 고학년 중에는 고개 인사만 보내는 친구들도 있다. 그러면 오히려 더 크게 인사하기도 하며 학생들의 표정이나 기분을 살피는 게 하루의 시작이다. 특히, 친구들과 거의 어울리지 못하지만 자동차에 관심이 많은 지적 장애학생과 나누는 반복되는 이야기와, 개미를 관찰하며 오랫동안 쪼그려 앉아서 하는 알 수 없는 혼잣말이 하나씩 들리기 시작할 때는 선생님들께 자랑하며 기쁨을 느끼기도 했다. 이 순간들이 아이들의 마음을 보듬고 기다리며 '나다움'을 찾아가는 여정의 시작임을 의미한다고 생각한다.

교장실에 처음 들어와 봤다는 학생들이 의외로 많다. 업무상 꼭 필요한 선생님들도 교장실 앞에서 머뭇거리는 그림자를 종종 본다. 아무리 친해지고 낮아지려고 해도 때로는 친근함과 격의 없음이 가식적인 것으로 비치는 건 아닐까 생각하면 위축되기도 한다. 하지만 "열린 문은 사람의 관심을 부른다."라는 말처럼, 나는 교장실이 단순한 업무 공간이 아니라 학생들에게 언제든 열려 있는 '쉼과 놀이의 공간'이 되었으면 했다. 중간 놀이 시간이나 점심시간을 활용해 교장실 문을 열어 두고, 교장실을 찾는 아이들과 매일 '어린이 건강 비타민'을 주며 뻥튀기, 마카로니, 튀밥 같은 전통 간식을 나누었다. 처음엔 잔뜩 경계하며 쉽게 들어오지 않던 친구들이 용기를 내어 들어왔으며, 입소문을 듣고 아래층 저학년 친구들까지 찾아오게 되었다. 집에선 부모님이 사 줘도 거들떠보지도 않는 먹을거리를 교장실에만 오면 맛있다며 더 먹으면 안 되냐고, 어디에 가면 살 수 있냐고 묻는 아이들의 모습은 작은 웃음과 행복을 느끼게 했다. 비타민은 하루 한 알, 과자는 그때그때 기준으로 한 움큼씩만 나누며 '늘 원하는 것은 부족함 없이 얻을 수 있다'고 생각하는 학생들에게 '아주 작은 것을 통해 절제와 함께 나눔을 느낄 수 있기를 바라는' 마음도 담았다.

다음 단계로 교장실에 제기, 고누, 장기, 바둑알, 공기, 딱지, 그리고 다양한 운동 기구들을 비치하여 아이들이 마음껏 쉬고 즐길 수 있는 공간을 마련하고자 노력했다. 지금은 출장이나 회의로 교장실 문을 닫아 두면 다음 날 어김없이 "교장선생님이 어제 어디 가셨는지" 아쉬운 마음으로 묻곤 하여, 독방 교장을 불평할 틈이 없어 행복하다. 이런 작은 시도들이 아이들에게 '우리 학교는 따뜻하고 안전한 곳'이라는 인식을 심어주는 데 기여했으리라 믿는다.

우리 교육공동체 간 소통은 혁신학교의 가장 중요한 동력이다. 교직원회의와 교육과정 평가회, 워크숍에서는 모든 구성원의 의견을 민주적으로 수렴하고, 이를 교육과정 운영에 적극적으로 반영하는 문화가 구축되어 있다. 그동안 다져온 혁신 역량을 바탕으로 선생님들의 학생들을 향한 애정은 교육과정을 통해 전해져 왔다. 학기 전 작성한 재구성 교육과정을 발표하며 서로의 생각을 나누고 수정 보완을 통해 학생들의 성장을 함께 고민하니 학부모의 감사 인사가 끊이지 않는다. 새로 오신 선생님도 첫 공개 수업을 자신 있고 멋지게 해내셨다. 선생님들과의 일상적인 사전 수업 협의로 고민을 나누고 준비한 소통의 힘이라 생각한다.

학부모님들과는 교육과정 설명회와 평가회, 학부모 상담 주간을 통해 꾸준히 소통하며, 학교 밴드를 통해 교육활동 결과와 현안을 공유하고 의견을 수렴하여 교육활동 방향을 함께 정하고자 노력했다. 특히 학부모 지원단을 통한 계절학교 프로그램, 알뜰시장 학부모 부스 운영, 학부모 진로 멘토링 등 학부모님들의 자발적인 학교 교육 활동 참여는 우리 학교가 만들어 내는 아름다운 공동체 문화의 과정이다.

혁신학교의 성공에는 보이지 않는 곳에서 선생님들을 지원하는 중요한 구성원들이 있다. 행정실과 돌봄교실, 급식실과 학교 버스, 환경실무원과 노인 일자리 어르신, 안전지킴이에 이르기까지 10년의 혁신 문화를 위해 하나하나 돌탑을 함께 쌓아오신 분들이다. 그분들은 하나같이 학생들을 소중히 여긴다. 선생님들을 누구에게나 자랑하며, 성덕의 교육 가족임을 자랑스러워한다. 누구나 서로의 개성과 생각이 다를 수 있으나 공동 목표 안에서 서로 존중하며 함께 가고 있음을 느낀다.

솔직한 고민과 마주하다: 미래를 향한 약속과 기대

그러나 10년간의 혁신학교에 기쁨만 있었던 것은 아니다. 혁신학교의 가치와 생각이 다른 선생님이 발령받아 오신 지난해 첫날부터 학부모와의 갈등이 시작되었다. 거의 넉 달 동안 학교 시스템이 무척 흔들렸고, 교직원들은 학생들의 피해를 최소화하기 위해 많은 고민과 수고를 감당해야 했다. 그 과정에서 우리 학교의 혁신 문화가 튼튼하지 못했다면 헤어나지 못하는 소용돌이로 빠져들었을 것이다. 교장으로서 때로는 제한된 권위와 상충하는 요구사항들로 깊은 고민에 빠지기도 했다. 학생, 학부모, 교사 등 다양한 구성원들의 민원과 요구사항들을 조율하고, 모두가 만족할 만한 결정을 내리기는 결코 쉬운 일이 아니었다. 특히 평가회에서 "교사들의 의지를 지지해 주지 못한 적도 있다"라는 지적을 들었을 때는 많이 속상했다. '혼자가 아닌 함께 해결하는 학교'를 지향했지만, 그 과정에서 소통의 간극을 좁히지 못했거나 충분히 공감대를 형성하지 못한 부분들이 있었음을 인정한다. 신뢰와 존중을 바탕으로, 자유로운 소통과 협력을 통해 함께 만들어가는 '성덕스러움'의 교육 문화를 더욱 깊이 뿌리내려야겠다.

혁신학교 10년은 성덕초등학교가 걸어온 소중한 발자취이자, 앞으로 걸어갈 길에 대한 굳건한 다짐이다. 이를 통해 앞으로도 성덕의 교육은 '삶과 연결되는 교육'으로 '어려움을 극복할 수 있는 지혜'를 함께 배우며 학생들이 '나다움'을 찾고 행복하게 성장할 수 있도록 지원하는 삶의 터전이 되도록 더욱 힘쓸 것이다.

교장 선생님께
안녕하세요 선생님! 스승의 날을 기념으로 감사한 마음을 담아 편지를 써봤어요. 항상 웃는 얼굴로 저희를 맞이해 주시고 교장실에 저희가 가면 간식도 많이주시고 저희 학교를 지켜주셔서 감사합니다.

안녕하세요 저는 유겸이예요 교장선생님이 저가 유치원이 있을 때 교장선생님인가 교장선생님이었던 것 같은데 그래서 작년에 오셨을 때 약간 끌리는 느낌이 있었던 둘아요 그리고 매일 비타민 주셔서 감사합니다 저희학교를 잘 이끌어 주셔서 한번더 감사합니다

1부

성덕초등학교, 무엇이 다른가?: 우리 학교 성장의 디딤돌

오늘도 두레장은 어린 두레원의 손을 잡고 의견을 모읍니다.

자율 동아리에서는 학생들의 웃음과 열정이 교실마다 가득합니다.

아이들 스스로 공동체의 길을 만들어가는 이 모습은 단순한 활동을 넘어,

삶의 태도를 배우는 배움터가 됩니다.

학생들의 손으로 빚어낸 학교
– 우리 학교 학생 자치의 첫걸음

문정훈(교사)

아침 햇살이 학교에 스며드는 순간, 버스에서 내리는 학생들의 웃음소리가 바람처럼 흘러듭니다. 10년 전, 우리 학교는 서른 명 남짓한 작은 배움터였습니다. 학생들은 서로의 얼굴을 한눈에 알 수 있었고, 3월 초부터 이름을 기억하며 금세 웃으며 함께 놀던 시절이었습니다. 작은 학교를 살리기 위해 교육공동체의 동의를 얻고 혁신학교를 시작했습니다. 혁신학교를 시작하면서 가장 중점을 둔 점의 하나가 학생 자치활동입니다. 처음 학생 자치를 시작할 때 작은 공동체였기에 다툼도 금방 풀렸고, 마음을 모으는 일도 오래 걸리지 않았습니다. 형은 동생 손을 잡아주고, 누나는 후배의 발표를 도와주었습니다. 교사들은 학생들의 대화를 지켜보며, 스스로 해내는 과정을 믿고 기다려 주었습니다.

그러나 시간이 흐르며 우리 학교는 백 명 가까운 학생들이 모여 사는 큰 공동체가 되었습니다. 이제는 쉽사리 서로 이름을 다 외우지 못할 만큼 아이들이 늘었지만, 그만큼 다양한 이야기가 오가고, 다채로운 목소리가 학교를 채우게 되었습니다. 작은 학교에서 큰 학교로 자라나는 동안, 우리를 지탱해 준 힘은 다름 아닌 학생 자치활동입니다.

다모임, 작은 소통이 큰 배움으로

다모임은 우리 학교의 민주주의 놀이터입니다. 학기 초가 되면 선생님과 학생들이 함께 모여 한 해 동안 다룰 주제를 정합니다. 이후 매달 열리는 전체 다모임과 고학년 다모임은 학교생활의 중심을 이루어 왔습니다.

다모임의 가장 큰 특징은 다양한 학년이 섞여 있는 두레 학생들끼리의 소통입니다. 학생들은 단순히 손을 들어 다수결로 결정하지 않습니다. 먼저 서로의 의견을 찬찬히 나누고, 장단점을 짚으며 이야기를 이어갑니다. 설득과 양보가 오가는 대화 끝에 합의점을 찾아가려 노력합니다. 그래도 끝내 의견이 하나로 모이지 않으면 다수결의 손을 빌립니다. 학생들은 이 과정을 통해 민주주의가 숫자로 정해지는 것만이 아님을 몸으로 배워갑니다.

물론 쉽지 않습니다. 특히 1~2학년 학생들은 아직 경청 태도가 부족하고, 호기심 많은 장난꾸러기라 회의를 집중해서 이어가기 어렵습니다. 어떤 날은 작은 장난 하나가 회의를 끊기도 하고, 또 어떤 날은 자기 생각을 말하지 못해 눈치만 보는 친구들도 있습니다. 그럴 때마다 두레장의 얼굴에는 당황스러운 기색이 역력하지만, 시간이 흐를수록 학생들은 다양한 문제들을 해결할 수 있는 자신만의 방식을 찾아갑니다. 어린 동생들에게 다시 한 번 부드럽게 질문을 건네기도 하고, 그림이나 몸짓으로 설명하며 이해를 돕기도 합니다.

두레장은 늘 6학년 학생들이 맡습니다. 열 명 정도의 두레원을 책임지고 이끌어가는 자리는 결코 가볍지 않습니다. 그렇게 힘듦을 견뎌 책임감이라는 단단한 나무가 되는 졸업을 앞두면, 6학년 학생들은 입을 모아, 두레장 경험이 가장 값지고 뿌듯했다고 이야기합니다. "다모임을 하면서 학생들의 의견을 들어주려 노력한 게 기억에 남아요.", "두레 중심에서 이끌수 있다는 게 신기했고, 나도 많이 변했어요." 학생들의 이런 고백에 자치활동이 남긴 흔적이 고스란히 담겨 있습니다. 다른 학교에서는 좀처럼 보기 힘든 경험이기에, 우리 학교의 소중한 전통이라 할 수 있습니다.

자율 동아리, 작은 관심이 큰 배움으로

다모임이 학생공동체의 목소리를 모으는 장이라면, 자율 동아리는 학생들 한 명 한 명의 관심사가 모여 스스로 꽃을 피우는 무대입니다. 초등학교에서 자율 동아리를 운영하기는 쉽지 않습니다. 초등학교라는 특성상 선생님 손에 많은 것을 의존하기 때문입니다. 하지만 우리 학교는 도전을 시작합니다. 그렇게 매해 시간이 지날 때마다 선생님의 손길은 조금씩 줄어들었습니다. 그리고 수많은 노력과 시간을 통해 진정한 자율 동아리의 모습이 갖춰지게 되었습니다. 학기 초, 학생들은 스스로 만들고 싶은 동아리를 제안합니다. 추천인 두 명을 모아 신청서를 내야 하고, 최소 다섯 명 이상이 모여야 개설할 수 있습니다. 또한 다른 학년이 섞여 있어야 한다는 원칙 덕분에, 선후배가 함께 배우고 가르치며 자연스럽게 어울리는 문화가 만들어졌습니다.

동아리 종류는 참으로 다채롭습니다. 뜨개질 동아리에서는 알록달록한 털실로 작은 가방과 인형을 만들고, 코딩 동아리에서는 아이들이 만든 게임을 선보입니다. 만들기 동아리에서는 손끝에서 새로운 작품이 태어나고, 댄스 동아리 교실에서는 음악과 발걸음이 어우러집니다. 보드게임, 스포츠, 요리 동아리까지, 학생들의 호기심과 상상력은 늘 새로운 동아리를 만들어냅니다.

이렇게 자율 동아리가 정착되고 나니, 학생들은 다른 동아리가 어떤 활동을 하는지 궁금해지기 시작했습니다. 학생들의 궁금증을 해소하고 더 효과적인 자치활동을 하고자 특별한 날을 계획하게 되었습니다. 바로 '자율 동아리 공개의 날'입니다. 동아리별로 자율 동아리 주제를 정하고 자율 동아리에 참여할 수 없는 1~2학년을 초청하는 이 날은 학교가 온통 축제 분위기로 물듭니다. 별빛누리(강당)에서 체험 부스가 열리고, 어린 친구들이 부스에 앉아 자기 차례를 기다립니다. 댄스 동아리 부스에서는 율동을 함께 배우고, 요리 동아리 부스에서는 작은 간식을 맛보며 눈을 반짝입니다. 1~2학년 학생들은 "또 하고 싶다"를 연발하며 체험을 합니다. 1~2학년 학생들에게는 일 년 중 가장 기다려지는 날이고, 3~6학년에게는 힘든 준비 끝에 맛보는 보람의 순간입니다. 준비하는 동안 지치고 힘들다며 투덜거리던 학생들도, 공개의 날이 끝나면 어린 친구들의 환한 얼굴 덕분에 "다시 해도 좋다", "2학기에 또 공개하고 싶다"라고 말하곤 합니다.

이렇듯 자율 동아리는 단순한 취미 활동을 넘어, 학생들이 스스로 기획하고 실행하며 책임을 배우는 소중한 자리입니다. 교사는 물품 구입을 돕거나 학생들의 갈등을 중재하는 정도만 맡습니다. 운영의 중심은 학생들이며, 배움 또한 학생들 스스로 만들어 갑니다.

우리 학교 자치활동의 특별함

다른 학교의 학생 자치활동은 때로 교사가 주도하거나 정해진 형식에 머무르는 경우가 많습니다. 연속성이 없는 일회성 행사에 머무는 경향도 있습니다. 하지만 우리 학교는 학생들에게 스스로 운영할 수 있는 진짜 기회를 줍니다. 학생들의 작은 의견은 학교의 큰 변화를 이끌어냈고, 다양한 분야의 소박한 관심은 자율 동아리에서 배움으로 자라났습니다.

교사가 주도하지 않고 학생들 스스로 만들어가는 과정은 언제나 쉽지 않았습니다. 하지만 그 과정에서 학생들은 책임을 배우고, 서로 다름을 존중하며 민주주의의 씨앗을 심어 왔습니다. 그리고 그 씨앗은 우리 학교 곳곳에 뿌리내려, 매일의 생활 속에서 든든한 나무가 되었습니다.

10년간의 자치활동을 돌아보며

30명 남짓한 작은 학교에서 시작된 자치활동이 이제는 백 명의 학생들이 모여 이루어내는 큰 공동체로 성장했습니다. 그 변화 속에서 학생들은 자치활동을 통해 스스로 할 수 있다는 믿음을 배웠습니다.

오늘도 두레장은 어린 두레원의 손을 잡고 의견을 모읍니다. 자율 동아리에서는 학생들의 웃음과 열정이 교실마다 가득합니다. 아이들 스스로 공동체의 길을 만들어가는 이 모습은 단순한 활동을 넘어, 삶의 태도를 배우는 배움터가 됩니다.

학생들이 이끌어가는 다모임과 자율 동아리는 우리 학교의 자랑이자, 앞으로도 이어가야 할 소중한 전통이 되었습니다. 그 길에서 아이들은 책임을 배우고, 자유를 누리며, 함께 살아가는 기쁨을 깨닫습니다. 작은 자치의 경험이 아이들의 내일을 밝히는 등불이 되기를, 그리고 이 학교의 또 다른 10년을 든든히 지탱해 주기를 바랍니다.

함께 성장하여 빛이 나는 공동교육과정

양영택(교사)

우리 학교에 5년간 있으면서, 우리 학교의 혁신학교 교육과정을 소개하는 자리에 참석한 적이 있다. 그런 자리에 서면 늘 "우리 학교의 혁신학교 교육과정의 큰 두 갈래* 중 하나인 '나다움 교육과정'은 다시 두 갈래로 나눌 수 있습니다. '공동교육과정'과 '교사교육과정'입니다."라고 이야기를 시작한다. 이렇게 이야기를 이어가다 보면 듣고 계신 선생님들의 머릿속에 이런 질문이 자리잡는 것 같다. 누가 봐도 성덕초의 가장 큰 강점인 '교육과정 재구성을 통한 교사교육과정 운영'과 달리, '공동교육과정 운영'은 다른 학교에서도 많이들 하고 있지 않느냐는 질문 말이다. 어찌 보면 틀린 말은 아니다. 우리 학교 공동교육과정을 대표하는 활동인 계절학교는 많은 소규모학교나 혁신동행학교 등에서도 운영하고 있다. 사실, 어떤 학교들의 계절학교 활동에는 우리 학교보다 더 멋지고 화려한 활동들도 많다. 그럼에도 나는 우리 학교의 공동교육과정은 학교를 든든하게 받쳐주는 주춧돌과도 같다고 생각한다.

---

* 나다움 교육과정, 세계시민교육.

공동교육과정의 싹이 움트는 '교육과정 수립 워크숍'

우리 학교의 공동교육과정은 매년 2월 초반에서 중반 즈음 진행되는 '교육과정 수립 워크숍'에서 싹틔우기 시작한다. 매년 2박 3일간 모든 선생님이 모여 우리 학교의 한해살이를 위해 부단히 노력한다. 워크숍에서는 우리 학교 비전 돌아보기, 교육 목표 돌아보기 등 학교 혁신을 위해 지향하는 가치에 대한 나눔도 이루어지지만, 이런 활동이 끝나면 공동교육과정 수립에 많은 시간을 쏟게 된다. 교사교육과정이 원활하게 돌아가려면 명확한 공동교육과정 수립이 가장 중요하기 때문이다. 이때, '학기 초 적응활동', '계절학교', '성장 지원 활동' 및 기타 교육 목표에 따른 공동교육과정 운영 계획이 탄탄하게 만들어지게 된다. 이런 공동교육과정은 구성원 모두의 의지에 따라 조금씩 바뀌어 왔고 또 바뀌어 가겠지만, 혁신학교 10년을 맞이한 만큼, 지난 10년간 꾸준히 이어져 왔고 앞으로도 이어져 가길 바라는 몇 가지 공동교육과정 활동들을 간략하게 소개하고자 한다.

하나, 함께이기에 의미 있는 첫걸음, '학기 초 적응활동'

먼저 '학기 초 적응활동'이다. 학기 초 적응활동 주간은 각 학기의 처음 1주일간 학급 모두가 같은 일정으로 한 학기살이를 준비해 가는 기간이다. 먼저 학교에서 함께 해가야 하는 활동들을 학기 초 적응활동에 배치한다. 우리 학교 세계시민교육의 핵심인 다모임 구성, 다모임 이름 및 약속 정하기 등의 활동을 이 첫 주에 하게 된다. 1년간 함께 해갈 두레장과 두레원들이 결정되는 자리인 만큼, 아이들이 몹시 설레는 시간이다. '학교 사용 설명서'라는 학교 공간 사용 규칙도 이 시기에 결정하게 된다. 학생들이 학교 공간을 돌아보며 우리 학교 공간 사용에 대한 문제점도 탐색해 보고, 이런 문제점을 해결하기 위해 학생들이 학교 사용 규칙인 학교 사용 설명서를 만들게 된다. 학기 초에 만드는 이 규칙은 2학기 초 적응활동 때 한 번 더 돌아보며, 자신들이 학교 공간 규칙을 잘 지키고 있는지 생각해 보게 된다. 이 외에도, 자율 동아리 조직이나 학교폭력예방교육, 성폭력 예방 교육 등의 시간도 배정한다. 물론, 담임과의 만남, 정리의 달인(학급 정리 활동), 학급 세우기(학급 규칙 만들기) 등 학급을 만들어가기 위한 학급 활동들도 자리 잡고 있다. 학생들은 이런 다채로운 학기 초 적응활동을 해가며 학기 초의 어수선한 마음을 가다듬어 간다. 무엇보다, 학기 초부터 공동체 모두가 같은 시간에 같은 활동을 해가며 하나의 공동체 문화를 형성해 가기 시작한다. 이런 점들이 반영되어 있기에 학기 초 적응활동은 의미와 값어치가 더욱 크다.

둘, 단순한 체험을 넘어 '의미'와 '주제'가 있는 '계절학교'

다음으로 '계절학교'다. 우리 학교의 계절학교는 계절별로 3~4일간 계절별 활동들을 한다. 사실 계절학교 하면 학생들도 즐거운 계절별 체험활동들을 떠올리고, 많은 선생님도 그런 생각이 먼저 떠오르리라 생각한다. 하지만 우리 학교의 계절학교는 학생들에게 시기별로 필요한 교육 내용, 역량 등을 살펴본 뒤, 계절에 맞추어 의미 있는 교육과정을 형성해 가기 위한 활동으로 운영된다. 특히 우리 학교는 각종 계기 교육이 학급 교사교육과정을 침해하지 않도록, 미리 계절학교에 그러한 내용을 반영해 운영하면 좋겠다고 생각하여 시작했다고 들었다. 그런 의미를 살려, 매 계절학교에는 장애 이해 교육, 흡연 예방 교육, 정보통신윤리교육 등 필수적인 계기교육 또는 예방 교육을 포함하어 운영된다. 하지만 사람은 계절의 변화를 소중하게 느끼며 살아가야 더 사람답지 않은가? 아니, 이런 철학적인 의도와는 별개로 '계절 관련 체험을 하면 아이들이 더 흥미를 느끼지 않을까?'

하는 단편적인 생각을 갖고, 나는 계절과 관련된 계절학교 프로그램도 많아지길 기대했다. 실제로도 계절 체험(딸기 체험, 여름 음식 만들기, 가을 수확 체험, 겨울 계절 체험활동), 물놀이 체험학습, 겨울스포츠 체험 등의 계절별 활동도 많이 반영되어 운영되었다.

또, 이렇듯 즐거운 계절학교 프로그램이 매년 운영되고 있지만, 우리 학교의 계절학교가 특별한 점을 하나 꼽으라면 '주제'가 있다는 점이다. 계절과 맞는 적절한 주제를 교직원들과 궁리하여 4개 주제(봄—생태, 여름—진로, 가을—도전, 겨울—성장)를 선정했다. 이런 주제를 토대로 '우리 고장 걷기' 등 생태 체험활동, '진로 멘토링' 및 '자율 동아리 공개의 날' 등 진로 체험활동, '산악 원정대' 등 도전 활동, '성장 발표회', '상장 만들기' 및 '별빛축제' 등 성장 지원 활동과 같은 활동들도 교직원 모두가 고민하고 선정하여 운영해 가고 있다.

셋, 나다운 성장을 돕는 '성장 지원 활동'

마지막으로 소개하고 싶은 공동교육과정은 우리 학교의 '성장 지원 활동'이다. 우리 학교의 비전은 '함께 배우며 나다움으로 성장하는 행복한 학교'다. 모든 학생이 삶의 주체로서 성장해 가길 바라며, 다양한 성장 지원 활동을 운영하고 있다. 먼저 앞에 소개한 '학기 초 적응활동' 때 나의 성장 계획 세우기 활동을 모든 학년에서 진행한다. 학년성에 맞게 학생들이 올해 어떤 것들을 성장시켜 가고 싶은지 생각해 보게 한다. 이런 성장계획을 학급 구성원 모두와 나누고, 보호자에게 확인받아 오는 과정을 통해 공언하게 된다. 학생들은 이런 성장계획을 잘 지켜서 자신을 성장시켜 가기 위해 노력하는지 꾸준히 계획을 점검하고, 필요한 경우 수정한다.

이런 성장계획의 수립과 교정은 학생들이 '성장'의 필요성을 느끼게 하는

데, 그런 고민을 하며 성장한 아이들은 훨씬 값어치 있는 성장을 하게 된다. 이렇게 1년간 성장을 위해 고민한 자신의 활동지나 작품들을 하나의 큰 파일철에 모은다. 이런 활동이 여섯 번 쌓여 6년간 모인 파일철을 '성장 포트폴리오'라고 부른다. 이 성장 포트폴리오는 졸업식 날 늘 졸업식장 한 편에 놓여있는데, 학생마다 두툼한 파일철을 하나씩 갖고 집으로 돌아간다. 나는 6학년 담임이었을 때, 아이들과 이 성장 포트폴리오 열어보는 것을 좋아했다. 아이들은 이 포트폴리오를 보며 1학년 때부터 자신이 얼마나 성장해 왔는지 절실하게 느끼게 된다. 그 아이들의 모습을 보면 나도 '우리 아이들이 정말 많이 성장했구나!' 하고 생각하게 된다. 이런 성장에는 공동교육과정 내 성장 지원 활동이 큰 역할을 해내고 있다고 믿는다.

이 성장 지원 활동의 백미는 역시 '성장 발표회'다. 여름이 되어가면 학생들은 겨울 계절학교에 있는 성장 발표회 활동을 구상하기 시작한다. 성장 발표회는 자신의 한해살이 중 어떤 것이 가장 성장했는지 전교생에게 보여주는 자리다. 학생들은 2~3분 정도의 시간마다 자신의 성장 내용을 여러 번 발표하게 된다. 고학년 아이들에게도 십여 분 가까이 같은 내용을 여러 번 발표하는 것은 쉽지 않지만, 이런 과정은 저학년 학생들에게는 큰 시련의 시간이기도 하다. 긴장을 이기지 못하고, 매해 한두 명의 학생들은 발표를 두려워하며 울기도 한다. 하지만 그런 장면을 보는 학생들 마음은 남다르다. 학생 모두가 성장 발표회 때 발표하는 그 두려움을 잘 알기에, 울고 있는 학생들을 기다려 준다. 어떤 친구들은 발표를 잘할 수 있게 격려하고, 자신도 그랬다는 경험담을 이야기하며 다독이기도 한다. 그렇게 응원을 받은 학생들은, 내년 성장 발표회에서는 한층 발전된 모습을 보인다. 그 아이들이 고학년이 되면, 자기 앞에서 힘들어하는 저학년을 위해 응원해 가는 모습을 보여줄 것이다.

혁신학교 시작부터 10년간 이어져 온 공동교육과정을 몇 가지 소개했는데, 다시 봐도 우리 학교의 굳건한 주춧돌을 만들어 주는 활동들이라는 생각이 든다. 다만, 이런 활동이 매번 똑같이 이어져 가는 것은 바라지 않는다. 앞으로도 우리 학교의 공동교육과정 내용은 변화해 갈 것이다. 다만, 이런 변화 속에서도 공동교육과정이 지향해야 할 가치는 '공동교육과정은 함께 성장하는 시간이기에 빛이 나는 것'이라는 점이다. 내용은 변화해 가더라도, 모두가 함께 성장해 갈 수 있는 소중한 시간으로 공동교육과정이 남길 바란다.

2025학년도 주제 융합 공동교육과정

공동교육과정		
학기 초 적응활동	계절학교	성장 지원 활동
▶ 학기 초 학급 모두가 같은 일정으로 한 학기 살이를 준비하는 활동 ▶ 각 학기의 처음 1주일 운영	▶ 계절에 맞는 주제를 중심으로 의미와 주제를 탐색해가는 공동 활동 실시 ▶ 계절별 3~4일간 실시 ▶ 생태(봄) - 진로(여름) - 도전(가을) - 성장(겨울)으로 이어지는 주제 중심 운영	▶ 모든 학생이 삶의 주체로서 성장해 가길 바라며 학교 차원에서 다양한 성장 지원 활동 실시 ▶ 1년간 쌓인 성장 활동을 6년간 쌓아 학생이 성장과 마주할 수 있도록 지원
▶ 다모임 구성 ▶ 다모임 이름, 약속 정하기 ▶ 학급 세우기 ▶ 학교사용설명서 만들기, 돌아보기 ▶ 자율 동아리 조직 및 계획 ▶ 나의 성장 계획 세우기	▶ (봄) 마을 봉사 활동, 창의 융합 캠프, 우리 고장 걷기, 봄 계절 체험(딸기체험 등), 각종 계기교육 ▶ (여름) 진로체험학습, 물놀이 체험학습, 자율 동아리 공개의 날, 여름 계절 체험(여름맞이 음식 만들기 등) ▶ (가을) 독서행사(작가와의 만남, 독서골든벨 등), 공동체 놀이, 알뜰시장, 산악원정대, 각종 계기교육 ▶ (겨울) 성장 발표회, 별빛축제, 겨울 스포츠 체험, 상장 만들기, 겨울 계절 체험(겨울맞이 음식 만들기 등)	▶ 나의 성장 계획 세우기 (1학기 초 적응활동 연계) ▶ 성장 발표회 공언, 준비하기 ▶ 나의 성장 계획 점검 (2학기 초 적응활동 연계) ▶ 성장이야기 발송 (학기 말, 평가 결과 포함) ▶ 성장 발표회, 별빛축제 ▶ 6년 성장 포트폴리오 완성 ▶ 졸업발표회

교육과정 수립 워크숍 & 학기별 교육과정 평가회

- 학년도가 시작하기 전인 2월에 2박 3일간 교직원 대상 교육과정 수립 워크숍 실시
- 학교의 비전을 돌아보고, 비전에 따른 교육 목표와 활동 수립
- 학기 말에는 교육과정 평가회를 통해 교육활동 내용을 돌아보고, 피드백 내용은 앞으로의 학교 교육과정 및 교육활동에 반영

봄

4.3(목)

마을 봉사 활동	장애이해교육 성폭력예방교육	창의 융합 캠프

4.4(금)

우리 고장 걷기 (탑정호 인근)	봄 계절 체험

5.2(금)

우리 두레가 최고야	예절교육 마술공연

여름

6.9(월)

아트스쿨 진로체험학습

6.20(금)

물놀이 체험학습

6.26(목)

자율 동아리 공개의 날	진로체험 및 여름 계절체험

계절학교

가을

10.15(수)

독서행사 (독서골든벨, 보호자 활동 등)	정보통신윤리교육
	학교폭력예방교육

10.16(목)

해양 환경 교육	공동체 놀이

10.17(금)

체력왕 뽑기	알뜰시장

10.24(금)

산악원정대 (부소산, 향적산, 대둔산)

겨울

12.12(금)

별빛축제 리허설	별빛축제

12.19(금)

성장 발표회	겨울 계절 체험	성장 발표회

12.26(금) - 겨울스포츠

1, 2학년 (눈썰매)	3~6학년 (스케이트)

2025학년도 학기 초 적응활동

2025학년도 1학기 초 적응 활동

	3.4(화)	3.5(수)	3.6(목)	3.7(금)
1~2교시	개학식 입학식 (1, 5, 6학년, 10시~)	학급 세우기 (성폭력 예방교육) 다모임 구성 (2~6학년)	학교 사용 설명서 (공간 둘러보기- 문제점 파악-제작) (2~6학년)	나의 성장 계획 세우기 (2~6학년)
3~4교시	담임과의 만남 (감염병 예방교육) 정리의 달인	다모임 이름, 약속 정하기 (2~6학년)	공동체 놀이 (2~6학년)	자율 동아리 홍보, 조직 및 계획 (3~6학년)
5~6교시	자율 동아리 안내 (3~6학년)	공동체 놀이 준비 (3~6학년)	학급 세우기 (학교폭력예방교육)	적응 활동 평가

2025학년도 2학기 초 적응 활동

	8.18(월)	8.19(화)	8.20(수)	8.21(목)	8.22(금)
1, 2 교시	개학식 및 방학 생활 나눔	학급별 프로젝트 만들어가기	학교사용설명서 돌아보기 (다모임)	학기 초 안전교육- 응급처치(4) 학기 초 안전교육- 응급처치(5)	학기 초 안전교육- 응급처치(1) 학기 초 안전교육- 응급처치(2)
3, 4 교시	정리의 달인 학급 규칙 돌아보기	공동체 놀이 계획하기 (다모임)	성장 계획 점검	학기 초 안전교육- 응급처치(6)	학기 초 안전교육- 응급처치(3)
5, 6 교시	자율 동아리 안내(3~6학년)				공동체 놀이 (다모임)
7 교시					자율 동아리 홍보 및 조직(3~6학년)

● 학습자 성장 중심 개별 맞춤 평가

▶ 학생이 주도하는 성장 활동 및 평가 실현

1년 성장 활동 계획	성장 활동 공언하기	성장 발표회	성장 활동 반성
1. 관심 있는 분야 탐색 2. 성장 활동 선택 3. 성장 활동을 이루기 위한 노력 방법 모색	1. 성장 계획표 작성 2. 성장 계획표 전시 3. 자신의 성장 주제 발표	1 성장 활동·연습 2 성장 결과물 전교생 앞에서 발표 3 학생 상호작용을 통한 자신의 활동 평가	1. 성장 발표회 자기 평가 공유 2. 1년 성장 활동 반성 3. 차년도 성장 활동 반영

학생 주도 성장 활동 및 평가 실현

▶ 인지적·정의적 균형 있는 평가

① 초등학교 6년 과정 평가 ⋯▶ 학생별 초등학교 6년 포트폴리오 운영

② 학년별·교과별 다양한 평가 방법 운영 ⋯▶ 프로젝트 수업 평가 방법 다양화

③ 학생 자기 평가 및 상호 평가 방법 다양화 ⋯▶ 교육활동 전, 중, 후 평가

▶ 학기 초 '성장계획 세우기'를 통해 개인별 인지·정서·사회·신체·생태적 성장발달 계획 수립, 학기 말 '성장 발표회'를 통해 자신이 성장한 부분을 전교생 앞에서 발표

▶ 학생 성장 발달에 맞는 과정 중심 계획-실천-평가 환류 내실화

▶ 학기별 '성장이야기' 발송을 통해 학생 개인 특성별 교육과정에 대한 도달 정도와 학교생활 전반을 가정과 공유하여 성장 발달 책임교육

학생들에게 선생님들을 돌려주자
– 지원부장 & 업무지원팀 이야기

양영택(교사)

아침 8시 10분. 부산으로 기차 타고 수학여행 가는 6학년 학생들을 위해 기차표 예매가 열리는 7시에 집 근처 역에서 승차권을 끊고, 부랴부랴 학교에 도착하여 시계를 바라보니 이 시간이다. 짐을 풀고 나서는, 많이 변화했지만, 이제는 익숙해진 학교 교정을 보면서 생각한다. '와, 벌써 이 학교에 5년이나 있었구나.' 회상에 젖는 것도 잠시, 자리에 앉아 컴퓨터를 켜고 할 일들이 적힌 메모장과 K-에듀파인을 분주히 바라보며 키보드를 잡는다. 그렇다. 나는 우리 학교 선생님이자 지원부장이다.

지원부장이라는 자리는 기본적으로 학교의 대부분 일을 맡아서 한다. 교사들이 맡아야 할 업무라면 담당자는 나로 배정된다. 전임 지원부장들은 "딱 1년만 하면 학교 대부분의 업무를 얕고 넓게 이해하고 할 수 있게 된다."라고 했다. 실제로 해보니, 어떤 공문이 와도 대략 무슨 이야기인지 알 수 있게 되었다. 물론, 깊이 이해하고 있진 않은 것 같아서 업무에선 늘 실수가 잦다. 이럴 때마다 '난 교사니까, 업무를 완벽하게 하진 못해도 괜찮겠지.' 하고 스스로를 다독인다. 다른 학교 선생님들은 이렇게 많은 업무를 맡고 있는 나에게 힘들지 않냐며, 그게 가능하냐며 안쓰러운 눈으로 바라본다. 하지만 전직 지원부장 선생님 말씀을 빌려 그런 동정에 변명해 본다. "업무의 늪에서 지내다 보면 정말 해야 하는 업무와, 꼭 하지 않아도 되는 업무들이 눈에 보이게 될 거예요. 살기 위해서.(웃음)" 여기 반년 있으니 이 말이 사실같이 느껴진다.

하지만 말이 '대부분'이지 '모든' 업무를 맡는 것은 아니다. 평소 컴퓨터를 좋아하고, 업무 처리에 관심이 많으므로, 업무 대부분을 맡는 데 큰 부담을 느끼지는 않는다. 하지만 모든 업무를 좋아하는 것은 아니기에, 지원부장이 맡기 어려운 업무를 담임선생님들께 부탁드린다. 올해의 나를 예로 들면, '농촌 체험학습과 텃밭' 같은 업무 말이다. 이름만 들어도 자신이 없어진다. 내 책상 뒤에 있는 식물 하나도 제대로 살리지 못하는데, 텃밭에 있는 작물들을 어떻게 관리한단 말인가? 학교 생태교육에 누를 끼치지 않고자, 어려울 것을 알면서도 텃밭에 대해 도움을 주실 수 있는 선생님께 감사하며 업무를 부탁드렸다. 그 외에도 '계절학교', '환경', '도서관' 등 조금 자신 없는 업무를 선생님당 하나씩 부탁드렸다. 선생님들께서 흔쾌히 받아주셨기 때문에, 조금은 가벼운 마음으로 지원부장 업무를 맡고 있다.

이렇게 적으면 '지원부장'이라는 직책이 '업무' 지원부장으로 들릴 수 있겠지만 그렇지 않다. 엄연히 나도 지원부장이자 '선생님'이기에, 선생님들에게 교육적으로 도움이 될 수 있는 일은 최대한 지원하고자 노력한다. 공문을 보면서 선생님들 입맛에 맞을 것 같은 공문은 잘 요약해서 추천해 드리고자 노력한다. 학급에서 도움이 필요하다고 말씀해 주시면 기꺼이 지원하려고 힘쓴다. 물론, 제대로 도와드리지 못하고 방해만 하는 게 아닌지 걱정이 들 때도 있지만….

체험학습 인솔 시 도움이 필요할 때도 지원하고자 노력한다. 올해 우리 학교에 오신 새내기 선생님의 첫 체험학습도 지원했다. 7월에는 5학년만 1박 2일 체험학습을 간다 하여, 5학년 선생님을 도와 인솔 지원을 했다. 곧 있으면 6학년 수련 활동에도 인솔 지원을 하러 간다. 이런 지원이 선생님들에게 큰 도움이 되는지는 모르겠지만, 내 딴에는 나는 '업무지원부장'이 아니고 '교육지원부장'이라고 생각하며 자부심을 갖고 지원하고 있다.

물론 지원부장으로서의 일을 나 혼자 하는 것은 아니다. 나는 우리 학교의 큰 자랑거리로 훌륭하신 선생님들을 늘 꼽지만, 그와 더불어 큰 자랑거리를 하나 더 꼽아보라면 '업무지원팀'을 꼽고 싶다. '업무지원팀'은 충남 혁신학교 과제인 '학교 운영 체제 혁신', 그중에서도 '학교업무 최적화 운영'과 관련이 깊다. 학교를 교수·학습이 중심이 되는 곳으로 만들기 위해 선생님들로부터 업무를 최대한 배제하여, '업무지원팀'이 그 업무 대부분을 가져오자는 것이 혁신학교 운영 체제 혁신이다. 업무지원팀의 든든한 기둥인 김기수 교감선생님, 옆에서 도움을 청하면 언제든지 도와주시는 해결사 한미해 교무행정사님, 늘봄업무라는 거대한 업무를 맡고 계심에도 학교 일에 도움이 필요할 때 큰 도움을 주시는 든든한 조력자 손경희 늘봄실무사님. 이름만 들어도 훌륭한 이분들이 계시기에, 한숨 놓고 지원부장 자리를 맡겠다고 한 것 같기도 하다.

'지원부장 – 혁신부장'으로 이어지는 이런 체계가 오래된 것은 아니다. 지난 10년간 업무분장표를 보면 혁신학교를 처음 준비한 2015년만 해도 '교무부장, 연구부장'처럼 보통 학교에 있는 보직교사가 있었던 것 같다. 다만, 우리 학교의 혁신 리더인 김현철 선생님께서 교과전담을 맡되, 혁신학교 준비와 관련된 많은 업무를 맡으신 것으로 알고 있다. 그러다가 2016년에 6학년 교무부장과 함께 처음으로 '지원부장'이라는 직책이 등장한다. 지원부장이 학교의 많은 업무를 맡기 시작하면서 교무업무지원팀도 운영되기 시작한 것으로 보인다.

이처럼 '교무부장 - 지원부장' 체계가 이어져 오다가 한 가지 의문점을 해결하기 위한 논의가 있었다. 그 핵심은 '우리 학교는 교육과정 중심 학교이고, 교사교육과정 수립을 통해 혁신교육을 실천하고 있는데, 지원부장이 그런 혁신의 리더 역할을 할 수 있는가?'였다고 한다. 전담 교사이며 상당한 업무량을 처리하는 지원부장은 학급 담임조차 아닌 만큼, 재구성을 통한 교육과정 혁신을 최전선에서 실천하기에 적절한 자리는 아니었기 때문이다. 그래서 '혁신부장'이라는 새로운 직책을 고민하게 되었다고 한다. 학급 담임이자 교육과정 혁신을 끌고 가는 역할을 담당하는 보직이다.

당시 선생님들은 학년 담임을 맡으면서 교육과정 혁신을 추진해 가는 게 결코 쉬운 일이 아닐뿐더러, 지원부장에 이어 부담스러운 자리가 하나 더 생기지 않을까 하는 걱정이 많았다고 한다. 정말 치열한 논의 과정이 있었고, 그 결과 일단 이런 체계로 변화를 줘 보되, '혁신부장'은 오직 교육과정 혁신을 위해 있는 자리이지, 절대 부담을 느껴선 안 되는 자리로 만들어가자고 결론을 냈다고 한다. 또, '혁신부장'이라는 자리가 부담이 느껴지는 때가 오면, 그때는 또 언제든지 보직의 변화를 시도해볼 수 있다고 했다고 한다. 그런 깊은 고민과 토론 끝에 나온 자리여서 그럴까? 학교 혁신을 온전히 느껴보는 '혁신부장' 자리, 그리고 이런 혁신 경험을 토대로 학교 교육을 지원해 가는 '지원부장'이라는 두 자리가 정착된 지 벌써 5년째가 되어 간다.

무엇보다 우리 학교에서 자부심을 갖고 말할 수 있는 점은, 이런 '혁신부장-지원부장'으로 이어지는 '순환보직제'가 5년째 실시되고 있다는 점이다. 학교 혁신에 관해 이야기하는 자리에 가면, 이런 순환보직제가 어떻게 이렇게 잘 이어지고 있는지 궁금해한다. '혁신부장'을 하면서 교육과정 혁신을 치열하게 고민하고 다양한 학생 자치를 경험하면, 자연스럽게 우리 학교에 자부심이 생기고 뿌듯함이 생기는 것 같다. 그리고 이런 학교 시스템에 공헌하고자 노력하는 마음으로, 지원부장이라는 자리에도 기꺼이 임하게 되는 것 같다. 어찌 되었든, 이런 보직 순환으로 학교는 다음 해의 지원부장을 찾아 헤매지 않아도 되는데, 이는 학교가 자리매김하는 데 큰 도움을 주었다.

'혁신부장-지원부장'으로 이어지는 순환보직제, 그리고 학교를 든든히 뒷받침하는 업무지원팀의 존재로 우리 학교의 혁신 문화는 군건하게 꽃피울 수 있지 않았나 싶다. 지원부장 자리에 앉아 있다 보면, 가끔 나도 내 학급이 있으면 좋겠고, 아이들이 그립기도 하다. 하지만 한편으론 학교 선생님들이 각자의 교육과정을 꽃피우고, 또 그런 교육과정에 아이들이 답해 주는 모습을 보다 보면 형언할 수 없는 뭉클함이 꿈틀대는 듯하다. 바쁜 와중에 이런 뿌듯함을 느끼다 보면, '힘들어하는 지원부장을 보고 불쌍해하지 않아도 됩니다. 그럴 시간에 아이들을 위한 교육에 좀 더 노력해 주세요.'라고 말씀하신 멋진 전직 지원부장님 말씀이 이해된다.

어쨌든, 우리 업무지원팀과 지원부장은 100%는 아니더라도 50% 정도는, 선생님들을 업무와 민원으로부터 아이들에게 돌려준 듯하다. 늘 고생하시는 선생님들의 열정과, 지금의 나와, 앞으로 지원부장을 맡아줄 선생님들의 마음으로 언젠가는 아이들에게 100% 선생님을 돌려주는 날이 오면 좋겠다. 그런 마음을 다지며 오늘도 보람찬 마음으로 퇴근하고, 내일 또 즐거운 마음으로 출근할 것이다.

민주적 회의 및 교수학습 공동체 운영

백승례(전 교감)[*]

투덜이를 열일하게 만든 공동체

"~에 대한 의견을 오른쪽으로 돌아가며 한 명씩 말씀해 주세요~"

'두근두근 콩닥콩닥~'

차례가 다가올수록 심장이 풍선처럼 부풀어 올라 '펑' 하고 터져버릴 것만 같았다.

'이러다 심장병 걸려 쓰러지지…'

20여 년 동안 강의실에서, 또 학교라는 조직에서 늘 전달식 문화에 젖어 불만 없이 살아온 나였다. 게다가 늘 관리자나 선배 교사의 지시를 받고 그대로 따르는 데 익숙해져 있던 나는 의견을 말하는 일이 드물었고, 누군가에게 질문하는 일은 더더욱 없었다.

그런 나에게 성덕초등학교의 회의 문화는 낯선 세상이었다.

여기서는 모두가 말한다. 침묵은 미덕이 아니었다. 발언 기회는 공평했고, 어떤 의견도 흘려듣지 않았다. 누군가의 말에 고개를 끄덕이고, 다시

---

[*] 2021~2024년 본교 교감으로 근무.

이어지는 대화에서 새로운 아이디어를 찾으려는 모습은 나를 당황스럽게 했다.

게다가, 회의가 너무 길었다. 대부분 학교에서 4시 30분은 퇴근 마지노선이다. 그 시간만큼은 목숨 걸고 지켜온 나였는데… 이 학교에서는 5시가 넘어도 누구 하나 시계를 보지 않았다. 퇴근 생각은커녕 더 열띤 토론이 이어지고 있었다.

'도대체 뭐가 그리 중한디… 아~ 낯설다.'

상황 상황 길어지기만 하는 고민의 시간들. 특별한 게 없어 보이는 의견들로 낭비되는 듯한 시간들. 과연 성덕의 회의 문화가 업무의 효율성을 높이고, 힘든 업무를 함께 협력하여 슬기롭게 해결해 가겠다는 의지를 담은 민주적 회의의 모델일 수 있는지 의구심마저 들게 했다.

그런데 이상한 일이 벌어졌다.

내 머리를 지끈거리게 만들던 투덜거림을 개인의 불만으로 보지 않고 개선을 위한 하나의 의견으로 바라보며 회의 방향을 발전시키기 위해 고민하는 공동체를 발견하게 된 것이다.

작은 불만은 공동체 협의 과정을 거쳐 성덕초등학교 최적의 회의 규칙을 제정하기에 이르렀고, 회의 안건을 미리 제출받아 안내함으로써 안건에 대해 숙고해 볼 기회를 주니 호의 진행은 빨라지고 회의 내용은 더 심도 있게 다루어질 수 있었다.

불만이라고만 치부되던 투덜거림도 의견으로 받아들여지고 존중받고 있다는 생각이 드니 어느 순간 회의가 즐겁다는 느낌마저 들었다. 서로의 생각이 부딪치고, 또 이어지고, 때로는 전혀 새로운 길을 만들어내는 과정들이 이상하게도 나를 설레게 하고 있었다.

함께 고민한다는 것

성덕초등학교에서 회의는 단순한 줄차의 진행이 아니었다. '우리가 함께 이 문제를 해결할 수 있다.'라는 믿음을 갖게 하는 자리이며, 내 의견이 존중받는다는 확신을 얻는 자리였다. 별것 아닌 내 생각이 누군가에게 'Good Idea~'로 받아들여질 수 있다는 경험은 묘한 에너지를 만들었다.

회의가 길어지는 이유는 단 하나다. 모두가 진심이었기 때문! 누군가를 탓하는 대신 방법을 찾고, 주어진 과제를 나누는 대신 함께 고민했다.

회의를 마치고 복도로 나오는 길에 나는 문득 생각했다. '이것이 혁신학교구나!'

달라진 나

'언제 끝나지?'

회의가 길어지지 않을까 초조하게 시계만 보며 투덜거리던 나였지만, 이제는 시계가 아닌 회의에 집중하며 안건을 함께 고민하고 공동체의 의견을 편안히 경청할 수 있는 여유를 갖게 됐다.

'오늘은 또 어떤 이야기가 오갈까? 누가 새로운 생각을 꺼내줄까?' 하며 기다리게 된다.

민주적 회의는 안건 처리 과정만은 아니다. 그건 사람을 바꾼다. 나처럼 발표 불안으로 회의 자리를 두려워하던 사람을 토론꾼으로, 함께하는 즐거움에 열일 마다하지 않는 사람으로 만든다.

민주적 회의란?

돌아보면 성덕초등학교의 회의 문화는 시간을 쓰는 방식이 아니라, 관계를 쌓는 방식을 바꾸는 것이었다. 신뢰는 그렇게 자랐고 존중은 그렇게 자리 잡았다.

나는 이제 안다. 회의는 시간을 뺏는 자리가 아니라 함께 미래를 만드는 자리라는 것을.

특별할 것 없는~

민주적 회의를 경험하고 익숙해진 선생님들은 교실의 학생 회의에도 같은 방법을 적용하며 학생들을 물들였다. 이로써 서로의 생각을 존중하고 배려하며 문제를 합리적으로 해결해 가는 모습은 성덕초등학교 어디에서 볼 수 있는 흔하디흔한 모습이 되었다.

공간이 묻고, 배움이 답한다
– 성덕초 공간 혁신 이야기

이지환(교사)[*]

성덕초의 가장 큰 강점은 '교육과정 중심의 학교'라는 점이다.

수많은 시행착오와 노력 끝에 교육과정을 위한 학교 시스템이 안착했고, 특색 있는 프로젝트 학습과 학생 중심 교육, 학습자 주도성을 고민하는 과정에서 자연스럽게 학교 공간에 대한 의문에 다다르게 되었다.

다행히 성덕초의 교육과정이 인정받으며 학생 수가 늘어났지만, 곧 새로운 어려움도 생겼다. 유휴 교실 부족, 획일적인 특별실, 비효율적인 공간 활용은 다양한 교육과정을 온전히 담아내는 데 한계로 다가왔다. 그래서 교실 증축과 더불어 학교 공간 혁신 사업인 '감성꿈틀 사업'을 추진하게 되었다.

학교 공간이 진정한 배움의 장이 되려면 인테리어 변화만으로는 부족하다. 교사의 수업 방식과 목표, 아이들의 성장과 바람에 대한 깊은 이해가 필요했다. 그래서 '각 공간에서 어떤 배움이 일어날지, 아이들이 어떻

---

[*] 2019~2024년 본교 교사로 근무.

게 성장하기를 바라는지'를 교육공동체와 끊임없이 논의했다. 학습의 흐름이 곧 공간의 흐름이 되도록 설계과정 전반에 교사, 학생, 학부모가 참여했다.

공간 혁신을 위한 워크숍, TF팀 운영, 인사이트 투어, 사용자 참여 설계 수업 등이 이어졌다. 교사들은 우리 수업을 분석하며 미래의 교수·학습 방식을 예상했고, 이를 뒷받침할 공간을 고민했다. 학생들도 '우리가 꿈꾸는 학교'를 상상하며 기존 공간의 불편함을 찾아내고 새로운 요구를 제시했다. 처음에는 "책장을 옮겨주세요, 예쁜 시계로 바꿔주세요."처럼 단편적 요구에 그쳤지만, 점차 "친구들과 소통할 수 있는 따뜻한 휴식 공간이 필요해요.", "개방감을 위해 벽을 없애는 게 좋아요." 등 본질적인 문제와도 연관된 구체적인 의견이 나오기 시작했다.

사용자 참여 설계 수업에서는 아이들이 평면도와 입체 모형을 만들며 공간에 대한 바람을 시각화했다. 속닥속닥 이야기를 나눌 수 있는 비밀공간, 바깥 풍경을 바라볼 수 있는 바 테이블, 모둠 활동을 위한 박스형 공간, 책을 읽을 수 있는 다락방, 휴식과 힐링 공간 등은 아이들의 공통된 요구였다. 이런 과정을 통해 교육공동체의 생각은 점차 구체화했고, 전문 설계자와 협력하여 현실화했다. 우리가 생각한 가치는 다음과 같다.

- 프로젝트 수업을 뒷받침하는 다목적 학습 공간
- 학습자 주도성을 살린 소통·협력 공간
- 창의 융합 활동이 가능한 유연한 구조
- 독서와 쉼이 공존하는 바움터
- 개별학습과 협업이 동시에 가능한 공간

약 한 학기 동안 공사가 진행되며 불편함과 기다림이 이어졌지만, 더 큰 기대가 우리를 지탱했다. 긴 준비 끝에 공개된 새로운 공간은 공모를 통해 '꿈누리(상상누리, 책누리, 어울림누리)'라는 이름을 얻었다. 학생과 교직원 모두 만족도가 높았고, 학교에는 훨씬 활기가 돌았다. 특히 학생들은 자신이 상상했던 공간이 실제로 구현된 것에 크게 기뻐했다.

새로운 꿈누리 공간을 통해 다양한 프로젝트 학습, 다모임, 자율 동아리, 멘토·멘티 활동 등이 더욱 충실해졌고, 교사들은 자신의 교육과정을 담아낼 수 있는 공간이 다양해져 더욱 내실 있는 수업이 가능해졌다. 또한 새로운 공간들은 복합·융합적인 용도로 구성되었기에 부족한 공간에 대한 갈증도 많이 해소되었다. 쉼과 휴식 공간도 늘어나 공간 활용도가 매우 높아졌다.

이번 공간 혁신의 가장 큰 성과는 결과 못지않게 과정에 있었다. 많은 이들이 학교 공간을 '주어진 환경'으로 받아들이지만, 우리는 실제 사용자인 학생·교사·학부모가 궁리하고 참여하며 '만들어가는 환경'으로 변화를 이끌었다. 그래서 새 공간에 대한 이해와 애착이 더욱 깊었고, 결과적으로 공간 활용도도 높아졌다. 전문가가 만들어 준 공간을 '받아 쓰는' 것이 아니라, 함께 만들어가는 과정 자체가 성덕초의 문화로 자리 잡은 것이다.

물론 담당자로서의 어려움도 많았다. 공간 혁신은 단순한 시설개선이 아니라 치밀한 소통과 협업이 필요한 사업이다. 그러나 교육지원청, 촉진자, 설계자, 시공업체와 학교 사이에 소통 창구가 부족해 빠른 문제해결이 어려웠다. 또, 현장에서 끊임없이 주어지는 선택 과정은 전문가가 아닌 교사 입장에서 부담이 컸다. 작은 색채 하나, 선 하나에 따라 공간 이미지가 달라질 수 있어, 늘 현장을 세심히 살펴야 했다. 그럼에도 TF팀과 교직원 모두가 자기 일처럼 고민하고 학생들이 변화된 공간을 자랑스러워하는 모습을 보면서, 어려움은 금세 보람으로 바뀌었다.

학교 공간 혁신을 고민하는 곳이 있다면 꼭 기억해야 할 점이 있다. 이 사업은 단순한 공사가 아니라 '공간에 대한 인식의 전환'이며, 교육과정 그 자체라는 점이다. 교육적 가치가 분명히 세워지지 않으면 행정 절차와 공사 진행에 매몰되어 본래 목적이 희석될 수 있다. 교육공동체 모두가 참여해 방향성을 공유할 때, 학교의 철학이 담긴 의미 있는 공간이 완성될 것이다.

마지막으로, 학교 공간 혁신을 위해 애쓰신 조향미 교장선생님께 감사드린다. 공간에 대한 아쉬움을 누구보다 깊이 이해하시고, 본질을 지향하는 안목과 결단력으로 노력하셨기에 성덕초의 공간이 지금처럼 변화할 수 있었다. 교장선생님의 리더십과 헌신은 이번 공간 혁신의 든든한 동력이었다. 🍙

이 QR코드를 통해 감성꿈틀 공간 유튜브 영상을 볼 수 있습니다.
〈함께 만드는 미래학교: 논산 성덕초등학교 편—교육부 학교공간재구조화〉 책에 미처 담지 못한 '꿈누리' 공간의 생생한 모습을 보시며, 학생과 교사가 직접 전하는 공간 혁신 이야기를 영상으로 만나보세요.

어울림누리 전경

상상누리 전경

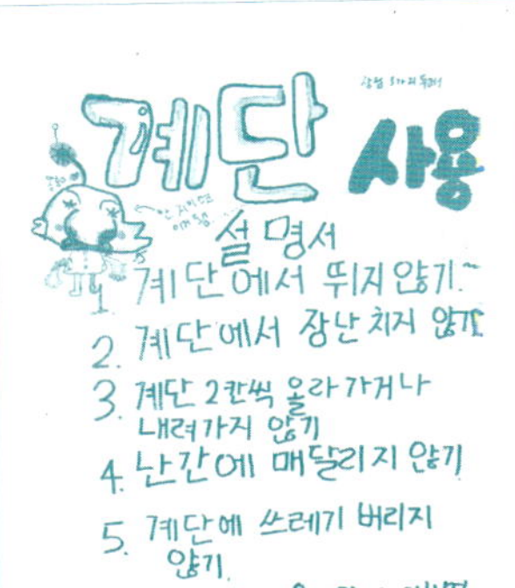

계단 사용
설명서
1. 계단에서 뛰지 않기
2. 계단에서 장난 치지 않기
3. 계단 2칸씩 올라 가거나 내려가지 않기
4. 난간에 매달리지 않기
5. 계단에 쓰레기 버리지 않기
6. 계단에서 올라갈때 아니면 내려갈때 뒤돌아서 가지않기

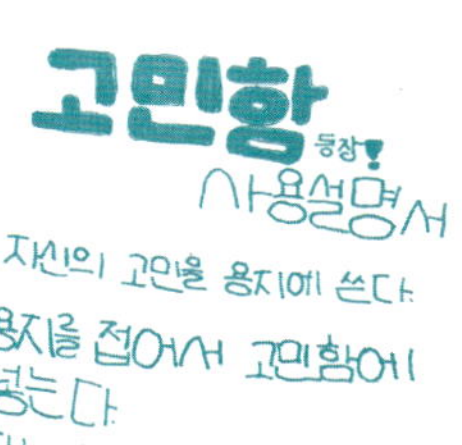

고민함 등장!
사용설명서
1. 자신의 고민을 용지에 쓴다
2. 용지를 접어서 고민함에 넣는다
3. 답변이오기 까지 기다리기
4. 고민이 해결돼기
HAPPY

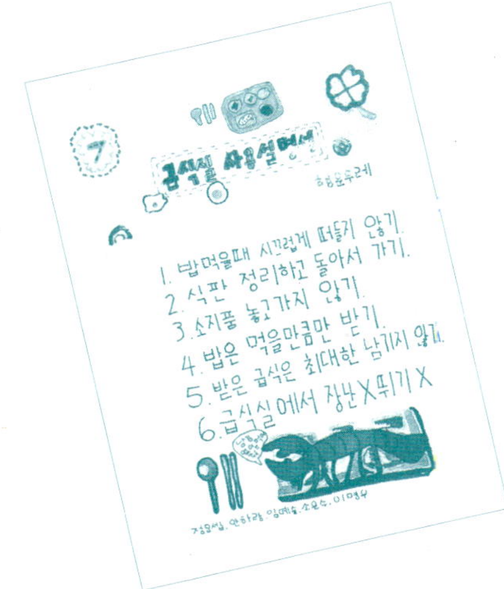

7
급식실 사용설명서
호랑운우레
1. 밥먹을때 시끄럽게 떠들지 않기
2. 식판 정리하고 돌아서 가기
3. 소지품 놓고가지 않기
4. 밥은 먹을만큼만 받기
5. 받은 급식은 최대한 남기지 않기
6. 급식실에서 장난X 뛰기X
정윤설. 안하람. 임예슬. 소운수. 이명우

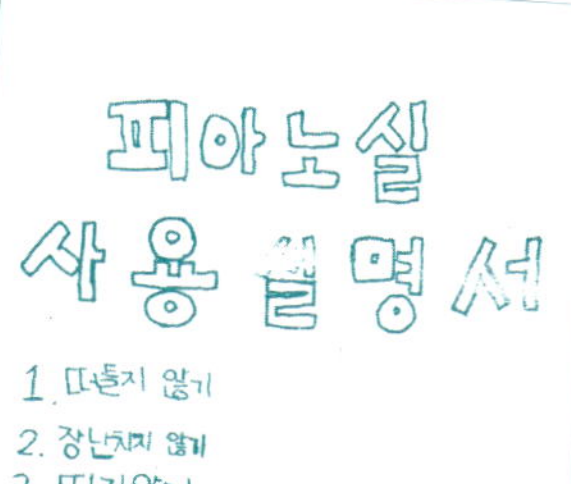

피아노실
사용 설명서
1. 떠들지 않기
2. 장난치지 않기
3. 뛰지않기
4. 선생님물건 가져가지 않기
5. 문 닫지 않기
6. 낙서하지 않기
7. 거짓말 하지 않기
8. 다른 사람 물건 쓰지 않기

2부

혁신학교, 그 길 위에서: 교원들의 이야기

"1기 선생님들의 학교 문화를 배경으로 계승했고,

그 배경 위에 우리만의 색깔로 학교를 덧칠했습니다.

덧칠하면서 우리의 활동이 어떤 의미를 지니는지

치열하게 고민해 온 시기였습니다."

혁신학교를 시작하며
– 배움을 바라보고 교육을 마주하다

김현철(교사)[*]

동료 — 동료 교사와 함께하며 배움을 바라보다

2014년 가을. 힘들게 학교 행사를 마치고 여느 때처럼 얼굴을 마주했다. 지친 모습과 재미없는 표정들. 우리에겐 뭔가가 필요했다. 그래서 서로 바라보며 학생들의 배움과 우리 교사의 역할에 대해 이야기를 시작했다. 그때 우리 이야기를 적어 본다.

배움

이제껏 학교는 학생들을 가르치는 곳으로만 여겨 왔고, 그래서 그렇게 가트침에 최선을 다하며 학교는 살아 왔다. 그런데, 교사만 바라보는 아이들의 처진 눈가와 책상에 기댄 채 턱을 괸 팔꿈치에는 배움이 멈춰 있었나 보다. 열심히 교과서 진도를 나가야 하는 교사의 바쁜 입가에는 가르침의 여유가 없었나 보다.

바람이 불고 있다. 가르침의 바람이 아닌, 배움의 바람이!

---

[*] 2014~2019년 본교 교사로 근무.

선생님만이 아닌 친구들과 스스로를 바라보며, 이미 짜여 있는 교과서와 모니터만이 아닌 친구와 학급의 이야기를 만들어가는, 진정으로 흥미롭고 맛있는 배움이 되어야 한다. 이제 그 시작이 이루어져야 할 때다.

공동체 주인을 찾고 있다. 가끔은 서로 주인이고자 다툼이 일어난다. 교사와 학생만이 있던 학교에 어느 날인가 민주적이고 효율적인 학교 운영을 위해 학부모의 자리가 생겨났다. 그런데 학교와 학부모는 서로에게 견제의 대상, 감시의 대상, 불편의 대상이 되어버렸다. 학교는 '감시'라는 두려움과 '감히'라는 자존심으로 교실 문을 열기 꺼렸고, 학부모는 '견제'라는 당위성과 '참여'라는 무기로 교실 문을 열려고만 했다. 아이들은 그 사이에서 매우 쓸모 있는 볼모가 되어 있었다.

공동체가 필요하다. 공감과 소통, 나눔과 배려가 공존하는!

이제는 공감하고 소통할 때다. 서로 마음을 나누고, 서로를 감싸 안는 배려가 필요할 때다. 현명하고 너그럽고 멋있는 모습으로 학교를 품어줄 때다. 그때, 보기 흉한 볼모가 되었던 아이들이 향기로운 꽃을 피우고 탐스러운 열매를 맺게 될 것이다.

행복 인간 궁극의 목적은 행복이다. 학교의 존재 이유도 행복이어야 한다. 즐거움과 웃음 넘치는 진정한 배움 속에서의 아이들의 행복, 민주적 학교 문화 속에서의 보람과 열정 넘치는 교사들의 행복, 관심과 참여로 아이들과 학교의 성장에 만족함이 넘치는 학부모와 지역사회의 행복이 이루어져야 한다.

그런 학교를 만들어보고 싶다. 모두가 행복한 학교를!

굳어진 제도보다는 변화를 기꺼이 받아들이고 서로 함께하는 마음이 행복한, 그런 학교를 시작할 것이다. 교육의 결과물이 아니라 그것을 위한 과정과 노력이 행복한 학교를 만들어갈 것이다. 즐거움의 소리가 넘치는 행복한 학교를 만들어보고 싶다.

실천 – 연대와 협력으로 행동하며 교육을 마주하다

2014년 가을, 서로를 의지하고 지원하는 관계 속에서 다짐을 실천으로 옮겨 보려는 노력이 시작되었다. 그 과정에서 운 좋게도 '행복나눔학교'라는 충남형 혁신학교를 만나게 되었다. 우리의 고민들을 맘껏 펼쳐볼 수 있는 맞춤형 제도적 협찬이랄까! 그렇게 혁신교육을 마주하게 되었다. 우리는 그동안의 고민을 펼쳐내며 배움을 선정하고, 협력으로 실천하는 2015년 이후 새로운 학교의 비전을 마련해 보았다.

문화

자율과 배려를 통한 행복한 학교 문화를 마주하자. 첫째, '우리'를 먼저 말하고 서로 존중하고 배려하는 아이들로 세워야 한다. 먼저 교사가 아이들을 존중하고 배려하며, 말과 형식이 아닌 표정과 마음으로도 안아 주고 지켜주는 자세가 필요하다. 교사로부터 시작되는 존중과 배려는 자연스럽게 타인에게 베풀 수 있는 멋진 아이들로 바뀌게 할 것이다. 둘째, 스스로 결정하고 실천하는 사회 구성원으로 세워야 한다. 자존감 회복은 물론 자율과 자치 그리고 책임이라는 중요한 가치에 대해 배울 수 있는 학생 자치 모임인 '다모임'과 '자율 동아리 활동'이 필요하다. 무학년제 운영을 통해 선후배 간 긍정적인 관계 형성뿐 아니라 협력과 소통의 중요함을 알 기회를 주어야 한다.

배움 중심, 성장 중심의 행복한 교육과정을 마주하자.

학교 교육은 '배움 중심', '성장 중심'이어야 한다. 왜 구구
단을 못 외우고, 글을 잘 이해하지 못하며, 학급 구성원
으로서의 역할을 안 하는지 교사들은 잘 모른다. 최선을
다해 가르쳤지만, 학생들에겐 진짜 배움의 시간이 아니었던 것 같다. 배움
중심 교육과정, 성장 중심 교육과정이 될 수 있도록 충분히 이해하고 여유
롭게 인정하며 학생들의 바람을 충족시키려는 교육과정 구성 노력이 필요
하다. 그 배움들이 아이들을 성장시키고 자신의 삶을 이루어갈 수 있도록
안내해야 한다. 그리고 이것들의 실현을 위해 교사들은 학습공동체, 배움
공동체를 자율적으로 구성하여 적극적으로 펼쳐가야 하며, 능동적이고 긍
정적으로 성찰해 가야 한다.

교육과정 재구성으로 미래 핵심역량을 마주하자.

1997년부터 시작된 DeSeCo 프로젝트는 미래 사회에 대
비하여 교육에서 무엇을 어떻게 할 것인지 적절한 교육의
방향성을 미래 핵심역량을 통해 제시했다. 그래서 우리는
차별화되고 독특한 능력이 아니라 누구나 길러야 할 기본적이고 보편적이
며 공통적인 능력인 미래 핵심역량을 기르기 위한 최적의 방법을 적용해
보고자 하며, 그 방법으로 〈교육과정의 재구성 또는 재구조화〉와 〈참여형
수업 연구〉를 선택하여 적극적으로 실천해 보고자 한다.

성찰 – 반가움과 아쉬움으로 시작을 돌아보다

2025년 8월. 시작을 돌이켜보며 반가움으로 흥분되다가, 현재와 빗대어 보며 아쉬움으로 멋쩍은 웃음을 짓게 됩니다. 반가움의 흥분은 기분 좋게 하는 설렘이기에 행복하고, 아쉬움의 멋쩍음은 창피함이 아니기에 다행이라 생각되어 그 역시 행복합니다.

명칭과 형식의 변화는 체제나 제도의 변화가 아니라,
의지와 행동의 변화인 것 같습니다.
그리고 변화는 한 번에 이루어지는 것이 아니라,
하나씩 하나씩 이루어지는 것이기에,
그래서 우리들의 노력은 여전히 깃들고 있는 것 같습니다.
성덕의 모습은 이렇게 만들어진 것 같습니다.

혁신학교 선생님 이야기, 하나
— 혁신학교 전반기 5년을 돌아보며

이창구(교사)[*]

1기 혁신학교 이야기를 꺼내기에 앞서 제 소개를 하겠습니다. 저는 스스로를 평범한 사람이라고 생각합니다. 힘들고 귀찮은 일은 웬만하면 피하고 싶어 하고, 편하게 쉬거나 노는 시간을 좋아합니다. 특별히 눈에 띄는 재능이 있는 것도, 성격이 남다른 것도 아니고, 무난하게 흐르는 대로 살아왔습니다. 그렇게 살아가다 보니 어느새 교사가 되었고, 남들처럼 출퇴근하며 하루하루를 보내다 보니 교직 생활도 어느덧 18년 차에 접어들었습니다.

교직으로 걸어온 시간에는 여러 감정이 뒤섞여 있습니다. 아침에 눈을 떴을 때 출근하기 싫어 몸이 무겁게 느껴지던 날도 많았고, 설레는 마음에 밤잠 설치며 다음 날을 기다릴 때도 있었습니다. 이처럼 오르내림이 있었지만, 제 성격대로 누구와도 적당히 어울리며 크게 모나지 않게 직장 생활을 이어왔다고 생각합니다. 힘들게 느껴지는 동료나 맞지 않는 사람이 없었던 것은 아니지만, 그렇다고 해서 누군가를 미워하거나 원망할 만큼의 관계를 맺은 적도 없습니다.

성덕초에 발령받기 전까지의 저는 학교라는 공간에서 그저 한 부속품처럼, 주어진 일을 묵묵히 감당하며 살아왔습니다. '이 정도면 잘 해내고 있는 게 아닐까?' 하며 스스로를 위안하기도 했습니다. 결국 제 삶을 집약하는 말은 '평범함'이었습니다. 성덕초에 와서도 크게 달라지지 않았습니다. 여전히 저는 평범한 교사입니다. 다만 이전과 조금 다른 점이 있다면, 아주 작지만 의미 있는 변화들이 제 안에 생겼다는 것입니다. 직진만 하던 차가 잠시 차선을 바꾸어 달리듯, 목적지와 방향은 그대로인데 그 과정에서 작은 변화를 경험한 것과 비슷합니다. 성덕초가 혁신학교이기에 제가 열정적인 사람이 된 것도 아니고, 없던 에너지가 갑자기 샘솟은 것도 아닙니다. 다만 제 안에 있던 작은 열정과 힘이 조금 다른 방향으로 발휘되기 시작했습니다.

2월 발령을 받고 인사차 학교를 처음 방문했던 날의 모습은 지금도 생생합니다. 금방이라도 무너질 듯 낡은 건물, 겨울이라 더 휑해 보이던 운동장, 그리고 그 사이를 걸어 들어가며 느끼던 무거운 마음. 소심하고 내성적인 제게 학교를 옮긴다는 변화 자체가 큰 스트레스인데, 처음 본 학교의 모습은 저를 더욱 우울하게 만들었습니다.

그러나 시간이 흘러 새 학기가 시작되면서, 익숙한 일상이 다시 저를 감쌌습니다. 당시 저는 '무엇을 가르칠까, 어떻게 가르칠까'라는 본질적인 고민보다는 눈앞의 업무 처리에 쫓겨 살았습니다. 교육보다는 행정업무가 앞섰고, 그것이 잘못된 것인지조차 인식하지 못할 만큼 익숙한 삶을 반복했습니다. 공문 제출을 위해 수업 시간에 아이들에게 자율 활동을 시켜 놓고 자료를 작성하기도 했고, 아이들이 떠난 후에도 수업 연구보다는 행사

계획서와 씨름했습니다.

아이러니하게도 성덕초의 혁신은 바로 그 '행사 계획서'에서 시작되었습니다. 누군가 짜온 틀을 그대로 따르는 대신, 어차피 해야 한다면 아이들이 즐겁고 행복할 수 있는 행사를 만들어보자는 작은 제안이 있었습니다. 교사들이 바쁜 와중에도 아이디어를 모으고, 준비물을 함께 만들며, 땀 흘려 행사를 운영했습니다. 무사히 행사를 마친 뒤 함께 식사하고 대화를 나누며 선생님들과 자연스럽게 가까워질 수 있었습니다.

교사들이란 참 묘한 존재인 것 같습니다. 사적인 이야기를 하다가도 언제 그랬냐는 듯, 수업과 학생 생활 지도로 대화가 이어집니다. 당시 학교에는 다른 곳에서 혁신학교를 경험하신 선생님이 계셨습니다. 그분의 제안으로 교육과정 재구성 연수에 참여하게 되었고, 2학기부터는 학년별로 한두 주제를 정해 프로젝트 수업을 준비하게 되었습니다. 그 과정에서 처음으로 '수업 시간에 하고 싶은 것들'을 떠올리게 되었습니다. 교과서에 없는 내용이지만 아이들에게 꼭 알려주고 싶은 것들을 찾아보게 되었고, 아이들과 함께 성장하고 싶다는 생각도 하게 되었습니다.

학교 차원에서는 업무지원팀이 만들어지고 교사들이 수업에 집중할 수 있도록 행정·재정 지원이 이루어지기 시작했습니다. 학부모들의 참여는 아직 부족했지만 학교와 교사들을 중심으로 일어난 변화를 지원하고 응원하는 학부모들도 서서히 늘게 되었습니다. 그렇게 5년의 시간이 흘렀습니다. 여느 학교들이 겪는 것처럼 크고 작은 위기 상황도 있었습니다. 학교의 변화와 교육과정 재구성에 관심 없는 선생님도 계셨고, 학교를 경계하던 일부 학부모들 때문에 힘든 적도 있었습니다. 교사의 수업과 학급 운영에 학부모의 지나친 간섭으로 언성 높여가며 싸운 경험도 있습니다. 그때마다 혼자 해결하기보다는 의견을 모아가며 나름 슬기롭게 헤쳐나간 것 같습니다.

　시간이 흘러 다시 돌아온 성덕초에서 하고 싶은 일들이 생겼습니다. 경력이 쌓이면서, '내가 만들고 싶은 학교'에 대한 욕심도 커졌습니다. 학생들이 6년 동안 일관된 철학 속에서 경험을 쌓고 역량을 키워가는 교육과정을 운영해 보고 싶었습니다. 기초를 세우고 기둥을 올리는 힘든 과정을 지나왔으니, 이제는 학생 교육이라는 본질에 더 집중하여 제가 꿈꾸는 과정을 디자인할 수 있을 것 같았습니다.

　물론 변하지 않는 것들도 있습니다. 앞으로도 절대 변해서는 안 되는 것들이 있습니다. 학급 교육을 우선시하는 학교 시스템, 수업에 진지하게 임하는 교사의 태도, 학생들의 자치와 자율을 존중하는 다양한 활동(다모임, 계절학교, 두레 활동 등), 그리고 구성원 모두가 학교 경영의 주인이 될 수 있는 민주적인 협의·조직 문화. 이런 것들은 변함없이 지켜져야 할 가치들입니다. 혁신학교를 시작하고 10년이 지난 지금의 성덕초는 그런 가치들을 잘 지켜가고 있습니다. 학생 수가 많아지며 더 신경 써야 하는 일들이 늘어났음에도 더 체계적으로 학교 시스템이 운영되고 있습니다.

　저는 '혁신'이라는 단어를 그리 좋아하지 않습니다. 혁신이라는 말에는 기존 것을 송두리째 뒤집고 새롭게 바꾼다는 뉘앙스가 담겨 있기 때문입니다. 그러나 제가 추구하는 것, 성덕초가 걸어온 길은 단순한 '변화'가 아니라 교육의 본질에 가까워지는 과정이었습니다. 선생님들은 늘 '무엇을 어떻게 가르칠까'를 궁리해야 하고, 학교는 그러한 교사의 수업을 든든히 지원하는 곳이 되어야 합니다. 그런 관점에서 볼 때, 지금 성덕초가 하는 일은 교육의 특별한 변화가 아니라 지극히 정상적인 교육의 모습과 본질의 회복이라고 생각합니다. 🍥

혁신학교 선생님 이야기, 둘
– 혁신학교 후반기 5년을 돌아보며

양영택(교사)

지나가는 선생님을 잠시 붙잡고 그 선생님에게 질문해보면 어떨까.

"선생님, 선생님은 처음 발령받을 때 어떤 선생님이셨어요?"

이런 질문에 "나는 열정 넘치는 신규였지.", "처음 발령받아서 아무것도 모르는 푼수데기 신규였지." 같은, 추억이 담긴 소중한 답변들을 받을 수 있을 것이다. 다만, 그다음 질문을 하면 열에 여덟아홉 정도는 같은 답을 할 것이다. "선생님은 처음 선생님이 되셨을 때 특별한 선생님이셨나요?" "아니? 그냥 보통 선생님이었지."

나 역시 처음 교사가 되었을 때는 대단히 '평범한' 선생님이었다. 평범한 선생님이라면 으레 해야 할 일들을 잘 해내긴 한 것 같다. 수업 준비, 진도에 맞추어 수업 잘하기, 회의에 참석해서 잘 앉아 있기, 공문 쓰는 간단한 방법을 알고 다른 선생님 공문 '재작성'하기 같은, 평범한 교사가 해야 할 일들 말이다. 다만, 그때도 교사들의 빛과 소금과 같은 '인디스쿨'*에는 많이 접속했다. 영어와 미술 교사로서, 교과서에 제시된 내용은 사실 별로 재미가 없었다. 그래서, 인디스쿨에서 재미있는 활동을 찾으면 아이들과 해보고, 교과서보다 의미 있는 좋은 반응을 얻으면 뿌듯했고, 그렇지 않으면 의기소침하기도 했다. 다만, 깊이를 더하기에는 주어진 시간이 너무 짧았다. 나라의 부름을 받아 병역 의무를 이행해야 했기 때문이다.

복직 후에도 나는 전처럼 자그마한 성장을 반복해 가고 있었다. 하지만 성덕초에 들어오며 나의 교직 생애는 크게 변화하게 되었다. 성덕초에 계시다 내가 있는 학교로 전근오셨던 김건무 교장선생님께서는, "논산에 가면 성덕초라는 혁신학교에 가서 교사로서 배움의 깊이를 더하면 좋겠다."라는 말씀을 해주셨다. 그 학교에 가면 좋은 선배님들과 또래 선생님에게도 좋은 자극을 받을 수 있다고도 하셨다. 그렇게 성덕초로 발령받아 오게 되었다.

하지만 혁신학교라는 말에 대학교 동기 친구의 한마디가 떠올랐다. 그 친구는 "내가 지금 혁신학교에 있는데 너무 힘들다. 뜻이 맞는 선생님들끼리 학교를 입맛에 맞게 운영하며 뜻이 맞지 않는 선생님들을 너무 괴롭힌다."라고 했다. 그러면서 "절대 혁신학교는 가지 마라."고 했다. 그렇게 무시무시한 이야기를 떠올리며 온 성덕초등학교에서의 첫날은, (좋은 의미로) 머릿속에서 잊히지 않는다.

내가 발령받은 2021년은 아직 코로나-19가 한창이었기에, 지금처럼 2박 3일간 워크숍을 하는 대신 학교 도서관에서 숙박은 없지만 5일간 워크숍을 한다고 했다. 물론 5일이라는 기간은 지금 봐도 어마어마하긴 하지만, 그와 별개로 첫날 워크숍에서 들은 이야기들은 지금도 나를 몹시 설레

---

* '인디스쿨'은 독립된 초등교사 공동체(이자 사이트)다. 각자의 경험과 앎을 나누며 서로를 연결하는 멋진 공동체다. 이 멋진 사이트에는 훌륭한 선생님들의 수업 자료가 보물창고처럼 가득하다. 나는 모든 선생님이 나누어 주시는 좋은 수업 자료를 찾기 위해 이 사이트에 많이 접속했다.(다른 많은 선생님도 그러시리라 믿고 싶다.)

게 한다. 그해 지원부장을 마무리하시던 선생님이 PPT 자료와 함께 '우리 학교의 한해살이' 및 학교의 교육활동과 비전을 설명하셨다. 그러고는, 비전에 따른 학교 목표, 그리고 그에 맞는 교육활동을 처음부터 학교 모두가 함께 만들어갈 거라고 했다. 모든 선생님이 포스트잇에 활동을 적어주면 그 활동을 칠판에 붙인 뒤, 선생님들과 활동을 하나하나 살펴보며 이 활동을 우리 학교의 교육활동으로 포함할지, 아니면 더 좋은 의견은 없는지 논의를 계속했다. 이런 모습이 보여주듯, 성덕초는 이미 5년 남짓 학교 혁신을 하며 학교 문화에 큰 성장을 갖추어 놓았다. 성덕초의 학교 문화가 주는 감동은 대단히 컸다. 칭찬은 고래도 춤추게 한다던가, 이날은 고래같이 큰 나에게도 많은 행복감을 주는 하루였다. 사실 그때부터 성덕에 입덕(?)하게 된 것 같다.

지금 와서 생각해 보면 우리 학교의 당시 상황은 그다지 녹록지 않았던 것 같다. 우리 학교는 혁신학교 1기가 끝나가는 2년여에 걸쳐 대다수 구성원의 변동이 있었다. 그런 상황에서 1기 선생님들이 쌓아둔 혁신에 대한 열정과 학교 문화를 지켜내기 위해, 당시 혁신부장인 이지환 선생님을 비롯한 모든 선생님은 많은 노력을 하셨다. 선생님들은 교육과정 재구성 방법에 대해 자세히 설명하고 격려해 주셨다. 혁신부장은 학교 혁신을 실천하는 모습을 앞장서서 보여주셨고, 전문적학습공동체 시간에는 우리 학교의 비전에 대해 나누며 이해시키려고 하셨다. 선생님들은 우리를 찾아와서 용기를 북돋아 주고, 하나 된 성덕을 위해 많은 시간을 할애하셨다.

당시 선생님들의 이야기를 듣고 우리는 그분들의 진심을 마음속 깊이 느꼈다. 우리 역시 이전 선생님들이 잘 닦아놓은 학교 문화에서 혁신의 꽃을 피우고자 노력했다. 일단 우리 학교의 핵심인 교육과정 재구성을 통한 교사교육과정 만들기에 많은 열정을 쏟아부었다. 학년에서 다양하고 창의적인 교육과정을 해보고자 노력했다. 특히 나는 새로운 교육과정을 만들어 보기 위해 전년도 교육과정을 보지 않고 새로운 교육과정을 만들어보려고 했다. 또, 교육과정을 재구성하다 보니 우리 학교의 교육과정 운영 계획 양식으로는 재구성된 교육과정의 내용과 체계가 잘 나타나지 않는 것 같아서 운영 계획 양식을 바꾸는 시도도 해보았다. 그런 노력에 대해 선생님들은 많은 격려를 해 주셨고, 그 덕에 또 용기를 얻어 매년 교육과정을 새로이 그려보며, 우리 학교의 문화를 형성하는 나가는 데 힘을 쏟았다.

시간이 흐르면서, 우리 학교 교육과정이 잘 운영되는 데는 학생들의 민주시민적인 소양이 무엇보다 뒷받침되어야 한다는 점을 알게 되었다. 그래서 다모임, 자율 동아리에서 학생들이 깊이 있게 활동할 수 있도록 다양한 활동 주제와 발문점을 제기했다. 학생들은 그러한 주제와 발문점에 응답하며 자치 역량을 쑥쑥 길러갔고, 그러한 민주시민적 역량이 학급의 교사 교육과정 운영에도 큰 도움을 주었다.

우리는 열심히 노력했고 그 안에서 서로 즐거웠지만, 그럼에도 이런 노력이 어떤 방향을 향하고 있었는지는 잘 몰랐던 것 같다. 돌아보면, 그런 노력만으로는 우리 학교 후반기가 어떤 성장을 했는지 명료하게 밝힐 수 없었다. 아이들의 삶에 도움이 되는 것들을 가르쳐주면 그것이 아이들의 삶에 긍정적으로 다가올 거라는 믿음으르 활동을 이어 갔다.

그런 가운데 마침 학교 경영에 대한 통찰력이 있는 조향미 교장선생님께서 혁신학교 2기의 방향타를 잘 잡아주셨다. 선생님은 우리 학교의 이런 교육활동이 잘 조직된 체계와 맥락 아래 이루어지기를 바라셨고, 그런 모습을 통해 학교 문화와 활동도 성장해 가길 바라셨다. 우리가 길을 헤매고 있을 때는, 우리의 교육활동이 어떤 부분에서 빛을 발하는지 안내도 해 주셨다. 그러면서 늘 이런 말씀을 즐겨 하셨다. "선생님들은 학생들만 생각하고 교육하시라. 나는 선생님들만 생각하고 학교를 운영하겠다."라는 말씀이었다. 그리고 이런 말씀대로 행동을 보여주시는 교장선생님을 믿고 우리는 더욱 헌신적으로 우리 학교를 갈고 닦았다. 이렇게 갈고 닦은 체계를 바탕으로, 2023년에는 혁신학교 중 미래 교육을 이끌어갈 학교를 뽑는 '혁신미래학교'에 5개 학교 중 하나로 선정되기도 했다.

우리 학교의 혁신학교 2기를 온전히 맛본 나에게, 2기의 경험을 표현해 보라면 이렇게 말하고 싶다. "1기 선생님들의 학교 문화를 배경으로 계승했고, 그 배경 위에 우리만의 색깔로 학교를 덧칠했습니다. 덧칠하면서 우리의 활동이 어떤 의미를 지니는지 치열하게 고민해 온 시기였습니다."

혁신학교에 대해 잘 알지 못하는 내가 쓴 이 글이, 많은 사람에게 어떤 의미로 다가올지 약간은 두렵기도 하다. 하지만, 나처럼 '평범했던' 선생님이 우리 학교에 와서, 오랜 기간 있으며 '평범하지만 나다움을 갖춘' 선생님으로 한 단계 성장하는 경험을 해보면 좋겠다는 마음으로 내 이야기를 진솔하게 담아보았다. 이 부족한 글에 혁신학교 2기 선생님들의 열정이 조금이나마 담겨 있기를 바란다.

'관리자'라 쓰고 '든든한 지원자'로 읽다

이재권(교사)

　'혁신(革新)'이란 말의 뜻은 '가죽을 새롭게 한다'는 의미에서 '기존 풍속, 관습, 조직, 방법 따위를 완전히 바꾸어 새롭게 하는 것'이라고 합니다. 교직 경력 20~30년이 훌쩍 넘은 관리자들에게 혁신학교라는 타이틀을 내밀며 "그동안 해 오신 것을 모두 싹 바꿔주세요."라고 했을 때 얼마나 많은 분이 호응하고 답을 주실 수 있을까요? 불가능에 가깝습니다. 그리고 이렇게 해서도 안 되지요. 교사 개개인의 교육 철학이 있듯이 관리자도 학교 경영 철학이 있으니까요. 저는 교사의 일방적인 입장에서 혁신학교에 어울리는 관리자의 모습, 혁신학교에 맞는 변화의 기대를 이야기하고자 함이 아닙니다. 그동안 제가 성덕초에서 뵈었던 혹은 전해 들었던 지원자로서의 관리자 모습에 대해 이야기 나누고자 합니다. 혁신학교에서 교사와 관리자 각자의 역할 그리고 올바른 관계를 진지하게 돌아볼 수 있으면 좋겠습니다.

　첫째, 수업에 관한 부분입니다. 작으면 한 학기, 길면 일 년의 교육과정을 염두에 두고 교사는 교실에서 혹은 여러 공간에서 교육을 이어 갑니다.

이때 교사는 성취 기준에 부합하는 교육과정을 좀 더 효과적으로 실현하기 위해 많은 것을 계획하고 실천하고자 합니다. 이렇게 뭔가를 실천할 때 '조금은 위험하다', '예산 사용이 과하다', '학교 교육 목적과 부합하지 않는다'는 등, 여러 가지 이유로 관리자로부터 교육활동 추진 과정에서 거부당하는 경험을 하게 됩니다. 학급 담임보다 더 넓은 범위에서 학교를 바라보는 관리자의 입장에서는 이해가 가는 부분이긴 합니다. 하지만 교육은 학급에서 시작한다고 굳게 믿는 저에게 성덕초에 계셨던 관리자분들은 학급 교육과정을 이해해 주셨고, 눈앞의 걱정보단 이 경험을 통해 학생들이 얻게 되는 큰 성취를 바라보셨습니다. 그리고 무엇보다 학급을 이끌어가는 교사의 주체적인 교육활동을 인정하고 존중해 주셨습니다.

둘째, 학부모와의 문제해결 부분입니다. 학급에서 학부모와 마찰이 빚어지면 교사의 잘못으로 치부되어 문제 있는 교사로 낙인찍힌 경험이 있을 겁니다. 물론 학교에서 가르치다 보면 학생들에게 미안한 점, 사과할 점이 생기기 마련입니다. 이와 별개로 학교에 문제를 크게 만들어선 안 된다는 소극적인 대응을 일삼으며, 학부모와 잘 지내는 교사가 훌륭한 교사로 여겨지는 현실이 개탄스럽기까지 합니다. 교사는 학생들을 위해 존재하는 것이지, 학부모와의 원만한 관계가 훌륭한 교사의 필요조건이 되지는 못합니다. 생활지도를 하면서 학생들에게 바른 소리, 쓴소리 한 번 못하는 까닭은 교사가 가려는 올바른 방향을 몰라서가 아니라 방향을 가리키는 장애물이 너무 크고 버겁기 때문입니다. 성덕초에 계셨던 관리자분들은 교사와 학부모의 마찰에 적극적으로 대응하고 이를 해결하는 데 앞장서셨습니다. 또한 교사의 지도 방향이 옳다고 믿으면 교사를 믿고 지지해 주셨습니다. 문제가 불거지는 것이 두려워 우리 목소리를 숨기는 것이 정당화되는 현실에 반하는 적극적인 대응을 해주셨습니다.

셋째, 소통 방식입니다. 교장의 지시가 부장에게 전해지고, 부장에서 평교사에게 관리자의 지시 사항이 내려갑니다. 부장에게 이야기하여 전체적으로 전달해야 하는 업무들도 있습니다. 다만, 어떤 담임선생님과 이야기하실 때 이런 소통 방식을 고수하면 오히려 해당 선생님은 관리자의 의도와 생각을 잘 읽기가 어렵습니다. 자칫 오해가 깊어져 관계가 소원해지고 불편해질 수 있습니다. 이 모든 것은 결국 학급에 돌아가게 됩니다. 교사도 사람입니다. 학교 내 사람과의 평온한 관계에서 편안함을 느끼고 이 모든 것은 학급 학생들에게 고스란히 전해집니다. 성덕초 관리자분들은 말하기 어렵고 껄끄러운 문제라도 하향식 명령 소통보단 수평적 소통, 직접 소통을 이어 가셨습니다.

이는 결코 교사의 편의를 위해서가 아닙니다. 교사와 관리자의 이런 관계는 학급에서 더 좋은 교육을 위해 애쓰려는 교사들에게 큰 힘이 됩니다. 교직원 모두의 힘이 더해질때 나다움의 가치, 함께의 가치, 성장의 가치를 목표로 둔 혁신학교의 꿈을 실현할 수 있습니다. 그동안 성덕초에는 학급에서 학생들을 위해 애쓰는 교사가 적어도 교육과 무관한 외적 요인에 의해 무너지지 않도록, 그리고 본인의 교육 철학에 맞는 교육과정을 마음껏 펼칠 수 있도록 교사의 곁에 든든한 조력자가 옆에 계셨습니다.

감사합니다.

너와 나의 날갯짓으로 성장을 시작하다!

김건무(전 교장)[*]

혁신학교는 일부 관리자 외에는 대체로 선호하는 학교가 아니다. 관리자의 의견도 1/N이라는 말이 나오는 등, 관리자의 역할을 축소하거나 인정하지 않으려는 분위기 때문이었으리라 생각한다. 하지만 성덕초에서의 4년, 그 후 계룡대실초 개교학교 교장으로 부임하며 다시 혁신학교를 운영하고 있다.

교사들과 함께 성장하는 행복

2016년 3월 1일 자로 성덕초 공모 교장으로 부임했다. 리더 교사 외의 모든 교사가 혁신학교 1년 차 초보인 데다 교장도 1년 차 초보였다. 하지만 열정만큼은 누구에게도 지지 않을 교사와 교장은 서로의 부족함을 인정하며 많이도 고민하고 또 고민했다.

타시도에서 혁신학교 경험이 있는 김현철 선생님이 있었기에 처음부터 방향을 잘 잡아가지 않았나 생각한다. "야~, 혼자만 열심히 하지 말고 동생

---

[*] 2016~2019년 본교 교장으로 근무.

들도 알려줘가며 하면 안 되냐?", "걱정 마세요. 제가 텃밭을 만드느라 혼자 매일 나갔더니, 이창구 선생님이 어느 날 밀짚모자를 쓰고 따라 나오더라고요."

그랬다. 앞에서 끌고 가는 리더가 아니라 뒤에서 밀어주며 모두가 함께 나아갈 수 있게 하는 리더의 역할이 참으로 중요했고 멋졌다. 교육과정 재구성을 1학기에 처음으로 해본 뒤의 평가회 시간. "열심히 준비했지만 계획한 것을 반도 못 가르친 것 같아요.", "저도 마찬가지예요." 가르침에 욕심도 많은 열정 넘치는 교사들은 그렇게 조금씩 자신감이 생겨갔다.

교장에게도 첫 학기는 기다림이 많이 필요한 시간이었다. 그렇게 2년 정도 지나니 학생들도 교사들도 눈에 띄게 성장해 가는 모습들이 보였고, 3년이 되니 다른 학교 교사들에게 교육과정 재구성 방법과 우수사례를 강의할 정도가 되었다. 그 많은 노력과 열정에 경의를 표하며, 이런 선생님들과 근무하고 있다는 것이 참으로 행복했다.

어려운 점이 있었다면? 혁신학교 초창기 교감과 교사들의 교육철학이 달라 교육 활동을 바라보는 시각 차이로 매번 갈등이 생겼다. 어느 날 한 사건이 계기가 되어 중재가 필요했다. "선생님! 지금 본인의 철학을 바꿀 수 있겠습니까?" "교감선생님! 지금까지 옳다고 생각해 오던 교육 방법을 바꿀 수 있겠습니까?" 교사도 교감도 생각을 바꿀 수 없다면 "다른 사람의 철학과 교육 방법을 이해하는 것이 옳다. 서로 존중해 주자." 그 뒤로도 교감선생님은 많이 서운해하셨지만, 성덕초가 나아가려는 방향성과 교육철학에 대해 말씀을 아끼셨다. 학교가 나아가야 할 방향에 대한 교장의 확고한 신념, 교직원들이 서로를 이해하려고 노력하는 마음에서 성덕초는 혁신학교의 방향성을 잃지 않고 나아갈 수 있었다.

혁신학교 교장으로 반드시 실천하고자 한 일이 있다면? 학습공동체나 교육과정 운영을 위한 협의회 시간에 교사들과 늘 함께하고자 했다. 함께 논의하고 결정하는 민주적 협의 과정을 통해 더 나은 성장을 이룰 수 있었다고 생각한다. 한 가지 부작용은 퇴근 후 모임에 매번 늦어서 참석하는 분들께 신용도가 아주 낮아졌다는 것이다. "협의회가 이제 끝났어. 좀 늦겠는데 미얀혀~"

민주적 협의 문화가 만들어지는 것은 쉬운 일이 아니다. 나는 내 마음을 솔직하게 표현했던 것 같다. 1년을 마무리하고 졸업식을 위한 협의회 시간. "졸업생이 몇 명 되지 않으니 전체적인 예행연습은 하지 않는 게 좋겠습니다." 선생님들은 그동안 해온 것이 있어 다 알고 있는 듯했다. "왜 이랴~ 나 초보 교장이여." "졸업장 수여를 한 번도 해보지 않았다고~" "아하 그렇구나~ 표시가 안 나서 초보 교장인 줄 몰랐어요.^^" "예행 연습해야겠네요." 솔직한 표현, 어떤 말도 할 수 있는 편안한 분위기가 민주적 협의 문화를 만드는 주요한 요인이 되지 않았을까 한다.

교육공동체와 함께 만들어가는 행복

2016년 학생 수 34명. 1학년 입학생 10명이 나의 소원이었다. 그 소원은 2017년에 바로 이루어졌다. 성덕초가 혁신학교라는 소문을 듣고 원 학구가 아닌 공동 학구에서 학생들이 많이 입학한 것이다. 문제는 원 학구 보호자들과 전입한 보호자들의 교육에 관한 생각이 다른 점이었다. 학교 밴드도 만들고, 학부모 협의체도 만들고, 토요일 삼겹살 파티도 하는 등, 서로 소통할 기회를 마련하고자 노력했다. 쉽지 않은 일이었지만 1년, 2년, 3년— 꾸준한 만남을 통한 노력의 결과 보호자들의 적극적 지지와 지원 속에 함께 만들어가는 학교가 될 수 있었다.

또한 보호자의 학교 참여를 높이고 공교육에 대한 신뢰 회복을 위해 매달 1회(연간 7~8회) '학부모 아카데미'를 열었다. 학교 교육과정 설명, 원하는 연수 듣기, 만들고 싶은 물건 만들기 등 다양한 분야의 아카데미를 통해 보호자의 역량 강화는 물론 신뢰할 수 있는 학교가 되는 데 일조했다.

미래의 꿈나무들과 함께하는 행복

교장으로 부임하고 통학버스를 타던 날, 아이들이 기운이 없어 보였다. "왜 이렇게 기운이 없니?" "밥을 못 먹었어요." 통학버스 한 대로 학교에 오다 보니 먼 거리에서 일찍 타는 아이들은 밥을 먹을 수 없는 것이 당연했다. 밥을 먹어야 공부도 하고 몸도 마음도 튼튼할 것이 아닌가? 그래서 일찍 등교하는 아이들에게 간단하게 아침 먹이는 일을 시작했다. 교직원들의 도움도 필요하고 예산도 확보해야 하는 등 어려움이 많았지만, 1교시부터 밥 언제 먹냐는 소리를 하지 않고 즐겁게 공부하는 아이들을 보면서 포기하지 못하는 일이 되어버렸다.

성덕초는 도움이 필요한 친구들이 참 많았다. 학교생활에 잘 적응하지 못하고 교장실을 자주 찾던 4학년 단골손님이 아주 의젓하게 6학년을 졸업하는 모습도 보았다. 규칙을 지키지 않아 여름 물놀이를 가지 못한 친구는 교장실에서 너무 슬프다. 규칙을 잘 지키겠다는 약속을 열 번쯤 하고 물놀이장으로 갈 수 있었다. 교사가 필요할 때 'SOS' 신호를 할 수 있는 교장이 된다는 것, 성장하는 학생들을 본다는 것, 참으로 보람 있는 일이다.

혁신학교 초창기 성덕초의 교육 방향이 맞는 것인지 걱정이 많았던 것도 사실이다. 그러나 2, 3년이 지나며 성덕초를 졸업한 친구들이 중학교에 진학하여 아주 잘 적응하고 리더로서의 자질을 보인다는 이야기를, 중학교 교육상담을 하러 가신 보호자님들이 듣고 "너무 감사하다"며 성덕초에 일부러 들러 전해주고 가실 때마다 참으로 행복했다. 훌륭하게 성장하는 학생들을 본다는 것은 정말 보람있는 일이다.

끝으로 성덕초 혁신학교 1기 때의 교육철학과 방향성을 유지하며 더욱 심화 발전시키신 조향미 교장선생님, 든든한 뿌리를 내리고 계시는 방장호 교장선생님께 깊이 감사드린다.

나의 교직 생애 대전환점이 된 성덕초에서의 경험과 성장은 지금까지 교장 역할 수행에 자양분이 되고 교육철학이 되었다. 학생, 교직원, 보호자 모두 함께 성장해 가는 멋진 성덕초로 거듭나길 기원한다.

3부

다양한 목소리, 하나의 성덕: 교육공동체가 바라본 우리 학교

아직도 매일 실수하고, 다시 배우며, 끊임없이 질문한다.

그러나 이 학교에서는 그런 모습이 부끄럽지 않다.

동료 교사들과 고민을 나누고, 아이들에게서 배움을 얻으며,

'교사도 함께 자란다'라는 혁신학교의 문화를

몸소 경험하고 있기 때문이다.

처음이라 더 특별했던 성덕초

이연우(교사)[*]

올해 2월, 쌀쌀한 바람 속에서도 따뜻하게 느껴지던 첫 출근길이 지금도 생생하다. 눈앞에 펼쳐진 새로운 환경과, 앞으로 만나게 될 학생들과 동료 선생님들, 그리고 교사로서의 첫 시작이 한꺼번에 다가온 그날을 생각하면, 여전히 마음이 벅차오르며 긴장된다. 그날 교무실에서 혁신학교로서의 성덕초에 대한 설명을 듣던 일이 떠오른다. '혁신학교'라는 단어는 무척 낯설게 느껴졌다. 대학생 때도 혁신학교에 대해 자세히 배운 적이 없기에, 설렘보다는 잘 해낼 수 있을까 하는 걱정이 더 컸다.

하지만 성덕초에서의 하루하루가 쌓여가면서, 혁신학교의 방향성과 철학을 몸으로 배우기 시작했다. 학생들의 자유로운 모습과 선생님들 간의 수평적인 소통, 그리고 교과 수업 외에도 다양한 프로젝트와 활동이 활발하게 이루어지는 모습은 내가 상상했던 교실과는 많이 달랐다. 그 낯섦은 곧 신선한 자극이 되었고, 내가 추구하고 싶은 교육의 모습과 맞닿아 있다는 생각이 들기 시작했다.

---

[*] 2025년 본교로 처음 발령받아 근무하고 있다.

혁신학교에서 시도해 본 교육과정의 재구성은 '교육'이라는 단어의 본질을 다시금 깊이 성찰하는 소중한 기회가 되었다. 교과서를 펴고 그 안의 지식을 학생들에게 단편적으로 전하는 것이 아니라, 다양한 교과 간 경계를 넘나들며 학생들의 삶과 연결된 주제에 대해 통합적으로 고민할 수 있도록 수업을 재구성하는 일. 이런 과정이 혁신학교인 성덕초에서는 일상처럼 펼쳐진다. 이런 일상 속에서 교사는 더 이상 일방적인 지식 전달자가 아닌, 학생과 함께 배움의 길을 걷는 동반자임을 배웠다. 교육과정을 재구성하며, '이 수업이 정말 아이들에게 의미가 있는가?', '아이들의 삶에 어떤 울림을 줄 수 있을까?'라는 질문을 하며 진정한 교육이 무엇인지 고민하고 궁리하게 되었다.

프로젝트 수업을 처음 진행하면서 느낀 가장 큰 어려움은 '예측 불가능성'이다. 계획할 때는 완벽해 보이던 수업이 막상 진행되면 예상보다 시간이 부족하거나, 더 많은 설명이 필요해 차시가 늘어나는 경우가 많았다. 일정이 틀어질 때면 조급해지기도 했다. 그러나 그런 상황 속에서 아이들과 방법을 찾아가며 문제를 해결해 가는 과정은 무엇보다도 뿌듯하고 보람 있는 경험이었다. 교사 혼자 이끄는 수업이 아니라, 아이들과 함께 만들어가는 배움이라는 점을 실감할 수 있었다.

그중에서도 가장 기억에 남는 순간은 처음으로 수업 공개를 했던 프로젝트 수업이다. 미술, 국어, 음악 등 다양한 교과를 융합하여 하나의 주제로 프로젝트를 기획하고, 아이들과 함께 구체적인 계획을 세우고 실천해가는 과정을 겪었다. 모든 게 처음이기에 부담도 컸지만, 아이들이 차츰 주도적으로 참여하고, 서로의 아이디어를 존중하며 프로젝트를 완성해 가는 모습에 큰 감동을 받았다. 내가 기획한 수업을 아이들과 함께 현실로 만들어가는 순간, 교사로서의 보람과 더 잘하고 싶다는 열망이 함께 밀려왔다.

그 경험은 '교사가 되어간다'라는 경험을 처음으로 선명하게 안겨주었다.

이 과정을 통해 프로젝트 수업을 잘 설계하고 운영하기 위해서는 '좋은 아이디어'나 '재미있는 활동'만으로는 부족하다는 것을 깨달았다. 한 학기를 넘어 한 학년 전체의 교육과정이 교사의 머릿속에 구조화되어 있어야 하며, 교과서와 성취기준뿐만 아니라 학생들의 관심사와 발달 특성까지도 깊이 이해하고 있어야 교육과정 중심의 프로젝트 수업을 의미 있게 구성할 수 있다는 것을 알게 되었다.

아직도 매일 실수하고, 다시 배우며, 끊임없이 질문한다. 그러나 이 학교에서는 그런 모습이 부끄럽지 않다. 동료 교사들과 고민을 나누고, 아이들에게서 배움을 얻으며, '교사도 함께 자란다'라는 혁신학교의 문화를 몸소 경험하고 있기 때문이다. 혁신학교 10주년이라는 뜻깊은 해에 신규 교사로 함께할 수 있어 진심으로 감사한다. 많이 부족한 나를 따뜻한 시선으로 바라보며 늘 아낌없는 조언과 격려를 해주신 동료 선생님들께도 깊이 감사한다. 앞으로도 아이들과 함께 성장하고, 학교 안의 작은 변화의 시작이 될 수 있는 교사가 되고자 한다. 나의 첫 시작을 따뜻하게 품어준 이곳에서, 교육의 본질을 끊임없이 성찰하며 성장하는 교사가 되기 위해 계속 나아가겠다. 🍱

함께 걷는 길 위에서
– 성덕초 해밀반에서의 기록

김혜진(특수교사)

성덕초등학교에 오게 된 것은 4년 전이다. 전교생이 95명 남짓인, 조용한 시골 마을의 작은 학교였다. 규모는 작지만, 그 안에 살아 숨 쉬는 교육의 열정은 놀라울 만큼 컸다. 교사 한 분 한 분이 아이들을 위해 최선을 다하고 있고, 학교는 늘 분주하고 활기찼다. 처음엔 조금 두려웠다. 회의도 길고, 행사도 많고, 모두 열심히 움직이는 모습에 '과연 이 흐름을 따라갈 수 있을까?' 하는 걱정이 앞섰다. 아직 학교 문화가 낯설던 그 시절에는, 어느 순간 '열정페이'라는 말이 떠오를 정도로 버겁게 느껴지기도 했다. 하지만 시간이 지나면서 조금씩 마음이 달라졌다. 한 해, 두 해가 흐르는 동안 나도 모르게 이 학교의 리듬에 익숙해졌고, 무엇보다 아이들과 함께 보내는 시간에서 큰 힘을 얻게 되었다.

우리 해밀반 아이들은 국어와 수학 수업을 중심으로 특수학급에서 개별 지도를 받고, 나머지 시간은 통합학급에서 친구들과 함께 지내는데, 체험학습, 행사, 일상 속에서 친구들과 자연스럽게 어울리는 모습을 볼 때마다 가슴이 뭉클해지고, 교사로서 이 자리에 있다는 것에 감사함을 느끼게 되었다.

이곳에서 내가 느낀 진짜 '혁신'은 제도나 프로그램이 아니라 '사람'이다. 해밀반 아이들을 '도움이 필요한 존재'만이 아니라 공동체의 소중한 구성원으로 보는 시선이 학교 전체에 흐르고 있었다. 교사뿐만 아니라 행정실, 급식실, 교무실의 모든 분이 아이들에게 관심을 갖고 다가와 주셨다. "오늘 ○○이가 점심을 남기지 않고 다 먹었어요.", "오늘은 기분이 좋아 보이더라고요." 이런 따뜻한 말 한마디들이 해밀반을 특별하게 만들어 주는 요소였다.

이전 학교에서는 특수학급이 외딴섬처럼 느껴질 때가 많았다. 수업을 준비하고, 아이들을 돌보고, 상황을 해결하는 모든 일이 특수교사인 나의 책임으로 느껴졌고, 그 무게는 때로 외로움으로 다가왔다. 하지만 성덕초는 달랐다. 아이에 대한 고민이 생기면 함께 걱정해 주는 선생님들이 있고, 어떤 상황에서도 "같이 방법을 찾아보자"라고 말해주는 동료들이 있었다. 함께 울고 웃으며 아이 한 명의 여정을 모두가 함께 걸어가는 우리 학교의 이런 분위기는 늘 든든하다.

학부모님들의 신뢰 또한 이 학교의 또 하나의 힘이다. 해밀반 학부모님들은 아이를 믿고, 교사를 믿고, 학교의 결정을 존중해 주셨다. 소통이 자연스럽고 따뜻하며, 협조적인 관계 속에 아이들은 더 안정감을 느끼고 성장할 수 있는 환경을 누릴 수 있었다. 학교와 가정이 같은 방향을 바라보며 아이를 대하는 관계는 해밀반 교사로서 나에게 큰 힘이 되고 있다.

학습 측면에서도 아이들은 분명한 성장을 보여주었다. 자신만의 속도로, 자신에게 맞는 방식으로 배우며 조금씩 앞으로 나아간다. 해밀반 학생 중에 통합학급에서 잘 적응하며 무사히 졸업한 친구가 있다. 그 친구는 그림을 참 잘 그리고, 플루트 연주도 뛰어났다. 말수가 적고 내성적인 아이지만, 다양한 체험을 통해 점점 자신을 표현할 줄 알게 되었고, 졸업식에서 누구보다 당당한 모습으로 무대를 빛냈다. 그 모습을 바라보며 나 역시 뿌듯함과 눈물이 동시에 밀려오던 기억이 난다.

성덕초는 아이들이 정말 다양한 경험을 할 수 있는 학교다. 교과 공부에 머무르지 않고, 삶을 배울 기회를 제공한다. 계절학교, 산행, 지역사회와 연계된 활동 등이 해밀반 아이들에게도 문이 활짝 열려 있다. 몸으로 부딪치며 배우고, 친구들과 부대끼며 자라는 이 모든 과정이 아이들에게는 배움의 순간순간이 된다.

그중에서도 가장 인상 깊었던 장면은 '산악 원정대' 활동이다. 매년 가을, 전교생이 학년에 맞는 산을 선정하여 오르는데, 해밀반 아이에겐 정말 큰 도전이다. 한 해, 한 아이가 특히 기억에 남는다. 시작부터 걱정이 많았고 중간에 포기할까 조마조마했지만, 그 아이는 끝까지 포기하지 않았다. 다른 친구들보다 한 시간가량 늦게 도착했지만, 나와 손을 꼭 잡고, 땀을 흘리며, 한 걸음 한 걸음 정상까지 오르고는 다시 조심스럽게 내려왔다. 말도 적고 표정도 진지한 상태였지만, 평지에 도착해 땀을 닦으며 나에게 조용히 말했다.

"선생님 덕분에 스스로 할 수 있었어요."

그 한마디는 내 마음을 오래도록 울렸다. 나는 그저 곁에 있었을 뿐이지만, 아이는 그 시간 속에서 스스로 해냈다는 성취감을 안았고, 아이에게 그것은 말로 표현할 수 없는 값진 경험이었다. 그 아이에게도, 나에게도 평생 잊히지 않을 기억일 것이다. 누군가에게는 단순한 등산일 수 있는 그 시간이, 해밀반 아이에게는 자립의 첫걸음이자 소중한 성취였다. 몸으로 배우고, 마음으로 느끼며, 자신이 할 수 있는 일을 하나씩 찾아가는 과정.

성덕초는 아이들의 그런 성장을 가능하게 해주는 곳이다.

행사나 활동 속에서 해밀반 아이들은 자신만의 빛을 낸다. 때로 수업 시간에 따라가기 어려워 보일 때도 있지만, 체험이나 활동에서는 누구보다 적극적이고 창의적인 모습을 보여준다. "○○가 그림 진짜 잘 그려요!", "○○가 발표했어요!" 아이들 사이에서도 점점 그런 칭찬이 오가고, 친구들의 시선도 따뜻하게 바뀌어 가는 것을 느낀다. 아이들이 서로의 다름을 자연스럽게 받아들이는 모습은 그 자체로 교육의 힘을 보여준다.

이 모든 변화의 중심에는 '함께'라는 가치가 있다. 해밀반은 단지 특수학급이 아니라, 학교라는 공동체 안에서 함께 배우고 자라는 진짜 교육의 현장이다. 아이들을 따뜻하게 바라보는 사람들, 서로의 고민을 나누며 함께 방법을 찾는 문화, 그리고 그 안에서 조금씩 피어나는 아이들의 자신감. 그것이 이 학교의 가장 큰 자산이라고 생각한다.

성덕초에서 보내는 이 시간들은 나에게 단지 '특수교사'로서의 직업적인 시간이 아니었다. 아이들과 함께 배우고, 함께 웃고, 때로는 함께 울며 나도 조금씩 자라온 시간이다. 해밀반 아이들이 한 걸음씩 나아갈 때마다, 나도 그 곁에서 함께 걸으며 교사로서, 한 사람으로서 성장하고 있다는 것을 깊이 느낀다.

이곳은 나에게 늘 따뜻한 공동체다. 혼자가 아닌 '함께'이기에 가능했던 날들. 앞으로도 해밀반 아이들과 손을 맞잡고, 천천히, 그러나 멈추지 않고 걸어가고 싶다. 서로를 더 깊이 이해하고 응원하며, 하루하루를 진심으로 살아내는 이 길 위에서 계속 함께하고 싶다. 🍙

호기심 넘치는 성덕 학생들과 함께한
흥미진진 과학 수업

이세용(교사)[*]

과학을 지도하기 위해 처음 성덕초등학교에 온 날, 교장선생님께서 강당에 모인 학생들에게 저를 소개하시면서 아이들과의 만남이 시작되었습니다. 여러 학년의 학생들이 몇 개의 그룹으로 동그랗게 모여있었는데, 나중에 알고 보니 '두레'라는 학생공동체였습니다. "안녕하세요. 즐겁게 과학 공부 함께해요."라고 짧은 인사말로 마무리하고 나오면서 학생들을 살펴보았는데, 많은 학생이 기대에 찬 살아있는 눈빛을 하고 있던 것이 기억납니다.

"일상생활에서 과학을 한다는 것은 어떤 것일까?"라는 질문을 시작으로, 학생들의 다양한 호기심을 발견하고, 자연스럽게 드러내고, 그것에 대한 답을 과학적 방법론으로 탐구를 통해 해결해 가야 하는 필요성과 방법에 대해 이야기 나누며 과학 수업을 열었습니다. 다소 지루할 수도 있는 주제였지만, 학생들은 집중력이 뛰어났고, 전반적으로 호기심이 많으며, 서

---

[*] 늘봄업무 지원과 더불어 3~6학년 과학 수업 담당.

로를 잘 받아주는 호의적인 태도여서 수업은 늘 즐거웠습니다.

저는 올해 3학년부터 6학년까지 네 학년을 지도했습니다. 수업을 하면서 가장 중요하게 생각한 것은, 아이들이 직접 경험하며 배우도록 이끄는 것이었습니다. 가능한 한 많은 실험과 활동을 마련했고, 스스로 탐구하며 결론을 도출할 수 있는 시간을 충분히 주었습니다. 작은 행동과 생각 하나도 허투루 지나치고 싶지 않았기에, 활동 과정 하나하나를 평가에 반영하고자 했습니다. 그것은 점수를 매기기 위한 것이 아니라, 수업에서 느끼고 생각한 모든 것을 의미 있게 담아내고 싶어서였습니다.

단원별 평가 또한 단순히 지식을 확인하는 방식이 아니라, 자료를 찾아 해석하고 그것을 자신만의 방식으로 표현하는 데 초점을 두었습니다. 그렇게 수업을 하다 보니, 많은 학생이 과학을 어렵게 느끼기보다는 흥미로운 탐구 과정으로 받아들이기 시작했습니다. '내가 잘할 수 있을까?'라는 두려움보다는 '이건 이렇게 하면 될 것 같아요!'라는 자신감을 보이며 적극적으로 수업에 참여했습니다. 학생들의 자율성과 협동심이 이런 수업 방식을 더 빛나게 해주었습니다.

수업 외의 시간에도 학생들은 늘 반갑게 다가왔습니다. 복도에서 스쳐 지나갈 때마다 인사를 건네고, "선생님, 오늘 실험 너무 재미있었어요.", "다음에는 또 어떤 걸 해요?"라는 말들을 자주 했습니다. 그런 짧은 순간들이 쌓여, 학교에 오는 길이 더 즐거워졌습니다. 과학 시간마다 적극적으로 손을 들며 참여하고, 친구들과 의견을 나누며 웃음이 오가는 교실을 보는 일은 교사로서도 큰 보람입니다.

이 학교가 혁신학교로서 걸어온 과정을 함께하지 않았지만, 올해 짧은 기간에도 저는 학생들이 지닌 가장 큰 특징을 분명히 느낄 수 있었습니다. 그것은 '스스로 해보려는 힘'과 '함께하려는 마음'입니다. 주어진 탐구 과제를 놓고 각자 할 일을 나누고, 서로의 의견을 존중하며 끝까지 완성해 가는 모습은 이 학교의 소중한 문화이자 힘이라고 생각합니다.

한 해 동안 진행된 과학 수업이 학생들에게 새로운 배움의 경험이기를 바랍니다. 단순히 지식을 외우는 교과가 아니라, 세상을 바라보는 눈을 키우고, 궁금한 것을 탐구하며, 친구와 함께 문제를 해결하는 과정이 과학의 진짜 재미라는 것을 경험하는 수업이 되면 좋겠습니다. 성덕초 학생들이 지금처럼 호기심을 잃지 않고, 배우는 일에 즐거움을 느끼며, 자신만의 탐구를 이어가기를 기대합니다.

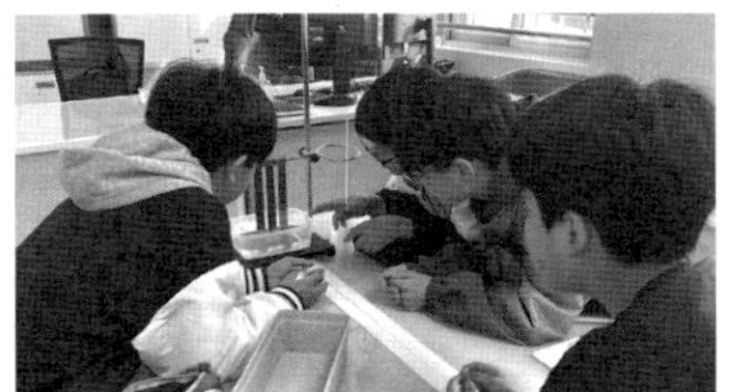

한 아이와 온 학교가 함께한 여섯 달: 성덕초 병설유치원 이야기

박은혜(유치원 교사)

성덕초등학교 병설유치원에서 아이 한 명과 하루를 만들어 온 지 여섯 달이 지났다. 처음엔 또래가 없다는 것이 가장 큰 걱정이었다. 사회성은 어떻게 키울지, 놀이와 활동은 어떻게 구성할지 스스로에게 묻는 날이 많았다.

그래서 유·초 이음 교육을 시작했다. 자연을 주제로 삼아 숲 체험과 현장학습을 함께 진행했다. 동물 체험에서는 생명을 존중하는 태도를 익히게 했고, 중간 놀이와 점심시간에는 유치원 공간을 개방해 함께 놀았다. 초등학교 방과후(늘봄프로그램) 활동에도 참여해 하루의 흐름을 같이했다. 유치원과 학교의 시간이 이어지자, 아이의 하루는 끊기지 않고 하나의 이야기로 자연스럽게 흘렀다.

이 연계는 아이에게 긍정적인 변화를 불러왔다. 아이는 형과 누나들 사이에서 기다리는 법, 부탁하는 법, 도움을 청하는 법을 몸으로 익혔다. 1학년 친구들은 작은동생을 보살피며 배려와 책임을 배웠다. 숲에서 주운 솔

방울은 교실에서 관찰 기록으로 옮겨지고, 이야기를 나누며 놀이가 되고, 다시 바깥의 호기심으로 이어졌다. 형님들과 교실과 바깥을 오가며 배움을 삶 속에서 이어갔다.

우리 학교는 아이가 중심에 있고, 자연과 이웃이 곧 교실이 되었다. 유치원과 1학년 아이들은 경험을 말과 그림으로 표현하고, 소중한 자료로 모아 배움의 흔적을 차곡차곡 쌓았다. 아이와 교사가 함께 성장하는 모습이 눈에 들어왔다. 무엇보다 아이들이 "학교가, 유치원이 재미있다"라고 말한다. 이것이 혁신의 가장 분명한 결과라고 믿는다.

현장의 어려움도 있었다. 유치원과 학교 활동을 연계할 충분한 시간을 확보하지 못했고, 일부 프로그램은 유치원 아이에게 난도가 높았다.

바라는 점 두 가지. 첫째, '모두의 시간'을 만들고 싶다. 유치원과 1·2학년 교사가 모여 주제를 정하고, 놀이와 교과를 연결하는 공동 실천을 공유하는 시간이다. 둘째, '자연 프로젝트'를 운영하고 싶다. 씨-싹-열매-나눔의 흐름을 유치원과 1·2학년이 함께 설계하면 아이들의 배움은 학기와 학년을 넘어 연속적으로 이어지리라 생각한다.

비록 우리 병설유치원은 남아 있던 한 아이마저 개인 사정으로 전원하여 휴원하게 되었지만, 여섯 달 동안 유치원과 학교가 함께 시간을 보내고 배우며 하나의 이야기를 만들 수 있음을 알았다. 유치원과 학교가 함께하는 모든 순간이 아이들에게 '나다움'으로 성장하는 배움으로 이어진다고 믿는다. 병설유치원과 학교가 이런 식의 연결을 확대해 갈수록, 그 연결은 더욱 안정적이고 자연스러워지리라 생각한다. 🫙

행정실장이 느낀 혁신학교

김갑배(행정실장)

'혁신학교는 뭐가 다를까? 뭔가 다른 게 있나?' 하며 혁신학교에 대한 별 생각 없이 2023년 1월 1일 자로 성덕초등학교에 발령을 받았다. 그땐 혁신학교에 대한 개념도 정보도 없었다. 그렇게 첫발을 딛고 혁신학교에서의 행정실장으로 3년이 훌쩍 지나가 버렸다. 그러면서 느낀, 다른 학교와 혁신학교의 차이점들을 찾아냈다.

첫째, 예산이 많다. 혁신학교 운영비 이천만 원, 혁신미래학교 운영비 삼천만 원, 혁신학교 미래 교육환경 조성 이천만 원으로, 7학급의 다른 초등학교에 비해 칠천만 원이나 많다. 처음 이 예산을 보고 이 돈을 언제 다 쓰나? 뭐해서 쓰나? 걱정이 앞섰지만, 그야말로 걱정에 불과했다. 선생님들이 혁신학교 예산을 교육과정에 잘 반영하여 집행하는 거다. 혁신학교 예산 집행 내역 중 2023학년도에 추진한 '1~6학년 전문가 협업 학생 자치 활동 지원' 예산이 기억난다. 전문가와 협업하여 저학년들은 자기들만의 동화책을 만들고 6학년은 영화를 만들어서 졸업식 때 학부모들에게 상영했다. 제법 잘 만들었다. 이런 활동들은 다른 학교에서 보지 못한 사업들이다. 이런 교육활동들을 경험한 학생들은 얼마나 성장했을까? 누군가는 자기 적성을 찾지 않았을까? 하는 생각이 들었다.

많은 예산 집행을 하면서 아쉬웠던 점을 꼽으면, 혁신학교는 프로젝트 활동 등이 다양하고 자율적인 교육활동을 많이 추진하기에 예산 집행 면에서 유연하게 지원해야 하지만, 회계 규정을 획일적으로 적용하여 유연한 예산 집행이 어려울 때가 종종 있었다. 그래서 혁신학교는 예산 집행의 유연성을 많이 주었으면 한다. 자율적인 교육활동을 지원하기 위한 유연한 예산 지원은 필수다.

둘째, 선생님들이 예산을 잘 활용한다. 예산이 많다는 걱정은 기우(杞憂)였다. 선생님들이 교육과정에 예산을 적극적으로 활용하여 예산이 부족하기도 했다. 보통 연말이면 '예산이 남아서 어떻게 사용할까?' 고민하는데 성덕초등학교는 그럴 걱정을 할 필요가 없었다. 교직원 협의회 때 예산 집행 상황을 공유하고 예산이 교육과정에 맞춰 집행될 수 있도록 교직원 전원이 참여하며 함께 운영하는 학교의 모습을 보았다.

셋째, 행정업무 처리 방법이 다르다. 다른 학교는 행정업무를 선생님들이 나누어 맡는데, 우리 학교는 지원부장이 행정업무의 90% 이상을 담당하여 담임선생님들이 수업에 집중할 수 있도록 운영한다. 처음엔 이런 체계가 낯설었다. 그리고 매년 지원부장이 바뀐다. '매년 지원부장이 바뀌면 행정업무를 배우다 끝나는 거 아냐?' 하는 생각이 들었다. 3년 동안 3명의 지원부장을 만났다. 3월에는 처음 행정업무를 전담해야 하기에 지원부장님들이 적응하는 데 힘들어했다. 잘할 수 있을까 걱정도 들었다. 하지만 집중적으로 행정업무만 담당하다 보니 빨리 적응했고 업무 처리 속도도 빨라졌다. 행정실도 지원부장 한 명과 거의 모든 업무를 협업하며 처리하다 보니 업무 효율성도 높아졌다.

넷째, 혁신학교는 업무량이 많다. 예산도 많고 교과 활동도 다양해 각종 계획서를 세우고 이에 따른 계약 업무, 지출 업무가 다른 학교에 비해 많다. 그러다 보니 행정직들은 혁신학교 근무를 기피한다. 소규모 인력으로 많은 행정업무를 처리함에 따른 어려움을 해소하기 위해 혁신학교 행정실의 인력 지원이 필요하다.

다섯째, 교직원들이 회의를 많이 한다. 교육활동을 계획하고 추진함에 관리자들의 의견이 주가 되는 게 아니라 교직원 회의를 통해 의견을 수렴하고 교직원들의 참여를 동력으로 교육활동을 추진하기에 협력도 잘 되고 성과도 좋은 것 같다. 교직원들뿐만 아니라 학생들과 학부모의 의견 수렴에 적극적이다. 교육활동의 주체가 학생, 학부모, 교사가 되는 것을 이곳에서 느꼈다.

여섯째, 학생들이 발표를 잘한다. 이걸 느낀 건 2023년 7월 운영위원회 임시회에서 6학년 수학여행 심의 안건을 발표할 때다. 6학년 수학여행을 추진할 때 학생들이 가고 싶고 하고 싶은 활동들을 찾아 계획을 세우고 운영위원회 임시회에 심의 안건을 발표한다. 학생들이 심의 안건을 발표하는 것도 생소하거니와, 초등학생들이 해봤자 얼마나 하겠나 시큰둥하게 생각했다. 하지만 학생들이 발표하는 것을 보고 깜짝 놀랐다. PPT 자료를 만들어서 일정별로 6학생 학생 전원이 한 부분씩 발표하는데, 초등학교 학생들이 PPT를 잘 만든 것에 놀랐고, 잘하든 못하든 학생 전원이 발표하는 것에 놀랐고, 학생들이 짠 계획서가 계획적인 데 놀랐다. '초등학생들도 저렇게 발표를 조리 있게 잘할 수 있구나! 혁신학교에서는 학생들이 자기 의견을 발표할 수 있도록 교육하고, 함께 뭔가를 추진하도록 교육하는구나!'

혁신학교 교육의 한 면을 이때 처음 느꼈다. '학생들이 이렇게 잘 계획하고 발표할 수 있도록 선생님들이 지도를 잘했구나!' 하고, 학생들과 선생님을 다른 눈으로 보는 계기가 되었다. 혁신학교는 학생들을 가르치는 방법이 다른 학교와 다르다는 것을 느꼈다.

일곱째, 우리 학교는 아름답다. 우리 학교 건물은 1984년에 지어진 건물이다. 학생수마저 2020년에는 50명 이하로 줄어들어 통폐합을 논의했다고 한다. 그런 가운데 시설투자가 이루어지지 않아 노후화하고 낙후되었다. 그러나 혁신학교를 운영하면서 학교장과 교직원의 의지로 2020년도부터 변화가 시작되었다. 2021년도 별빛누리 강당 신축, 2022년도 과학실 및 예술실 2실 증축, 2020년~2023년까지 교실 내부 리모델링, 2022년도 감성 꿈틀 리모델링 사업으로 상상누리, 어울림누리, 책누리실을 구축하여 내부 교육환경 조성을 마쳤고, 2022년도에는 외벽공사, 운동장 배수로 설치 공사를 통해 외부 교육환경 조성을 완성했다. 교사 내·외부 공사를 통해 우리 학교는 예전의 낙후된 학교에서 논산, 아니 충남에서 가장 아름다운 학교로 변모하게 되었다.

현재 학교 전경.
본동 우측에 신축된 다목적강당,
증축 교실(과학실, 예술실)이 보인다.

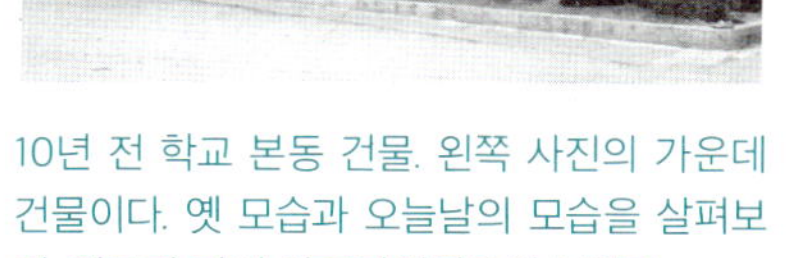

10년 전 학교 본동 건물. 왼쪽 사진의 가운데 건물이다. 옛 모습과 오늘날의 모습을 살펴보면, 학교가 많이 아름다워졌음이 보인다.

혁신학교 10주년을 맞으며

윤성우(성덕초등학교 운영위원장) [*]

열 해라는 시간은 짧다면 짧고 길다면 긴 시간입니다. 지난 10년을 돌아보면, 우리 학교가 걸어온 길은 절대 가볍지 않았습니다. 혁신학교라는 이름으로 시작된 여정은 단순한 제도적 변화가 아니라, 아이들의 삶과 배움의 방식을 바꾸는 큰 흐름이었습니다. '아이들을 위해 새로운 학교를 만들겠다'라는 결심 그리고 그 길 위에 함께 걸어온 모두의 노력이 10년의 세월을 지나 함께 만들어낸 자부심이 되었습니다.

'함께 배우며 나다움으로 성장하는 행복한 학교'라는 학교 비전은 지난 10년 동안 우리 학교가 지켜온 소중한 약속이었습니다. 아이들이 서로 존중하며 배우고, 비교와 경쟁보다 협력하며 자신의 가능성을 발견하는 과정. 그 속에서 아이들은 점점 눈부시게 성장했습니다. 과거의 교육이 주입식, 경쟁 중심이었다면, 아이 한 명 한 명이 주체적으로 배우고 성장할 수 있도록 배움의 과정을 새롭게 설계했습니다. 교과서 속 정답만을 요구하

---

[*] 4학년 윤제이, 1학년 윤소이 학생 아버지.

는 수업에서 벗어나, 아이들이 스스로 질문하고 탐구하며 친구와 협력하는 수업을 만들어 왔습니다. 그 결과 아이들은 학습 자체에서 즐거움을 느끼고, 배움의 주인이 바로 자신임을 깨닫게 되었습니다.

저는 운영위원장으로서, 때로는 학부모로서, 학교 곳곳에서 아이들의 변화를 지켜볼 기회가 많았습니다. 아침 햇살에 반짝이는 교실 창가에서 스스로 토론 주제를 찾아와 친구들과 나누는 아이들, 무대 위에서 당당하게 의견을 발표하는 아이들의 모습은 언제나 제 마음을 벅차게 했습니다. 과거 같았으면 수줍게 뒷자리에만 앉아 있던 아이가 지금은 동아리와 두레를 이끌며 학교의 문화를 바꾸어 가는 모습. 이것이 바로 학생 주도성을 바탕으로 한 자치문화의 힘이며, 혁신학교가 만들어낸 놀라운 성과라 생각합니다.

'모두가 교사답게, 학생답게 성장하는 학교.'

이 목표는 학교 구성원 모두에게 주는 울림이 있습니다. 교사들은 가르치는 사람을 넘어 함께 배우고 성장하는 동반자가 되었고, 학생들은 단순히 배우는 존재가 아니라 자기 삶의 주인으로서 살아가는 방법을 배우고 있습니다. 이런 변화는 교실과 교무실 그리고 운동장에서까지 자연스럽게 스며들어 우리 학교만의 따뜻한 분위기를 만들어 왔습니다.

또 하나 잊을 수 없는 것은 마을과 지역 그리고 학부모가 함께 만들어 온 협력의 문화입니다. 혁신학교의 진정한 힘은 학교 울타리를 넘어 사회 안에서 확장될 때 비로소 드러난다고 생각합니다. 지역 예술인과 함께하는 수업, 마을 어르신들이 들려주는 삶의 이야기, 학부모가 참여하는 프로젝트 수업은 모두 아이들에게 살아있는 배움의 장이 되었습니다. 학교는 닫힌 공간이 아니라, 모두가 연결되는 열린 배움터가 되었습니다.

혁신학교의 장점은 '사람을 바꾸는 힘'에 있습니다. 아이들의 눈빛이 달라지고, 부모의 생각이 달라지고, 교사의 수업이 달라졌습니다. 아이들은 더 이상 정답만을 좇지 않고, 스스로 질문할 줄 알게 되었습니다. 실패를 두려워하지 않고, 친구와 함께 새로운 길을 찾아가는 용기를 배우게 되었습니다. '교육은 학교만의 몫이 아니라 코두의 몫'임을 다시금 확인할 수 있었습니다. 선생님, 학부모, 지역사회가 함께 아이들의 성장을 고민하고 응원하는 교육공동체의 힘이야말로 혁신학교가 지켜온 소중한 가치입니다.

"앞으로의 10년, 우리는 어떤 학교를 만들어가야 할까?"라는 물음 앞에 저는 그 답이 우리 아이들의 모습에 담겨 있다고 생각합니다. 한국 교육이 지향해야 할 길은 지식의 양을 겨루는 경쟁이 아니라, 서로의 다름을 존중하며 더불어 살아가는 힘을 기르는 교육입니다. 창의적으로 문제를 해결하고, 공동체의 일원으로 협력할 줄 아는 민주시민을 길러내는 교육. 그것이 바로 혁신학교가 실천해온 길이며, 한국 교육이 가야 할 길이라 믿습니다. 돌아보면 지난 10년은 도전의 연속이었습니다. 때로는 새로운 길에 대해 낯섦과 두려움도 있었습니다. 그러나 으리 모두의 믿음과 헌신, 그리고 무엇보다 아이들의 변화가 그 길이 옳았음을 증명해주었습니다. 앞으로의 10년 또한 그 믿음을 이어가며, 더 많은 아이가 '나다움'을 꽃피우는 행복한 배움의 터전이 되리라 확신합니다.

지난 10년간 애써주신 교직원 여러분께 깊은 존경과 감사를 드립니다. 아이들의 변화를 묵묵히 지켜봐 주신 학부모님, 그리고 늘 학교의 든든한 울타리가 되어주신 지역사회에도 진심 어린 감사의 말씀을 전합니다. 무엇보다 우리 학교의 주인공인 학생 여러분, 여러분의 웃음과 성장이 있었기에 오늘의 혁신학교 10주년이 더욱 빛나는 날이 될 수 있었습니다. 이 책에 담긴 이야기는 단순한 과거의 발자취가 아니라, 미래를 향한 또 하나의 약속입니다. 우리 성덕초등학교가 만들어온 혁신의 역사는 앞으로도 지속할 것이며, 한국 교육의 희망이 되어 새로운 길을 밝혀가길 희망합니다.

혁신학교 10주년을 진심으로 축하드리며, 우리가 모두 함께 만들어 갈 앞으로 10년의 여정에 뜨거운 응원의 박수를 보냅니다.

꿈을 키운 6년, 배움과 성장의 시간

이효린(졸업생) [*]

초등학교 입학 후, 중학생인 지금까지도 나의 장래 희망은 초등교사다. 많고 많은 직업 중에서도 초등교사를 꿈꾸게 된 데는 성덕초 선생님들의 영향이 매우 크다. 선생님들의 열정과 사랑은 내가 되고 싶은 이상적인 어른의 모습이고, 선생님들은 내가 초등교사가 되어서 아이들을 가르치는 미래가 행복할 거라는 믿음을 갖게 해주신 분들이기 때문이다. 그만큼 성덕초 선생님들은 학생 눈높이에서 학생들이 더 행복한 배움을 누릴 수 있도록 가르쳐주신 분들이다.

성덕초에서의 6년은 지식을 배우고 익히는 것을 넘어서 생각과 마음을 자라게 해준 소중한 경험이다. 갓 입학한 1학년 때는 남들 앞에서 발표하는 경험이 많지 않아서 큰 목소리로 자신 있게 말하는 것을 어려워했다. 하지만 이후 6년을 거치며 선생님들께서 다양한 활동과 수업을 준비해 주셨고, 자연스럽게 발표 기회가 찾아왔다. 선생님들께서 준비해 주신 교과 재구성 수업을 통해 편안한 분위기에서 생각을 주고받는 것이 매우 자연스럽

---

[*] 2022학년도 졸업생.

게 진행되었고, 내 생각을 친구들과 나누는 활동이 자주 이루어졌다.

또한 겨울 계절학교 활동 중 1년간 준비했던 것을 전교생 앞에서 발표하는 '성장 발표회'를 함으로써 말하기에 자신감을 얻고 귀중한 경험을 쌓을 수 있었다. 이렇듯 발표 경험을 쌓아간 나는 사람들 앞에서 자신 있게 내 생각을 전할 수 있게 되었고, 성덕초에서의 시간 동안 내가 크게 성장했다는 것을 느낄 수 있었다.

어느덧 성덕초에서의 마지막 발표인 '졸업 발표'를 준비했다. 졸업을 앞두고 준비하는데, 주제는 자유롭다. 대부분 나의 계획이나 장래 희망 등 의미 있는 것을 주제로 삼아 준비하고 졸업식 날 발표하는 형식이다. '졸업 발표'는 장래 희망과 관련되어 나를 더 탐구하고 미래 계획에 대해 깊이 생각해 보는 시간이 되었다. 초등학교 6년을 보내며 성장했던 것들과 앞으로의 계획을 부모님과 선생님 등 많은 사람 앞에서 발표한다는 점에서 '졸업 발표'는 큰 의미가 있다.

발표 경험 외에도 나에게 좋은 영향을 준 활동은 '다모임'이다. 매주 금요일이면 전교생이 강당에 모여 토의하고 함께 어울리는데, 이 활동은 1~6학년 학생들이 고루 섞인 '두레'를 조직하여 진행한다. 저학년일 때는 다모임 특유의 편안한 분위기에서 생각과 의견을 자신 있게 말하는 법을 배웠고, 학년이 다른 언니 오빠들과 토의하는 과정에서 나와 다른 사람을 이해하는 법을 배웠다. 고학년이 되어서는 다모임을 이끌어가는 주체가 되어 학교를 더 좋은 방향으로 주도하기 위해 노력했고, 그 과정을 통해 책임감과 리더십이라는 중요한 덕목을 배웠다.

이런 값진 경험을 전교생이 차별 없이 누릴 수 있는 것은 성덕초 졸업생과 재학생 모두에게 큰 행운이 아닐까 싶다. 성덕초에서 배우고 익힌 것들은 값진 경험으로 남았고 앞으로의 나에게도 큰 도움이 될 것이다.

성덕초에서 보낸 시간은 나다운 모습을 발견하고 스스로를 믿는 힘을 키워준 특별한 과정이다. 친구들과 배우고 협력하는 과정에서 혼자가 아닌 '우리'의 힘을 배웠고, 그 모든 경험은 나를 더 넓게 바라보게 했으며, 한 걸음 더 성장할 수 있도록 이끌어 주었다. 성덕초는 나의 초등학생 시절을 특별하게 빛내 준 추억의 공간이며 지금의 나를 만든 배움의 공간이다.

성덕인의 밤, 교사들의 이야기

성덕초 전·현직 교사 13명

※ 우리 학교는 기록물 작성을 위해 지난 2년간 성덕초와 연이 닿았던 선생님들이 모여 '성덕인의 밤' 활동을 했습니다. 아래 채록은 2025년 7월 1일, 13명의 성덕초 전·현직 선생님들이 한 시간 반 동안 나눈 이야기를 요약한 것입니다. 이 소중한 이야기를 통해 우리 학교의 추억과 모습이 잘 남겨지고, 같은 고민을 하는 분들에게 공감과 위로, 때로는 나아갈 힘이 되기 바랍니다.

사회자(A 선생님): 안녕하세요, 다들 오랜만입니다. 가벼운 마음으로 당시를 떠올리며 이야기해 주시면 좋겠습니다. 그럼 첫 번째 질문부터 해 볼게요. '처음 혁신학교를 시작할 때 어땠는지, 지금의 우리 학교가 당시 바라시던 모습인지' 같은 주제로 가볍게 시작해 보겠습니다.

첫째 질문, 혁신학교의 시작은 어땠나?

B 선생님: 말 그대로 10년이잖아요. 행복나눔학교(충청남도교육청 혁신학교의 원형) 준비 학교까지 합하면 더 오래전에 시작했거든요. 1년 동안 준비 학교를 하면서 '우리는 뭘 할까?'라는 생각을 깊게 다져왔습니다. 시작은 '재미있는 학교 좀 만들어보자'라는 거였습니다. 처음 시작할 때 이 학교는, 전년도 선생님들이 학부모님들을 찾아다니면서 폐교 사인을 받으러 다녔을 정도였습니다. 그러니 학부모님들과 학교가 사이가 좋을 리 없었고, 신뢰가 전혀 생기지 않았습니다. 사실 교사들에게도 학교를 살릴 이유가 없었고, 교장선생님들도 기대를 갖고 오시는 분이 거의 없었습니다. 그냥 어쩔 수 없이 있는 학교, 아이들은 억눌려 있고 재미는 하나도 없는 그런 학교였습니다. 그래서 선생님들과 모여 "애들이 너무 안쓰럽다. 우리는 월급이라도 받지, 애들은 너무 안쓰럽다."라는 이야기를 나눴습니다. 아이들이 안쓰러워 '좀 재미있는 거라도 가르쳐주자' 해서 땅 파고, 만들기도 하고, 게임 같은 것을 시작했습니다. 어쩌면 그게 교육과정 재구성의 시작이었던 것 같습니다.

이후 혁신학교에 신청해서 1년간 준비 학교를 했습니다. 그때 교육과정, 비폭력 대화, 학급 긍정 훈육법 같은 연수를 받으며 배움을 아이들에게 돌려주자고 다짐했습니다. 이런 과정을 통해 정리된 기본 방향이 '맛있는 배움', '멋있는 교육공동체' 그리고 '행복 성덕 교육'입니다. 아이들이 너무 재미없어하니 재미있게 해주고, 신뢰가 없으니 같이 으쌰으쌰하는 모습을 보여즈면 아이들이 행복하겠다는 생각에 서였습니다. 시작점은 그곳이 아닐까 합니다.

C 선생님: B 선생님 말씀은 리더 교사로서의 생각인 것 같고, 저는 그때 사실 아무 생각이 없었습니다. 이 조직에 들어온 지도 얼마 안 됐고 뭘 해야 하는지도 몰라서, 그저 주어진 교과서대로 수업하고 위에서 시키는 일만 하다시피 했습니다. 그러다가 점차 '내가 뭘 하고 싶은가? 뭘 해야 하나?'를 찾아가는 시간을 갖게 된 것 같습니다. 처음에는 주어진 교과서로만 수업을 했지만, 내가 하고 싶은 것을 찾아서 그 수업을 할 수 있게 된 겁니다. 그런 의미에서 1기 때는 목표와 방향성을 찾아가던 시기였습니다. 대부분의 선생님이 저처럼, 주어진 업무와 교육과정을 가르치는 것에서 자기가 하고 싶은 것을 찾아가며 교육과정을 바꾸는 경험을 한 것 같습니다. 그것을 경험해 봐서 좋았습니다.

D 선생님: 저는 여기 와서 6학년 담임을 맡았는데, 당시 B 선생님께서 지원부장으로서 업무를 많이 맡아주신 덕분에 교무 업무를 맡았던 제 부담은 크지 않았던 것 같습니다. 그때 저는 전북특별자치도나 경기도 혁신학교의 교육과정 재구성 사례를 보며 우리도 그런 방향으로 가야겠다고 생각했고, 현재의 재구성 틀을 더 간략하게 만들어 교과별로 적용하면서 조금씩 시작했습니다. 아이들의 부족한 자발성과 주도성을 키워주고자 졸업식 때 1년 동안 성장한 것을 발표하는 '성장 발표회'를 열기도 했고, 수학여행도 아이들이 구상하고 주도하는 활동으로도 진행했습니다.

둘째 질문, 지금의 성덕초는 어떤가?

사회자: 그렇군요. 뒤에 이야기하겠지만 우리 학교는 1기에서 2기로 넘어가면서 1기 때와 비슷한 점도 있고, 달라진 점도 많을 텐데요. 먼저 1기 때 학교를 만들고, 다른 학교에 가셨다가 다시 우리 학교로 오신 선생님들께서는 어떤 생각들이 드세요?

C 선생님: 다른 학교는 교사가 하고 싶은 것을 하려 해도 재정적·행정적 지원이 부족해 매우 힘듭니다. 교사의 열정만으로는 한계가 있고, 돈이 없으면 아이들도 재미없어하는 교실 활동밖에 못 합니다. 그런 점에서 혁신학교는 교사가 하고 싶은 것을 펼칠 수 있도록 재정적·행정적 지원이 가능해서 좋습니다. 1기 때와 비교하면, 협의해서 만들어 가는 시스템이나 자율 동아리 운영 등 내용적인 면에서는 여전히 비슷합니다. 하지만 학생 규모가 20~30명에서 100여 명으로 늘어나면서 신경 써야 할 것도 많아지고, 할 수 있는 프로그램의 선택 폭도 좁아졌습니다. 그 결과 행정적인 업무 처리가 더 어려워지고, 교사의 자율성도 과거에 비해 조금은 제한되는 것 같습니다.

E 선생님: 저는 B 선생님이 말씀하신, 교육과정을 주제 중심으로 재구성하여 프로젝트 수업으로 운영하는 것이 지금까지 이어져 오는 우리 학교의 가장 큰 특징이라고 생각합니다. 다른 학교는 교사마다 재구성 방식이 다른 경우가 많지만, 우리는 이것이 학교 전체의 시스템이 되었습니다. 이런 방식이 계속 누적되면서 더 체계가 잡히고 깊이가 생긴 것 같습니다. 그리고 두 번째 중요한 특징은 자율 동아리나 다

모임 같은 활동입니다. 이는 학생들의 민주 의식과 공동체 의식을 길러 주는데, 다른 학교들과 달리 우리 학교는 이 시스템이 매우 안정적으로 이어져 오고 있다는 점이 특별합니다. 중간에 작은 활동들은 바뀌기도 했지만, 1~6학년 모두 참여하는 계절학교처럼 큰 틀의 공동체 활동이 이어져 내려오는 점도 좋습니다.

사회자: 2기 때 계시던 선생님들께서 동의하실지 모르겠지만, 2기 때 우리의 목표는 '1기 때 활동들을 체계화하고 시스템화해 가는 것'이라고 생각합니다. 시스템이 잡혀가면서 좀 긍정적이었던 부분도 있고, 아닌 부분도 있는 것 같습니다. 어떻게 생각하세요?

F 선생님: 저는 1기 거의 끝에 왔는데, 그때 느낀 다른 학교와의 가장 큰 차별성은 '교육과정 중심의 학교를 만들자'라는 목표가 명확했다는 점입니다. 2기 때는, 이 목표를 더 체계화하기 위해 많은 선생님이 바뀌는 가운데서도 혁신미래학교 신청을 하는 등 굉장히 노력했습니다. 이런 방향성이 명확했기에, 공동교육과정이나 업무지원팀 같은 다른 부분들도 함께 나아갈 힘이 생겼고, 이것이 대외적으로도 좋게 비쳐 학생 수가 늘어나는 데 기여했다고 자부합니다.

다만, 혁신학교 연차가 쌓이면서 '으쌰으쌰 재밌게 해보자'라는 초기 분위기를 넘어 책무성과 책임감이 더 강해졌습니다. 2기 선생님들은 '열정을 갈아 넣었다'라고 할 만큼 노력했는데, 이것이 원동력이었지만 한편으론 과한 면도 있어 새로 오시는 분들에게는 힘들게 느껴질 수도 있겠다는 생각이 듭니다. 그럼에도 2기를 이끈 가장 큰 원동력은, 위기 속에서도 서로에게 자극을 주며 함께 성장하려 했던 교사들 사이의 관계 그 자체였습니다.

G 선생님: 저는 1기를 거의 경험하지 않아 두 시기를 비교하기는 어렵습니다. D 선생님 말씀처럼 인원이 많아져서 생긴 어려움도 있지만, 저는 프로젝트 수업에서 인원이 많을 때 아이들끼리 자극을 주고받으며 더 배우고 성장하는 긍정적인 면도 느꼈습니다. 특히 저희는 '학습자 주도성 수업'의 일환으로, 다른 학년이나 선생님들을 초대해 수업을 공개하는 활동을 스스럼없이 많이 했습니다. 아이들이 이런 나눔을 준비하는 과정에서 크게 성장했으며, 수학여행도 마찬가지입니다. 학생들이 원하는 곳에 가기 위해 직접 계획을 짜서 운영위원회에 발표하고 피드백을 받는 과정이 자연스럽게 자리 잡고 체계화되었습니다. 결국 많은 나눔의 과정을 통해 더 성장할 수 있었던 것 같습니다.

H 선생님: 1기에서 2기로 넘어갈 때처럼 구성원이 바뀔 때마다 학교가 위기를 겪었지만, 그럼에도 잘 운영될 수 있었던 것은 목표와 지향점이 같았기 때문이라고 생각합니다. 하지만 그 과정에서 새로 오시는 분들이 교육과정 재구성의 필요성을 느끼고 합의하도록 설득하는, 이른바 '진입 장벽'을 낮추는 일이 과거에는 매우 어려웠습니다. 지금은 그 어려움이 많이 해소되었는데, 그동안 선생님들이 해오신 교육과정 재구성 자료를 저희가 열심히 기록하고 파일로 남겨 두었기 때문입니다. 새로 오시는 선생님들이 이 자료들을 보고 참고할 수 있게 되면서, 우리 학교는 진입 장벽이 낮아지고 더 안정화된 모습을 갖추게 되었다고 생각합니다.

셋째 질문, 우리 학교의 어려운 점, 어떻게 극복했고 또 극복할 것인가?

사회자: 좋습니다. 좀 깊이를 더해보죠. 우리 학교의 어려운 점들은 어떤 것들을 꼽을 수 있을까요?

F 선생님: 우리 학교의 어려움 중 하나는 동 학년 교사가 없다는 점이었습니다. 이 때문에 교사 혼자 방학도 없이 한 학기 전 교육과정을 새롭게 재구성해야 하는 부담이 매우 컸죠. 이 문제를 해결하기 위해 고민 끝에, 각 학년을 대표하는 '대표 프로젝트'를 한두 개씩 만들어보기로 했습니다. 그렇게 학년별 대표 프로젝트가 생기니 교사의 부담도 줄었고, 학생들에게는 그 학년이 되면 특정 프로젝트를 한다는 기대감이 생겼습니다. 이런 과정이 매년 쌓이면서, 다음 해로 이어져 가는 프로젝트들이 점점 많아졌습니다.

B 선생님: 우리 때는 그런 얘기는 못 했죠.

사회자: 그때는 학교 혁신 문화를 조성하는 것만으로도 힘드셨을까요?

B 선생님: 과거에는 매년 방학을 쏟아부어 교육과정 전체를 새롭게 만들었기 때문에, 새로 오는 선생님에게도 "직접 만들어야 한다, 제가 줄 것이 없다"라고 말할 수밖에 없었죠. 경험 없는 선생님에게는 재미있으면서도 매우 힘든 과정이었을 겁니다.

F 선생님: 맞습니다. 저도 처음 재구성할 때 B 선생님의 가르침이 있었음

에도 익숙지 않아서 무척 어려웠습니다. 다만, "다 하려 하지 말고 천천히 편하게 해도 괜찮다"라는 식의 말이 편안하게 다가와서 적응하는 데 큰 도움이 됐습니다. 덧붙여 최근 2022 개정 교육과정으로 내용이 또다시 전부 바뀌어 고민이 많은데, 이런 상황일수록 학년에 맞게 만든 대표 프로젝트 과정이 기록으로 남아 있으면 큰 도움이 될 듯합니다.

사회자: 좋습니다. 앞 질문의 연장선이기도 하지만, 또 어려웠던 순간 하면 코로나-19 아니겠어요? 특히 공동교육과정을 운영할 때 무척 힘들었어요. 사실 저희가 보건 선생님에게 기댄 부분이 엄청 많아요. 감염병으로부터 안전하게 학교를 운영해가는 것과, 공동교육과정을 포기하지 않고 운영해가는 그 선 어딘가에서 학교를 꾸려가야 하는 것이 참 어려웠습니다. 선생님들은 어떻게 생각하실지 모르지만, 저희는 이 난관을 정말 잘 헤쳐왔다고 봅니다. 이 이야기에 대해 어떻게 생각하시는지요?

선생님: 저는 코로나19가 한창일 때 학교에 왔는데, 혁신학교 특성상 모이는 활동이 많아 감염 예방을 책임져야 하는 상황에서 큰 어려움을 겪었습니다. 활동을 반대하면 학교 교육과정을 방해하는 사람처럼 느껴지는 탓에, 방역에 대한 책임감과 아이들과 함께하고 싶은 마음 사이에서 이중고를 겪으며 힘들었습니다. 처음 1년은 고군분투했지만, 점차 선생님들께서도 감염 예방을 먼저 고려하고 활동을 계획하게 되면서 체계가 잡혀 수월해졌습니다. 하지만 이런 어려움에도 불구하고 4년간 가장 크게 남은 기억은 단연코 공동체의 따뜻함입니

다. 학생, 교사, 행정실, 급식실 등 모든 구성원이 시켜서가 아니라 진심으로 서로를 아끼고 협력하는 모습, 그리고 각자 자리에서 200% 역할을 다하는 모습이 학교를 움직이는 가장 큰 원동력이었다고 생각합니다.

J 선생님: 첫해에 학교에 와서 회의가 많고 모두가 열정적인 분위기가 버겁게 느껴졌고, 의지할 동료 없이 혼자 와서 정말 힘들었습니다. 하지만 해가 갈수록 마음이 편안해지며 점점 더 좋아졌고, 1~2년만 있으려던 처음 생각과 달리 오랫동안 머물게 되면서 지금은 선생님들께 늘 감사합니다. 특히 특수학급은 다른 학교에서 '외딴섬'처럼 지내기 쉬운데, 이곳에서는 일반 학급 선생님들께서 먼저 특수학급 학생들을 이끌고 모든 활동에 함께 참여시켜 주십니다. 다른 학교에서는 참여 여부를 묻는 경우가 많았지만, 여기 선생님들께서는 '당연히 우리 반 아이지'라는 생각으로 챙겨주시니, 저는 오히려 묻어가는 느낌이 들 정도로 감사함을 느낍니다. 덕분에 아이들은 함께 성장할 기회가 많고, 저 역시 열정적인 선생님들을 보며 배우는 점이 많아 함께하게 된 것이 매우 좋습니다.

사회자: 감사합니다. 저희가 이런 10년간의 흐름을 다 같이 들었잖아요. 올해 새로 오신 선생님들에게는 학교가 어떻게 느껴졌는지 듣고 싶어요. 어려운 점들은 없었나요?

K 선생님: 저는 학교 분위기가 아주 편안해서 교무실을 안방처럼 드나드는데, 이런 이야기를 하면 주변 친구들이 정말 놀라더라구요. (웃음)

그리고, 동료 선생님들이 많이 도와주셔서 늘 감사해요. 주변 친구들은 체험학습을 어떻게 가냐고 걱정하는데, 저는 안전하기만 하면 괜찮다고 생각하거든요. 다른 선생님들도 다 생각이 같은 것 같은데, 그 점이 저랑 참 잘 맞습니다.

사회자: 힘든 점은 없나요?

K 선생님: 다른 분들에 비해 딱히 힘든 점은 없는 것 같아요. 굳이 찾아보자면, 매주 무언가 하나씩 행사가 있어 '쉴 틈 없이 몰아친다'라는 느낌이 들 때가 있지만, 몸이 힘든 것이라 괜찮습니다.

L 선생님: 근무했던 여러 학교를 생각해 보면 서로 소통이 더 필요한 학교도 있고, 아무리 고민하고 궁리하며 재구성하려 해도 실천하기 어려운 학교도 있었습니다. 때로 다모임 같은 활동은 아이들은 놀고 시간만 때우다 끝나는 느낌이 들기도 했습니다. 그래서 이곳에 올 때도 반신반의했는데, 막상 와보니 추천해 주신 선생님이 왜 그렇게 좋다는 말을 아끼셨나 원망스러울 정도로 좋습니다. 이곳의 가장 큰 강점은 '협동'이 참 잘 된다는 점입니다. 다른 학교에서 아이들 감시하느라 스트레스로 밥도 못 먹을 만큼 힘들었는데, 여기서는 기쁘게 활동에 참여하고 아이들이 좋아하는 모습을 보며 다시 일하는 즐거움을 느낍니다.

H 선생님: 저도 한마디 덧붙이고 싶습니다. 저 역시 처음에 왔을 때는 교무실을 '결재받으러 가는 곳'이라 생각해 잘 가지 않았습니다. 하지만

이곳의 가장 큰 원동력은 다른 선생님들께서 말씀하신 가족 같은 분위기라고 생각합니다. 옆 반 교육과정을 보며 자연스럽게 배우기도 하지만, 함께하는 시간 속에서 주고받는 대화들이 큰 도움이 됩니다. 이런 분위기는 우리 학교를 유지하는 큰 힘이기에 계속 이어져야 합니다.

B 선생님: 학교가 나아가는 데 관리자의 역할과 가치관은 절대적입니다. 저희 텃밭·생태 교육을 '식물에 물이나 주는 거 아니냐' 하시던 교감 선생님도 계셨는데, 이렇게 가치관이 부딪치니 큰 갈등이 생겼습니다. 그러나, 그때 교장선생님께서 '학교의 일은 제가 결정하며, 이 교육과정은 제가 승인한 것'이라고 명확히 정리해 주셨기에 위기를 넘길 수 있었습니다.

혁신학교의 성공적인 운영은 관리자의 영향력이 90%라고 봅니다. 관리자의 방향이 다르면 우리가 쌓아온 90%가 한순간에 좌초될 수 있습니다. 예로, 좋은 리더였던 교장선생님과 때로는 관점의 차이로 격한 언쟁을 벌이기도 했지만, 그것은 교장선생님께서 우리의 가치에 맞춰주시는 과정이었습니다. 리더가 모든 면에서 옳을 수는 없기에, 누군가는 집단지성의 방향을 믿고 리더에게 찾아가 '이건 절대 안 된다'라고 설득하는 과정이 반드시 필요합니다. 2기 때는 F 선생님이 그 역할을 했습니다. 결국 어떤 관리자가 오시든 크고 작은 어려움은 있을 것이며, 공동체는 이를 현명하게 해결할 필요가 있고, 그 속에서 누군가는 리더에게 쓴소리하는 역할을 맡아야 한다고 생각합니다.

M 선생님: 언제나 어렵지만, 학교의 위기는 늘 지금일 수도 있습니다. 현

재 지원 과정에서 문제가 드러나고 있는데, 이런 부분들은 관리자분들과 꾸준히 만나 이야기할 시간이 필요합니다.

E 선생님: 학부모님들과의 갈등이 가장 큰 위기였다고 생각합니다. 당시 학부모님들이 학교 교육과정을 알면서도 전적으로 호의적이지는 않았고, 몇몇 분들이 강하게 부딪혀왔습니다. 예를 들어, 미세먼지나 아이의 컨디션 등을 이유로 강하게 항의하시기도 했습니다. 자기 자녀만 특별하게 봐달라고 수시로 찾아오시는 분들도 있었습니다. 혁신학교에 대한 높은 기대치와 달리, 공동체 의식이 아직 부족한 학부모님들은 자기 아이가 조금이라도 피해를 보면 민감하게 반응하셨습니다.

B 선생님: 그 시기가 학교가 3~4년 차에 접어들며 경기도 등 외부에서 온 새로운 학부모님들이 많아졌을 때일 겁니다. 그분들 중 일부가 모임을 만들어, 기존 학부모님들과 달리 학교의 노력을 당연하게 여기고 계속 새로운 요구와 문제를 제기하면서 모든 선생님이 힘든 시간을 보냈습니다.

사회자: 어쨌든 믿음을 심어주기 위해 계속 교육과정을 충실히 운영해 가신 것으로 해결하셨군요. 소통도 더 하시고.

D 선생님: 과거에는 다른 선생님께서 주도적으로 학부모님들과 식사도 하며 소통하려 노력하셨습니다. 하지만 지금은 교사가 나서기 어려운 환경입니다. 지금도 잘 해주시지만, 교사가 하기 어려운 역할을 앞으로도 관리자분들께서 중심이 되어 해주셨으면 합니다.

B 선생님: 학부모와의 관계는 직접 소통한다고 무조건 좋아지는 것이 아니라, 때로는 더 나빠질 수도 있는 양날의 검과 같습니다. 처음 혁신학교를 시작할 때 10년 계획을 세웠던 이유도, '어차피 떠날 사람'이라는 학부모님들의 시선에 맞서 '우리의 교육적 가치가 당신들보다 오래 갈 것'이라는 자신감을 갖기 위해서였습니다. 그래서 저희는 학부모와의 갈등을 직접 해결하기보다, 우리 교육과정과 철학을 꾸준히 밀고 나갔습니다. 결국 저희의 방향에 만족하지 못하는 분들은 다른 학부모님들과의 시선 차이를 견디지 못하고 자연스럽게 학교를 떠나게 되었습니다. 물론 관리자가 학부모와의 관계를 유지하는 역할은 해야 합니다. 하지만 관계를 근본적으로 좋게 만드는 것은 소통 기술이 아니라, 흔들림 없는 교육과정과 철학 그 자체라고 생각합니다.

사회자: 확고한 교육 철학하에 소통이나 이런 걸 통해 문제를 해결해 가는 게 맞다는 말씀으로 이해하겠습니다. 마지막 질문입니다. 우리 학교의 최대 위기 순간은 언제였다고 생각하십니까?

F 선생님: 우리 학교처럼 규모가 작은 곳에서는 교사 한 명 한 명의 영향이 매우 큽니다. 외부에서 새로 오시는 분들이 많다 보니, 저희의 가치와 맞지 않는 분이 올 때의 위험 부담이 큰 위기라고 할 수 있습니다. 그래서 '교원 수급을 어떻게 할 것인가'가 늘 근본적인 고민이었는데, 저희와 가치를 공유하는 새로운 혁신학교가 우리 지역에 생기면서, 두 학교가 교류하는 선순환의 가능성이 열렸다고 생각합니다.

G 선생님: 1기 창립 멤버 선생님들이 대거 떠나셨을 때가 가장 큰 위기가

아니었나 싶습니다. 그때는 잘 몰랐지만, 학교의 핵심 가치가 과연 유지될 수 있을까 하는 우려가 컸던 시기였습니다. 학교를 이끌며 주축을 이룬 분들에게는 정말 어려운 순간이었을 것 같습니다.

H 선생님: 그 위기의 순간에 F 선생님께서 정말 큰 역할을 해주셨습니다. 혁신의 명맥을 잇기 위해 저희를 알뜰살뜰 챙겨주시고, 진심으로 그 가치를 설명해 주시는 모습에 큰 울림을 받았습니다. 당시 F 선생님이 정신적 지주이자 큰 기둥 역할을 해주신 덕분에 새로 온 저희가 잘 적응하고 마음을 모을 수 있었습니다.

사회자: 이런 위기를 최대한 막아보기 의해서는 방금 말씀하신 다른 혁신학교와의 교류가 교원 수급 문제의 좋은 해결책이 될 수 있겠네요.

B 선생님: 맞습니다. 이 혁신학교 설립의 큰 목적 중 하나가 바로 그것입니다. 소규모 혁신학교끼리는 교사 교류가 어려운데, 큰 규모의 혁신학교가 또 다른 거점이 되어 서로 인력을 주고받는, 일종의 '혁신학교 사관학교' 생태계를 만들 수 있게 될 것 같습니다.

사회자: 좋은 말씀 감사합니다. 더 이야기를 나누고 싶지만, 시간이 없어 너무 아쉽습니다. 각자 맡아주신 집필 파트에서, 오늘 나눠주시지 못한 이야기들 가득 모아 책에 담아주시면 좋겠습니다. 수고 많으셨습니다.

성덕인의 밤, 리더(관리자)들의 이야기

성덕초 전·현직 리더(관리자) 5명

※ 이 글은 '성덕인의 밤'에서 5명의 전·현직 교장·교감 선생님들께서 한 시간 반 동안 나누신 이야기를 요약한 것입니다. 교사들의 이야기와는 결이 다른 목소리를 통해 우리 학교가 더 다양한 관점에서 기록되기를 바랍니다. 또한, 좋은 학교를 만들어가기 위한 리더(관리자)들의 생각이 온전히 남기를 소망합니다.

A 교장선생님: 안녕하세요. 성덕인의 밤을 맞이하여 모두 와주셔서 감사합니다. 이 자리는 관리자들이 지난 시간을 돌아보며, 교사로서의 시각과는 또 다른 이야기를 나누기 위해 마련되었습니다. 때로는 말하지 못했던 소회나, 누구와도 상의하기 어려웠던 관리자로서의 고민 들을 진솔하게 나눌 때, 우리가 어려움을 극복해 온 과정이 더욱 빛날 수 있다고 생각합니다. 모처럼 모인 만큼, 준비된 질문을 중심으로 함께 이야기 나누면 좋겠습니다.

첫째 질문, 10년간 우리를 이끌어온 힘은?

A 교장선생님: 첫 번째 질문입니다. 우리 학교가 지난 10년간 꾸준히 발전해 왔고, 주변에서도 그 성과를 인정하고 있습니다. 관리자의 관점에서 우리 학교가 흔들림 없이 나아갈 수 있었던 힘은 무엇일까요?

B 교감선생님: 모든 일의 시작은 '자발성'이었습니다. 저 역시 권유를 받긴 했지만, 혁신학교에 대한 호기심과 의지가 있었기에 어려움을 무릅쓰고 오게 되었습니다. 교사, 관리자 모두 이런 자발성이 있었기에, 누가 시키지 않아도 함께 나서서 일을 만들어냈고, 그 과정에서 오는 성취감이 다른 학교와 다른 우리만의 독특한 힘이었습니다. 이곳 선생님들은 지시를 기다리기보다 스스로 나서서 일하시는 분들이었고, 그 점이 가장 돋보였습니다.

A 교장선생님: 맞습니다. 어려움을 알면서도 직접 선택해서 오신 것이죠.

B 교장선생님: 그것도 맞고, 저는 10년간 학교가 유지될 수 있었던 가장 큰 힘은 '학교의 철학'이 한 방향으로 나아갔기 때문이라고 생각합니다. 처음부터 우리가 함께 논의했던 '교육의 본질'이라는 철학이 흔들리지 않았기에, 선생님들 모두가 주인의식을 갖고 학교를 위해 힘과 지혜를 모을 수 있었습니다. 이 철학이 지금 새로운 혁신학교의 벤치마킹 대상이 될 만큼, 우리 학교의 가장 큰 뿌리입니다.

C 교장선생님: 맞습니다. 저 역시 1기 때의 교육 철학을 훼손하지 않는 것

을 가장 큰 책임감으로 여겼습니다. 저는 그 철학을 바탕으로, 교사 한 명 한 명이 자신만의 교육 철학을 갖도록 돕는 데 집중했습니다. '성덕스러움'이라는 큰 틀에서 각자의 개성과 '나다움'의 철학을 이야 기하며 각자의 색깔을 끄집어냈을 때, 자발성에 힘이 더해지고 선생 님들이 주인으로 거듭날 수 있었습니다. 그것이 우리 학교를 10년간 지탱한 힘이라고 생각합니다.

B 교장선생님: 바로 그 주인의식입니다. 성덕초에 계셨던 Z 선생님은 집에 서까지 학교 일에 골몰하느라 아내에게 "당신이 교장이냐?"라는 소리 를 들을 정도였습니다. 학년 배정 문제까지 집에서 고민할 만큼, 모두 가 학교를 내 일처럼 여겼습니다. 제가 근무할 때도 선생님들과 이야 기하다 보면 '내가 교장인가, 네가 교장인가?' 싶을 때가 많았습니다. 모두가 교장이고 모두가 주인이었습니다. 그것이 가장 중요했습니다.

C 교장선생님: 맞습니다. 각자의 색깔은 달랐지만, 모두가 주인이었죠.

A 교장선생님: 그 주인의식이 가장 큰 힘이었던 것은 분명합니다. 하지만 현실적으로 교장의 역할과 결정은 막중합니다. 초기 혁신학교에서는 교장과 교사 간의 보이지 않는 적대적인 분위기에서 선생님들이 '교 장을 설득하는 데' 많은 에너지를 쏟아야 했습니다. 하지만 우리 학 교는 처음 방향을 정할 때부터 관리자가 선생님들의 생각을 존중하 고 격려하는 분위기를 만들었기에 다른 곳보다 빨리 자리 잡을 수 있었습니다. 그리고 무엇보다 '리더십의 연결'이 잘 된 것이 결정적이 었습니다. 1기에서 2기로 넘어갈 때 관리자가 바뀌면서도 흔들리지

않고 한 방향으로 나아갔기에, 이제는 누가 와도 흔들리지 않을 만큼 단단한 문화가 만들어졌다고 생각합니다.

B 교장선생님: 제가 4년간 다져놓은 터전 위에 C 교장선생님이 오지 않았다면, 2기 시작과 함께 학교가 많이 흔들렸을 겁니다. 특히 많은 선생님이 한꺼번에 떠나던 시기였기에, 철학이 같은 관리자가 리더십을 이어가는 것이 정말 중요했습니다. 우리는 발만 뗀 것이고, C 교장선생님께서 그 철학을 이어받아 꽃피워 주셨습니다.

C 교장선생님: 그럴 수도 있겠다는 생각이 드는 것이, 제가 부임했을 때 오히려 선생님들이 흔들리고 매너리즘에 빠지려 했습니다. 저는 공모를 준비하며 학교의 철학을 깊이 공부했기에 확신이 있었지만, 선생님들은 주춤거렸죠. 그때 전임 교장선생님께서 "이럴 때는 철학이 가장 확고한 교장이 나서서 이끌어주는 것이 맞다"라고 조언해 주셨고, 그 소통이 큰 힘이 되었습니다. 그 덕분에 1년간의 혼란을 거쳐 2년째부터 학교가 안정을 찾을 수 있었습니다.

A 교장선생님: 두 분 교장선생님께서 확고한 철학으로 길을 닦아주신 덕분에, 지금은 '태평성대'가 되었습니다. 저는 학교를 이끌기보다 따라가는 입장이고, 이제는 어떤 관리자가 와도 흔들리지 않을 만큼 선생님들 스스로 문제를 해결할 저력이 생겼습니다. 하지만, 이 모든 것은 초반에 두 분께서 중심을 잡아주셨기에 가능한 일이었습니다.

B 교장선생님: 지금은 정말 탄탄하죠. 저 역시 혁신학교에 대해 아무것도

모르고 와서 선생님들과 부딪히며 많이 배웠습니다. 그 4년의 기억이 힘들었지만 행복했기에, 그 경험을 바탕으로 새로운 학교에서 새로운 도전을 할 용기를 얻었습니다.

A 교장선생님: 처음에 오실 때 멋진 공모 계획으로 선정되었음에도 그 모든 것을 내려놓고 선생님들과 '다시 시작하자'라는 마음으로 함께해 주신 것이 우리 학교가 자리를 잡는 데 결정적인 역할을 했습니다.

C 교장선생님: 하지만 아무것도 없는 '무(無)'에서 씨앗을 뿌리는 시기가 가장 힘든 법입니다. 전임 교장선생님께서 그 어려운 시작을 해주셨기에 지금의 우리가 있다고 생각합니다.

B 교감선생님: 첫 번째 주제를 마무리하며 덧붙이자면, 우리 학교 성공의 힘은 공유된 '방향성'과 더불어 '환대'의 문화였습니다. 교사뿐 아니라 행정실과 지원 인력까지 모두가 서로를 따뜻하게 맞아주고 공감하며 배려하는 문화가 있었기에 10년간 성장할 수 있었다고 생각합니다.

둘째 질문, 관리자로서 우리 학교에 발령받았을 때의 마음가짐은?

C 교장선생님: 2기 첫 교장으로 부임했을 때, 1기 선배들이 쌓아온 철학과 문화를 무너뜨릴까 봐 두려움이 컸습니다. 그래서 저는 '교사 성장'에 가장 중점을 두었습니다. 교장이 일방적으로 지시하는 것이 아니라, 제 철학을 이야기하는 만큼 선생님들의 철학도 들으며 서로 공유하는 분위기를 만들려 했습니다. 그래서 "이 일의 본질은 뭘까요?", "선

생님의 생각은 어떤가요?" 같은 질문을 통해 각자 색깔을 찾도록 도 왔습니다. 새로 오는 관리자분들께도 "서두르지 말고 선생님들을 믿으라."라고 말해주고 싶습니다. 기다려 주는 것이 중요합니다.

B 교장선생님: 맞습니다. '기다려 주는 것'이 핵심입니다. 처음 교육과정 재구성을 할 때, 한 선생님이 계획의 절반밖에 못 했다고 자책하기에 "깊이 있게 다뤘으니 괜찮다. 내년에 하면 된다."라고 격려했습니다. 하고 싶은 말은 많았지만, 6개월을 묵묵히 기다리니 비로소 선생님들이 저를 믿어주었고, 3년이 지나자 재구성이 제대로 자리를 잡았습니다. 관리자는 세세한 부분을 건드리는 순간 큰 틀이 무너집니다. 큰 방향만 제시하고 기다려야 합니다. 그리고 또 하나는 '솔직함'입니다. 초보 교장 시절, 졸업식 예행연습을 두고 선생님들과 의견이 다를 때 "나는 초보 교장이라 경험이 없으니, 연습이 필요하다"라고 솔직히 말하니 선생님들이 흔쾌히 도와주었습니다. 그런 솔직함이 함께 가는 원동력이었습니다.

C 교장선생님: 하지만 기다리는 것은 사실 참 어렵죠.

B 교장선생님: 쉽지 않습니다. 기다려 주는 것이 가장 어려운 일입니다. 선생님들도 제가 힘들어하는 걸 알아주더군요.

C 교장선생님: 당사자인 선생님이 알아주니 다행이었죠. 저는 아무도 말해주지 않아서 '내 마음을 알까?' 궁금했거든요.

A 교장선생님: 그렇게 솔직하게 말하는 것이 참 어렵더라고요.

B 교장선생님: 그것이 바로 솔직함입니다. 솔직하지 않은 것이 더 어려운
일이죠.

A 교장선생님: 두 분 말씀을 들으니 저 자신을 돌아보게 됩니다. 저는 선
생님들이 계획안에서 놓치는 부분이 보이면, 결론을 정해두진 않지
만 "이 부분은 어떻게 생각하세요?"라고 먼저 묻는 편입니다.

B 교장선생님: '~은 어떨까?' 하고 제안하시는군요.

A 교장선생님: 네, 제가 결론을 내리기보다 선생님이 스스로 생각하도록
먼저 질문하는 편입니다. 하지만 그럴 때마다 '내가 너무 세세한 부분
까지 챙기는 것은 아닐까?' 하는 생각이 듭니다.

B 교장선생님: 세세한 부분을 건드리면 선생님들의 의욕이 떨어질 수 있습
니다.

A 교장선생님: 맞습니다. 그래서 고민입니다. 혹시 제 스타일이 교감 시절
의 '노심초사하는' 버릇에서 온 것은 아닌가 하고요.

B 교장선생님: 아, 노심초사 형이시군요. 제 경우엔 안전이나 큰 방향 같은
핵심만 챙기고, 세세한 것은 '가서 사면 어때'라는 생각으로 믿고 맡
겼습니다. 물론 교감의 역할은 챙겨야 하는 것이 맞습니다.

A 교장선생님: 교감일 때 몸에 밴 방식들이 아직 남아 있는 것 같습니다.

C 교장선생님: 그럴 때는 그 역할을 교감선생님께 맡기는 것도 방법입니다. 저 역시 학교의 기록 관리 체계가 약하다고 판단했을 때, 그 부분은 교감선생님께서 책임지고 챙겨주시도록 역할을 분명히 나누었습니다. 교장은 큰 그림을 보고, 세세한 부분은 교감이 챙기는 것이죠.

B 교장선생님: 그때 교감선생님이 정말 일을 잘하셨습니다.

A 교장선생님: 각자의 위치에 맞는 역할을 체득하는 것이 아직은 어렵지만, 해가 갈수록 선생님들에 대한 믿음이 생기며 저도 편안해지고 있습니다.

B 교장선생님: 원래 초보 교장 시절에는 다들 그렇게 좌충우돌하기 마련입니다.

A 교감선생님: 교장선생님들 이야기가 많이 나왔으니, 이번에는 교감으로서 드리고 싶은 말씀이 있습니다. 저는 교장이 아니니까요. 성덕초등학교에서 교감은 '제2의 지원부장' 같은 사람이었습니다. 그래서 '내가 일을 많이 해야 한다, 내가 하는 일은 다 내 일이다'라는 생각을 했습니다. 교장선생님들께서는 철학으로 저희를 단단히 잡아주셨지만, 제 입장은 달랐습니다. 제 일은 선생님들이 스스로 움직이게끔 만드는 것으로 생각했기 때문입니다. 새로 오시는 교감선생님께는, 갖고 계신 능력을 충분히 발휘하시면 모든 것이 기쁨으로 돌아올 거라고

말씀드리고 싶습니다. 교장선생님들과는 입장이 조금 달랐지만, 그래도 아주 재미있었습니다.

C 교장선생님, B 교장선생님: 정말 애썼습니다. 혁신학교 교감은 고생이 많죠. 3년이나 같이 있었으니 오죽했겠습니까.

B 교장선생님: 진짜 애썼습니다. A 교감선생님도 마찬가지였고요. 다들 이곳에 뼈를 묻을 각오로 일했습니다.

A 교감선생님: 3년 6개월 있었습니다.

B 교장선생님: 아이고, 정말 뼈를 묻을 각오로 일했네요.

A 교감선생님: 그래서인지 저는 일반 학교로 옮기고 나니, 성덕초에서의 역동적인 경험이 그리워 '다음 학교는 다시 혁신학교로 돌아가 볼까?' 하는 즐거운 고민을 하고 있습니다.

B 교감선생님: 저는 작년 9월에 발령받았는데, 그 전 1학기 때 성덕초 '혁신미래학교 공감주간'에 와보고는 완전히 마음을 뺏겼습니다. 3학년 학생들이 선생님과 함께 고장을 방문하며 논산 시민이 된 것에 자부심을 갖는 모습, 6학년 학생들이 프로젝트 수업을 통해 변화되었다는 이야기 등을 들으며 너무 좋았습니다. '이곳이 바로 교사가 있어야 할 곳'이라는 생각이 가득했는데, 9월에 자리가 나자마자 바로 달려왔습니다.

A **교감선생님**: 그런 선생님들의 활동 하나하나가 저에게는 큰 보람이고 뿌듯했습니다.

B **교감선생님**: 맞습니다. 저 역시 과거에는 윗분들 눈치 보느라 제대로 아무것도 못 했습니다. 그래서 혁신학교에 오신 선생님들이라면, 한 번쯤 실수하더라도 그대로 허용해 주는 것이 어떻겠나 생각합니다. 실수를 통해 더 크게 배울 수 있으니, 관리자는 큰 틀에서 지켜봐 주면서 선생님들이 직접 경험하고 성장해 더 멋진 계획을 세울 수 있도록 기다려 주는 자세가 필요하다고 생각합니다.

셋째 질문, 우리 학교에 있으며 가장 어려웠던 때는?

C **교장선생님**: 제게 가장 어려웠던 때는 단연 시설개선 공사였습니다. 성덕의 교육적 가치를 훼손하지 않는 공간을 만들어야 한다는 책임감과, 외부 재원을 유치하고 여러 기관과 소통하는 과정이 쉽지 않았습니다. 교육청을 찾아가고, 예산 확보를 위해 도의원을 끈질기게 설득하는 등, 교장으로서 오롯이 감당해야 할 몫이 무거웠습니다. 그때마다 B 교장선생님의 '고민 상담소' 덕분에 용기를 얻어 다시 부딪치고 떼를 쓰곤 했습니다. 그 과정에서 공사로 인해 교육과정 활동이 축소되고 선생님들의 피로도가 높아지는 것을 보는 것도 마음이 무거웠지만, '우리 공간을 어떻게 꾸밀 것인가'에 대해 끊임없이 소통하며 그 시간을 극복했습니다.

B **교장선생님**: C 교장선생님이 혁신의 가치를 지키기 위해 행정 파트와 소

통하며 얼마나 애썼는지 잘 압니다. 교장은 본디 그렇게 해야 합니다.

C 교장선생님: 그때마다 B 교장선생님께서 '교장이니까 그렇게 해야 한다'라고 멘토가 되어주셔서 큰 용기가 났습니다. 다른 선생님들도 옆에서 같이 이야기를 해주었으면 더욱 용기를 얻었을 텐데요. (웃음)

B 교장선생님: 나중에 듣고 보니, 교장선생님께서 외부 기관과 적극적으로 소통하며 길을 열면, 다른 선생님들께서 설계팀이나 담당자들을 다독이며 "우리 교장선생님 철학이 이러하시니 할 수 있는 부분에서 함께 길을 찾아보자"라며 조율했다고 합니다. 교장은 방향을 제시하고, 선생님들은 지혜롭게 수습하는 환상의 호흡이었던 셈이죠.

A 교장선생님: 덕분에 저희가 잘 정리된 공간을 잘 쓰고 있습니다. 물만 조금 새도 걱정이 되긴 하지만요.

C 교장선생님: 학교는 원래 물이 새는 곳입니다. (웃음) 안 새는 학교는 없어요.

B 교장선생님: 맞습니다. 물이 새면 해결하면 됩니다. 신설 학교도 비 오면 물이 샙니다.

B 교감선생님: 어쨌든 교장선생님들께서 이렇게 애써주신 덕분에 외부에서도 좋은 평가를 받고 있습니다. 최근 학부모 연수에 오신 다른 학교 선생님도, 캐나다에서 전학 온 학생의 할아버지도 학교를 보시고

는 너무 좋다고, 이곳에 계속 있고 싶다고 하셨습니다.

A 교장선생님: 체육관 설계 초기에 규모가 너무 작았는데, C 교장선생님께서 공연 무대와 창고, 화장실 공간을 확보하기 위해 계속 찾아다니며 노력하신 덕분에 지금의 모습이 된 것입니다.

C 교장선생님: 지금은 잊고 있었지만, 그때를 돌아보면 저도 초보 교장이었으니 뭐가 무서운지도 모르고 덤볐던 것 같습니다.

A 교장선생님: 저희는 익숙해져서 잘 몰랐는데, 밖에서 오신 분들은 학교를 한 바퀴 돌아보면 아이들에게 필요한 것들이 제자리에 잘 갖춰져 있다고, 아이들이 행복하게 활동할 수 있게 정말 잘 만든 학교라고들 하십니다.

B 교장선생님: 맞습니다. 우리 학교를 보고 다른 신축 학교를 설계할 때 장학사님들이 모티브로 삼았다고 합니다. 다른 학교에 비해 신축 학교의 프로젝트실이 유난히 많은 것도 저희의 영향입니다. 그 정도로 큰 영향을 준 것이죠.

A 교감선생님: 제게 가장 어려웠던 순간은 소통이 원활하지 않을 때였습니다. 학교 공동체 안에서 서로의 의견이 오가지 못하고 일방적인 주장만 계속될 때, 공동체의 일원으로서 무력감을 느꼈습니다. 이 경험을 통해 서로의 말을 경청하고 존중하는 소통 문화가 얼마나 중요한지 깊이 깨달았습니다.

A **교장선생님**: 그럴 때 교감선생님께서 감정적으로 대처하지 않고, 넘지 않을 선을 정확히 그으면서 냉철하게 잘 조절해 주셨습니다. 사실 그런 일로 다른 선생님들의 보이지 않는 심리적 피로가 엄청났습니다. 이 경험을 통해 혁신학교가 아무리 탄탄해도 사람 하나 잘못 만나면 전체가 흔들릴 수 있다는 것을 새삼 느꼈습니다. 좋은 사람을 만나는 것이 큰 복입니다.

B **교장선생님**: 사람이 모든 것의 중심이죠. 교장도 교감도 참 어려운 자리입니다.

C **교장선생님**: 정말 애쓰셨습니다.

A **교장선생님**: 지금 돌아보면, 그런 어려운 점들이 있었기에 우리가 성장하고 지금의 만족감과 뿌듯함을 느낄 수 있는 것 같습니다.

C **교장선생님**: 감사한 일이죠.

A **교장선생님**: 그런 어려움들을 현명하게 잘 견뎌왔기에 지금에 이를 수 있었다는 생각이 듭니다.

B **교장선생님**: 작년 봄에 '학교가 흔들리는 것 아닌가?' 걱정도 했지만, 역시 우리 학교는 '뿌리 깊은 나무'입니다. 이제는 누가 와도 흔들리지 않을 겁니다.

A 교장선생님: 맞습니다. 절대 흔들리지 않습니다. 그 위기 때도 선생님들
이 남의 일이라 생각하지 않고, 불평 한마디 없이 서로 배려하고 도
우며 해결하려고 했습니다. 갑자기 결근한 선생님의 반을 당연하게,
기꺼이 함께 돌봐주는 것처럼요.

B 교장선생님: 바로 그겁니다. 우리 선생님들은 다른 무엇보다 '아이들'만
봅니다. 그러니 방법이 생기는 겁니다. 그것이 바로 우리 학교의 문화
입니다.

A 교장선생님: 또 다른 어려움이라면, 초기에 학부모님과의 관계도 있었죠.

B 교장선생님: 그게 가장 어려웠습니다. 그런데 C 교장선생님이 오시니 학
부모님들이 편안해지더군요. 조금 억울하기도 합니다.

C 교장선생님: 그건 코로나-19 때문에 학부모님들의 학교 출입이 어려워져
서였겠지요.(웃음)

B 교장선생님: 혁신학교를 하면서 가장 힘들었던 것은 학부모와의 관계였
습니다. 특히 지역의 학부모님들과 혁신학교를 보고 찾아온 학부모님
들 사이에 그룹이 나뉘어 마찰이 엄청났습니다. 그래서 저는 밤 11시
까지 상담하고, 매달 학부모 아카데미를 열고, 운동회에서 어른들과
막걸리를 마시며 친해지는 것이 주된 일이었습니다. 어떤 분은 아침
에 저보다 먼저 출근해서 저와 같이 퇴근하기도 했습니다.

A 교장선생님: 그때의 어려움이 지금 선생님들에게 일종의 트라우마로 남은 것 같습니다. 제가 보았던 그 힘든 과정 때문에, 지금도 선생님들이 학부모님들을 편하게 생각하지 못하는 것 같습니다. 다른 혁신학교처럼 학부모와 으쌰으쌰하는 관계를 만들지 못한 것이 우리가 유일하게 부족한 부분입니다. 물론 지금은 선생님들에 대한 신뢰가 높아 학교 만족도는 엄청나지만, 위기 상황에서는 여전히 자기 아이만 보는 경향이 있습니다.

C 교장선생님: 그건 어쩔 수 없는 시대적 흐름이기도 합니다.

A 교장선생님: 하지만 저는 선생님들이 마음을 조금 더 열어 주셨으면 하는 바람이 있습니다. 우리가 주는 만큼 학부모님들도 다가오기 때문입니다. 아직 선생님들 마음속에 학부모는 불편하고 어려운 존재라는 인식이 남아 있는 것 같습니다. 지금 학부모님들은 학교에 대한 만족도가 높고 선생님들을 좋게 표현해 주시니, 선생님들도 조금씩 더 마음을 열고 있습니다. 바쁘신 중에도 학교 행사에 아이들보다 더 많이 참여해 주실 정도니까요.

A 교감선생님: 그럼에도 그 부분이 완전히 해소되기는 어려울 겁니다.

A 교장선생님: 어렵겠죠. 학부모와의 관계 외에 우리 학교는 거의 완성 단계에 이르렀다고 봅니다. 하지만 한편으로는 이것이 욕심일 수도 있습니다. 요즘 세대에 굳이 학부모를 학교로 모아 교육하는 것이 바람직한 관계인지 의문이 들기도 합니다. 학부모님들이 학교 교육에 만

족하고 있다면, 굳이 무언가를 더 하려고 하기보다 자연스러운 신뢰 관계를 유지하는 것이 현명할 수도 있습니다.

B 교장선생님: 학부모와 함께하는 것이 가장 이상적이지만, 온전한 신뢰 관계를 만드는 것은 참 어려운 일입니다. 사람마다 생각이 다르고 색 안경을 끼고 보는 분들도 있으니까요. 그러니 교사들은 자꾸만 그 관계에서 벗어나고 싶어 하는 겁니다.

A 교장선생님: 제가 고민하는 지점은 바로 어려운 일이 생겼을 때입니다. 평소에 깊은 신뢰 관계를 쌓아두지 않으면, 위기 때 학부모들이 선생님의 진심을 알아주지 못하고 감정적으로 나올 수 있습니다. 지금처럼 신뢰받고 있을 때 선생님들이 자신의 진심을 더 많이 보여주면 '결정적인 순간에 큰 힘이 되지 않을까?' 생각합니다.

B 교장선생님: 학교를 믿게 하려면 학부모와의 관계가 좋아야 하는데, 그게 참 쉽지 않은 일입니다.

B 교감선생님: 다른 유명 혁신학교들의 사례를 보면, 학부모 조직이 잘 되어 있을 때 학교에 문제가 생기면 선생님이 아니라 다른 학부모들이 나서서 문제를 풀어준다고 합니다. 그런 조직이 있으면 학교에 섣불리 덤비지도 못한다고 하고요.

A 교장선생님: 혁신학교의 미래에 대해 우리 관리자들이 더 고민해야겠습니다. 오늘 즐겁고 의미 있는 이야기였습니다. 모두 수고하셨습니다.

B 교장선생님: 각자 더 고민해야 할 과제입니다.

A 교장선생님: 너무너무 즐거웠습니다. 이게 진짜, 즐겁고 의미 있는 이야
기가 많았습니다. 감사합니다. 모두들 수고하셨습니다.

4부

지속가능한 혁신을 꿈꾸며: 성덕초등학교의 프로젝트 수업

1~6학년 프로젝트 활동 내용

* 우리 학교 프로젝트 수업은 '나다움 교육과정'의 핵심이자,

10년 혁신의 구체적인 실천물입니다. 교사의 전문성과

철학이 아이들의 삶과 배움에 어떻게 맞닿아 구현되었는지,

생생한 학년별 프로젝트 수업 내용을 통해 소개하고자 합니다.

이 기록이 앞으로 교육과정 혁신을 함께할 모든 선생님께

작은 도움이 되길 바랍니다.

'말의 힘' 프로젝트

문정훈(교사)

주제명	'말의 힘' 프로젝트	핵심 역량/가치	(역량) 자기관리, 협력적 소통, 공동체 (가치) 존중, 소통, 배려, 긍정, 감사, 책임

핵심 활동 내용	관련 성취 기준
▶ 말과 친해지기 및 프로젝트 안내 국2 - 『고구마구마』 그림책을 활용한 말놀이 인사 및 내 말과 친해지기 - 프로젝트 소개 및 '말' 생각그물 만들기 **▶ 말 살펴보기** 슬1 바1 - 말의 뜻 및 말의 중요성 알아보기 - 모둠별 긍정의 말과 부정의 말로 식물 기르기 **▶ 내가 사용하는 말** 슬2 - 긍정적인 말과 부정적인 말 알아보고 느낀 점 말하기 - 내가 사용하는 말 점검 및 발표하기 **▶ 상처 주지 않는 말** 바1 슬1 - 타인에게 상처주지 않는 말을 알아보고 실천하기 　• 욕과 신경질적인 말이 주는 나비효과 알아보기 　• 우리 반 말 사용 규칙 만들고 다짐하기 　• 매일 하루에 꾸준히 표현할 말 정하고 실천하기 **▶ '말'과 관련된 노래 부르기** 즐3 - 말과 관련된 동요 네 곡 불러보고 오카리나 연주하기 　• <다섯 글자 예쁜 말>, <참 좋은 말>, <말의 온도>, <넌 할 수 있어라고 말해주세요> **▶ 교과서 탐험하기** 국3 - 말과 관련된 교과서 배우기(10~19쪽) **▶ 교과서 탐험하기** 국5 - '감정'과 관련된 교과서 탐험하기 - 나의 감정을 정확히 표현하기 - 나 전달법 배우기	[2국01-02] 바르고 고운 말로 서로의 감정을 나누며 듣고 말한다. [2국01-03] 상대의 말을 집중하여 듣고 말차례를 지키며 대화한다. [2국03-02] 쓰기에 흥미를 가지며, 자신의 생각이나 느낌을 문장으로 표현한다. [2국05-01] 말놀이, 낭송 등을 통해 재미와 즐거움을 느낀다. [2바01-01] 학교생활 습관과 학습 습관을 형성하여 안전하고 건강하게 생활한다. [2바03-01] 하루의 가치를 느끼며 지금을 소중히 여긴다. [2슬01-01] 학교 안팎의 모습과 생활을 탐색하며 안전한 학교생활을 한다. [2슬03-04] 우리의 생활과 관련된 지속가능성의 다양한 사례를 찾고 탐색한다. [2즐01-01] 즐겁게 놀이하며, 건강하고 안전하게 생활한다. [2즐03-04] 안전과 안녕을 위한 아동의 권리가 있음을 알고 누린다.

<table>
<tr><th>핵심 활동 내용</th><th>관련 성취 기준</th></tr>
</table>

▶ 갈등 해결하기 수2(*충남 학교자율특색과정을 통해 감축 운영)
- 갈등을 현명하게 해결하기
  - 솔직한 감정 표현과 사과 연습하기

▶ 바꿔 말하기 바1
- '너'를 '나'로 바꿔 말을 연습하고 실천하기

▶ 부탁과 거절하기 즐1
- 부탁하는 말과 거절하는 말 놀이하기

▶ 올바르게 말하기 국4
- 부드럽게 말해보기
  - 교과서 활동 및 말 상처 처방전 활동하기(30~31쪽)
  - 이런 말을 듣고 싶어요 활동하기

▶ 하루의 시작 슬1 즐1
- 하루의 시작 소통의 다리(인사)로 활동하기
  - 나만의 인사를 만들고 인사 배달하기 • 소감 나누기

▶ 고마워 교실 바1
- 고마워 교실을 알아보고 하루 세 번 고마워 교실 실천하기

▶ 아름다운 긍정의 말 슬1
- 긍정의 말로 교실 및 복도 꾸미기

▶ 말의 힘 전시회 즐2
- '말의 힘' 전시회
  - 매일 꾸준히 실천한 말을 전시하고 소감 나누기

▶ 말의 힘 발표회 즐4
- 모둠별 노래 부르기, 오카리나 연주, 뮤직 비디오 만들기를 선택
  하고 연습하기
- 모둠별 발표하기

▶ 프로젝트를 마치며 슬1
- 프로젝트 소감 나누기

▶ 말의 힘 실천하기 자1
- 다모임 활동에서 참여하여 올바르게 말하기

1. 프로젝트 계획 의도

2024년 1학기 동안, 우리 반 아이들의 대화를 유심히 들으며 작은 고민에 빠졌다. 서로를 향해 건네는 말에 따뜻한 배려보다 거친 표현이 더 자주 담겨 있었기 때문이다. 특히 몇몇 남학생들의 말투는 친구들의 마음에 상처를 남기기도 했다. 그래서 2학기에는 우리 모두가 '말의 힘'을 느끼고, 서로를 존중하는 말의 습관을 길러 가는 시간을 마련하고자 했다.

이 프로젝트에는 아이들이 서로의 마음을 살피며 말을 바꿔 나가길 바라는 간절한 바람이 담겨 있었다. 작은 말 한마디가 누군가의 하루를 바꾸고, 학급 분위기를 따뜻하게 만들어 가는 과정을 아이들과 경험하고 싶었다.

2. 프로젝트 과정

말과 친해지기

2학기를 시작하며 아이들과 함께 그림책 『고구마구마』를 읽었다. 책 속 이야기를 매개로 서로에게 다가가며, 방학 동안의 이야기들도 자연스레 오갔다. 고구마구마 명함 활동을 통해 아이들은 친구와 다시 가까워지는 기쁨을 나누면서, 말이 우리 사이를 이어 주는 다리임을 조금씩 느끼는 듯했다. 활동을 마친 뒤에는 지난 1학기 우리 반의 언어 습관을 돌아보았고, 새롭게 시작할 '말의 힘' 프로젝트를 간단히 소개했다. 이어 아이들과 '말' 하면 떠오르는 생각들을 자유롭게 적어보며, 생각그물 속에 마음껏 펼쳐보게 했다.

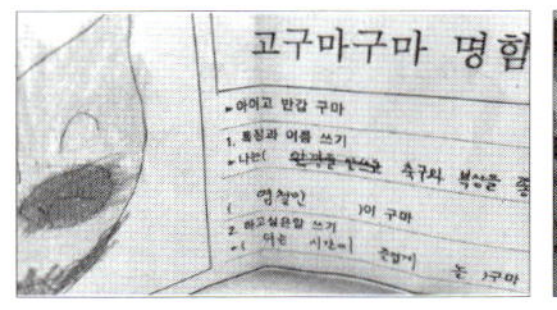

고구마구마 명함

고구마구마 활동

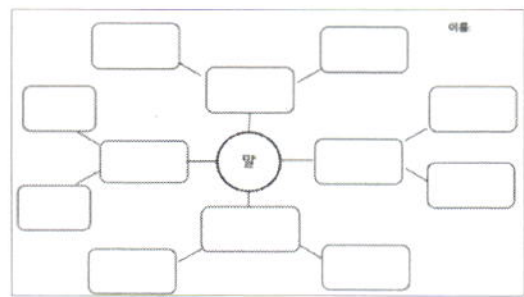

말 생각그물

말 살펴보기

3~4차시 '말의 힘' 프로젝트에서는 먼저 '말'이란 무엇인지, 그리고 말이 지니는 중요성에 대해 함께 생각했다. 그림책『가시소년』을 동기유발 자료로 사용했다. 학생들은 사전을 통해 말의 뜻을 살펴보고, 뉴스 속 사례와 속담을 통해 말이 사람과 사회에 어떤 영향을 주는지 이야기를 나누었다. 이어 모둠별 활동으로는 '말이 식물에게도 영향을 줄 수 있을까?'라는 질문에서 출발하여 식물 기르기 실험을 했다. 두 모둠은 식물에게 매일 긍정적인 말을 건네며 키우고, 다른 두 모둠은 부정적인 말을 하며 키우게 했다. 실험 과정을 통해 아이들은 말이 단순한 소리가 아니라, 상대에게 힘을 주거나 상처를 남길 수 있는 도구임을 느끼게 되었고, 서로에게 더 따뜻한 말을 건네려는 작은 변화를 시작할 수 있었다.

말과 관련된 속담 활동

긍정의 말 식물

부정의 말 식물

내가 사용하는 말

이번 활동에서는 먼저 그림책『말하면 힘이 세지는 말』을 함께 읽고 이야기를 나누었다. 학생들은 등장인물의 대화를 통해 말이 지닌 힘을 자연스럽게 이해했으며, 이어 긍정적인 말과 부정적인 말을 구분해 보고, 각각의 말을 들었을 때 어떤 기분이 드는지 자신의 경험을 떠올리며 발표했다. 수업 후반에는 스스로 사용하는 말들을 학습지를 통해 점검하고 친구들과 나누었다. 아이들은 평소 무심코 사용했던 말들을 돌아보며 긍정적인 표현을 더 자주 사용해야겠다고 다짐했다. 이 과정을 통해 학생들은 말이 서로에게 미치는 영향에 대해 깊이 성찰하게 되었고, 일상에서 올바른 언어 습관을 기르려는 작은 실천을 시작할 수 있었다.

그림책 『말하면 힘이 세지는 말』

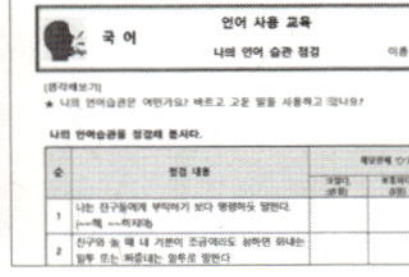

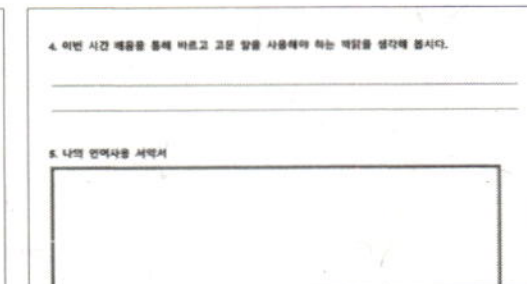

언어 사용 실태 학습지

상처 주지 않는 말

이번 활동의 시작 역시 그림책을 활용했다. 그림책 『욕』을 읽고 책의 내용에 관해 이야기를 나눴다. 그리고 신경질적인 말이 주는 나비효과에 대해 모둠별로 학습지에 정리하며 어떤 부정적인 일이 생길 수 있는지 줄줄이 이야기를 만들었다. 이어서 "고운 말은 ○○이다"라는 문장을 채워 넣으며 우리만의 고운 말 사전을 만들었고, 학급에서 지켜야 할 말 사용 규칙도 약속했다.

학생들은 자신이 친구들에게 꾸준히 표현할 좋은 말을 포스트잇에 적어 교실에 붙이고, 일주일 동안 실천을 했다. 다음 주에는 새로운 표현으로 바꾸어 다시 일주일 동안 실천하며 좋은 말을 생활 속에서 습관화하도록 했다. 이 과정을 통해 학생들은 욕이나 신경질적인 말이 주는 부정적 영향뿐 아니라, 고운 말이 학급 분위기를 따뜻하게 변화시킨다는 것을 체험할 수 있었다.

그림책 『욕』

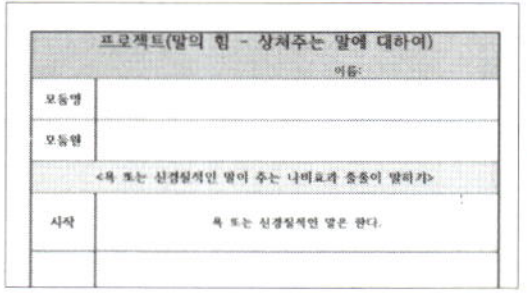
상처 주는 말 나비효과

하루 꾸준히 표현할 말

'말'과 관련된 노래 배우기

이번 활동에서 학생들은 말과 관련된 동요를 함께 배우고 오카리나 연주를 했다. 〈다섯 글자 예쁜 말〉, 〈참 좋은 말〉, 〈말의 온도〉, 〈넌 할 수 있어라고 말해주세요〉 네 곡을 함께 불러보며, 아름다운 가사에 담긴 말의 힘을 되새겼다. 또한 동아리 활동 시간과 연계하여 오카리나를 연주해 보며 노래와 악기가 어우러지는 즐거움을 느꼈다. 활동 후에는 노래와 연주를 통해 느낀 점을 자유롭게 발표하며, 긍정적인 말이 사람의 마음을 밝히고 힘이 되어 준다는 사실을 다시 확인했다. 이 과정은 단순한 음악 활동을 넘어, 프로젝트 마지막에 진행된 발표회와도 연결되는 의미 있는 준비 단계가 되었으며, 학생들에게 말과 음악이 주는 따뜻한 울림을 경험하게 했다.

교과서 탐험하기(말)

'말의 힘' 프로젝트 수업에서는 국어 교과서 속 문법 학습도 다루었다. 이번 차시에는 흉내 내는 말과 기분을 나타내는 말을 중심으로, 다양한 언어 표현의 특징을 익혀보았다. 프로젝트가 활동 중심으로만 흘러가기보다, 교과서 학습과 연결되어야 학생들이 말에 대해 더욱 깊이 이해할 수 있다고 생각했기 때문이다. 학생들은 교과서 예문을 따라 읽고, 자신의 경험에 빗대어 흉내 내는 말과 기분을 나타내는 말을 활용해 보았다. 이를 통해 말의 쓰임이 얼마나 다양하고 풍부한지 깨달았으며, 긍정적인 표현을 더 잘 사용할 수 있는 바탕을 마련하게 되었다. 이처럼 교과서 학습을 충실히 하면서도 프로젝트 활동과 유기적으로 연결하는 것이 프로젝트 재구성의 고민점이면서 지향점이기도 하다.

교과서 탐험하기(감정)

이번 활동에서도 감정과 관련된 교과서 내용을 탐구하고 전 차시 학습을 심화했다. 먼저 교과서에서 '기분과 감정 표현' 단원을 학습하며 감정을 나타내는 다양한 어휘를 살펴본 뒤, 그림책 『곰씨의 의자』를 함께 읽으며 감정의 의미와 중요성에 대해 생각해 보았다. 이어 학습지를 활용해 내 감정을 솔직하고 정확하게 전달하는 '나 전달법'을 익혀보았다. 학생들은 자기 마음을 숨기지 않고 바르게 표현하는 방법을 연습하며, 서로의 감정을 존중하는 태도의 필요성도 자연스럽게 깨달았다. 마지막으로 '오늘 내 마음의 날씨' 활동을 통해 각자의 감정을 상징적인 표현으로 나타내며 공유했다. 이를 통해 아이들은 감정을 표현하는 다양한 방법을 경험하고, 말이 감정을 건강하게 전달하는 중요한 도구임을 배웠다. 이 활동은 2학기 동안 꾸준히 진행했다.

그림책『곰씨의 의자』

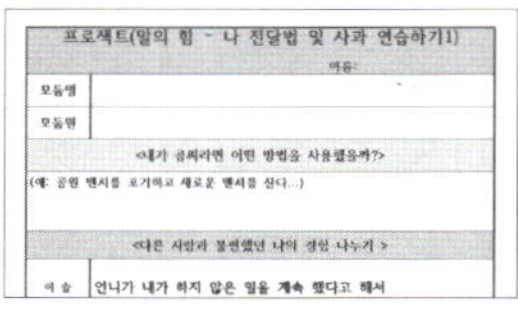

나 전달하기 학습지

오늘 내 마음의 날씨 활동

갈등 해소하기

갈등 상황을 현명하게 풀어가는 방법을 배웠다. 그림책『친구가 미운 날』을 함께 읽으며 갈등 속에서 느껴지는 다양한 감정을 살펴보고, 전 차시에서 다룬 솔직한 감정 표현 활동과 연결했다. 학생들은 감정 카드를 활용해 기쁨, 슬픔, 화남, 서운함 등 여러 감정을 탐색하면서 자신이 자주 느끼는 감정을 표현해 보았다. 이어 학습지를 통해 '나 전달법'을 연습하며 상대방을 탓하기보다 자신의 마음을 정확히 말하는 방법을 배웠고, 사과하는 연습도 함께 했다. 한두 번의 활동만으로는 감정을 쉽게 드러내기 어려웠지만, 반복 연습을 통해 자신의 마음을 솔직하게 표현하는 힘을 기르게 되었다. 이 과정은 친구들과 갈등을 건강하게 풀어가는 데 꼭 필요한 밑거름이 되었고, 아이들은 그 바탕에 '말'이 있음을 깨닫게 되었다.

그림책『친구가 미운 날』

감정 카드 연습

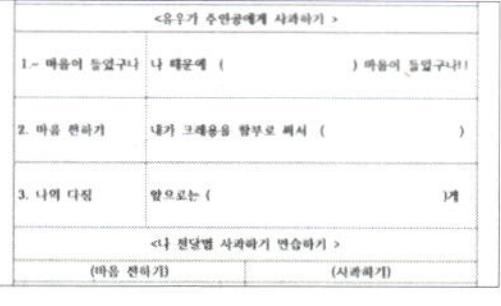

나 전달하기 학습지 2

바꿔 말하기, 부탁과 거절하기

『어린이를 위한 비폭력 대화』의 내용을 바탕으로 '너' 중심의 표현을 '나'

중심으로 바꾸어 말하는 연습을 했다. 예를 들어 "너 때문에 시끄러워" 대신 "나는 조용히 하고 싶어"라고 표현하며, 상대방을 탓하지 않고 자기 마음을 전하는 방법을 배워 보았다. 이어서 부탁하는 말과 거절하는 말놀이 활동을 통해 친구의 생각을 존중하면서도 스스로의 의사를 표현하는 연습을 했다. 학생들은 역할극을 하며 "도와줄래?", "오늘은 힘들어" 같은 말을 주고받으며 서로의 입장을 이해하려고 했다. 이런 활동을 통해 아이들은 갈등 상황에서도 부드럽게 소통하는 방법을 배우고, 말이 단순한 전달 수단을 넘어 상대의 마음을 살피고 존중하는 힘이 있음을 깨닫게 되었다.

올바르게 말하기

거친 말을 자주 사용하는 남학생들이 많아서 '부드럽게 말해보기' 활동을 했다. 먼저 국어 교과서 속 대화를 살펴보며 거친 표현을 어떻게 고칠 수 있을지 생각해 보고, 책『말 상처 처방전』을 활용하여 생활 속 사례를 바탕으로 활동을 이어 갔다. 예를 들어 "왜 이렇게 못하니?"라는 표현은 "혹시 도움이 필요하니?"로, "너 때문에 짜증 나"는 "나는 지금 힘들어서 쉬고 싶어"로 바꿔 보는 연습을 했다. 또 '이런 말을 듣고 싶어요' 활동을 통해 학생들이 친구에게 듣고 싶은 말을 포스트잇에 적어 공유하게 했다. 아이들은 "괜찮아, 다시 하면 돼", "같이 해줄게" 같은 따뜻한 말을 발견하며, 거친 말 대신 부드러운 표현이 관계를 더 좋게 만든다는 것을 느꼈다.

하루의 시작

인사의 소중함을 전하고 싶어 '하루의 시작, 소통의 다리(인사)' 활동을 했다. 먼저 그림책『인사를 나눠드립니다』를 함께 읽으며 하루의 시작을 따뜻한 인사로 여는 것의 의미를 이야기했다. 이어 학생들은 자신만의 인사말을 만들고, 학교에서 전하고 싶은 사람을 떠올린 뒤 학습지에 인사를 적어 전달해 보았다. 예를 들어 "오늘도 반짝이는 하루 되세요", "도서관을 지켜주셔서 감사합니다" 같은 글귀들이 교실과 복도 곳곳에 배달되었다. 아이들은 직접 쓴 인사를 건네며 부끄럽지만 뿌듯했고, 받은 이들도 미소로 답했다. 활동 후 소감을 나눌 때는 "내가 한 말이 선생님을 기쁘게 할 줄 몰랐어요"라는 아이의 이야기처럼, 인사가 서로를 연결하는 힘이 있음을 확인할 수 있었다.

그림책 『인사를 나눠드립니다』

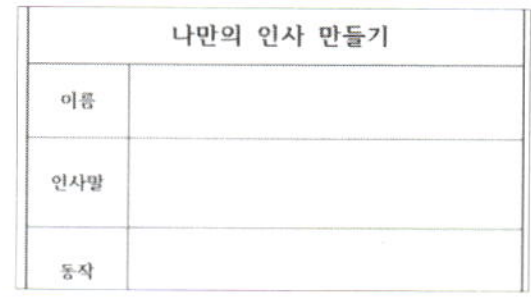

인사 학습지

인사 전달하기

고마워 교실

'말의 힘' 프로젝트에서는 일상 속 작은 것에도 감사하는 마음을 표현하는 '고마워 교실' 활동을 했다. 교실과 학교에서 쉽게 볼 수 있는 것들을 떠올리며 고마움을 학습지에 적어보았다. 예를 들어 "창문 덕분에 시원한 바람을 맞을 수 있어 고마워", "칠판 덕분에 선생님의 글씨를 잘 볼 수 있어 고마워", "청소도구가 있어서 우리 교실이 깨끗해져 고마워" 같은 문장들이 나왔다. 학생들은 하루 세 번 감사한 대상을 적고, 서로 나누는 시간을 통해 주변을 새롭게 바라보게 되었다. 프로젝트가 끝난 후에도 한 달 동안 꾸준히 실천하며 작은 것에도 감사할 줄 아는 습관을 이어 갔다. 아이들은 이 활동을 통해 말이 고마움을 담아낼 때 교실 분위기가 한층 따뜻해지고 자신도 행복해진다는 것을 느낄 수 있었다.

아름다운 긍정의 말, 전시회

긍정의 말을 생활 속에서 실천하고 이를 전시로 연결하는 활동을 했다. 학생들은 매일 꾸준히 실천한 긍정의 말을 카드에 적어 교실 벽과 복도에 꾸며 넣었다. "괜찮아, 다시 하면 돼", "네가 있어서 즐거워", "고마워, 덕분이야" 같은 따뜻한 표현들이 곳곳에 붙여져 학교 전체가 밝아졌다. 이어진 차시에서는 각자 한 달 동안 사용한 긍정의 말을 정리해 전시 패널을 만들고, 친구들과 '말의 힘' 전시회를 열었다. 마지막 시간에는 전시회를 둘러보며 소감을 나누었는데, 한 학생은 "내가 쓴 말이 다른 친구를 기쁘게 했다는 게 놀라웠어요"라고 이야기했다. 이 과정을 통해 아이들은 말이 서로에게 주는 힘을 확인하고, 긍정적인 언어 습관을 이어 가야겠다고 다짐했다.

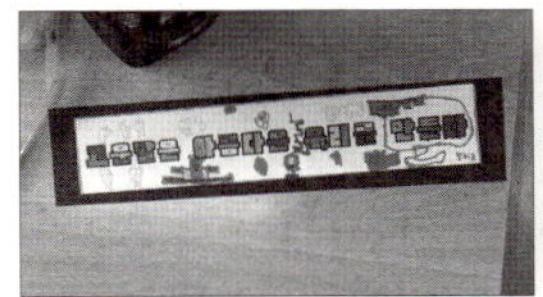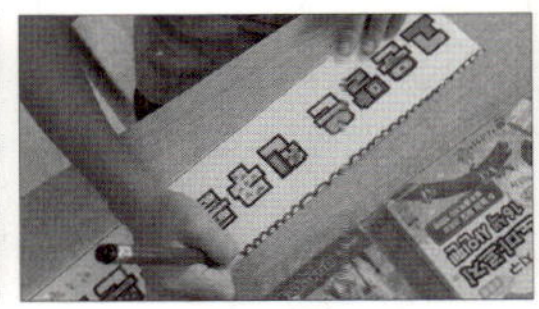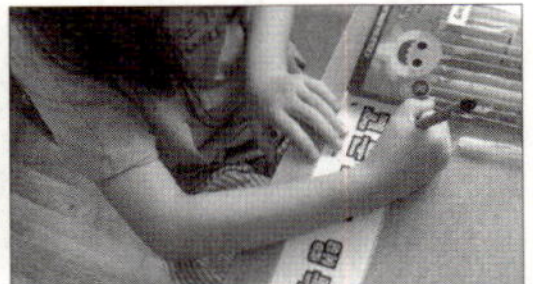

'말의 힘' 전시회

말의 힘 발표회

'말의 힘' 프로젝트의 마무리 단계에서는 모둠별 노래 부르기, 오카리나 연주, 뮤직비디오 만들기 중 하나를 선택하여 연습하고 발표했다. 학생들은 앞서 배운 말과 관련된 노래 중 마음에 드는 곡을 고르거나 오카리나 합주를 준비하며 모둠별로 협력했다. 어떤 모둠은 '참 좋은 말'을 노래로 발표했고, 또 다른 모둠은 '말의 온도'를 오카리나로 연주하며 무대를 꾸몄다. 한 모둠은 직접 촬영하고 편집한 뮤직비디오를 상영해 친구들의 큰 호응을 얻었다. 발표는 별빛누리 강당에서 했으며, 무대에 선 학생들은 긴장하면서도 성취감과 뿌듯함을 느꼈다. 발표 후 소감 나누기 시간에는 "좋은 말을 노래하니까 진짜 마음이 따뜻해졌어요"라는 아이의 말처럼, 긍정적인 언어가 음악과 어우러져 더 큰 울림을 준다는 것을 확인할 수 있었다.

발표 연습   모둠별 발표

3. 프로젝트를 마치며

'말의 힘' 프로젝트의 마지막 단계에서는 프로젝트를 마무리하며 소감을 나누고, 배운 내용을 실제 생활에 적용해 보았다. 학생들은 긍정의 말과 부드러운 표현을 사용해 본 경험을 돌아보며, "친구에게 '고마워'라고 하니 더 친해진 것 같아요", "이제는 화가 나도 나 전달법으로 말해보려고 해요" 같은 소감을 발표했다. 이어 다모임 활동에 참여하여 서로의 의견을 경청하고, 자기 생각을 올바르게 표현하는 연습을 했다. 토의와 대화 과정에서 아이들은 상대의 말을 끝까지 들어 주는 것이 얼마나 중요한지 깨달았고, 긍정적인 언어가 대화를 원활하게 만든다는 것을 경험했다. 이 과정을 통해 학생들은 말의 힘을 생활 속에서 실천하는 법을 배우며, 따뜻한 공동체를 만들어 가는 주체로 한 걸음 더 성장하게 되었다.

세계의 여러 나라

이창구(교사)

주제명	세계의 여러 나라	핵심 역량/가치	(역량) 지식정보처리, 심미적 감성, 공동체 역량 (가치) 호기심, 탐구, 다양성, 협력, 표현, 연결과 확장

핵심 활동 내용	관련 성취 기준
▶ **세계의 여러 나라(70차시) - 『피노키오』(국어 8단원) 활용** - 책과 함께 떠나는 모험 국7 자3 즐3 　(이야기 읽고 생각이나 느낌 표현하기, 인형극 감상하고 인물의 마음 짐작하기, 제 생각이나 느낌 표현하기) - 부루마블로 떠나는 세계 여행 자3 즐3 슬1 - 다른 나라의 문화를 즐겨요(놀이, 음식, 노래 등) 바4 슬2 즐2 - 서로 다른 문화를 존중해요 바1 슬1 - 세계 여러 나라의 정보를 탐색해요(도서관 나들이) 자1 - 모둠별 탐구 주제 및 나라 정하기(분야: 음식, 놀이 장난감, 축제, 명소, 집 등) 자1 - 나라별 탐구 및 발표 자료 만들기 슬2 즐2 자1 - 친구의 탐구 결과를 함께 배워요 슬2 즐2 - 경험 글쓰기 및 나누기 국3 - 세계 여행 계획을 세워요 슬2 - 세계의 여러 상징물 만들기 및 꾸미기 즐2 자2 - 놀이 안전 및 식중독 예방 교육 바2 슬1 - 공동체 놀이 즐8 - '내가 여행 가고 싶은 나라' 발표회 운영 계획 및 준비하기 바1 슬1 - 발표회 운영 및 평가하기 슬2 즐1	[2국01-05] 듣기와 말하기에 관심과 흥미를 가진다. [2국02-04] 인물의 마음이나 생각을 짐작하고 이를 자신과 비교하며 글을 읽는다. [2국04-02] 소리와 표기가 다를 수 있음을 알고, 단어를 바르게 읽고 쓴다. [2국05-03] 작품 속 인물의 모습, 행동, 마음을 상상하여 시, 노래, 이야기, 그림 등으로 표현한다. [2국05-02] 작품을 듣거나 읽으면서 느끼거나 생각한 점을 말한다. [2국06-01] 일상의 다양한 매체와 매체 자료에 흥미와 관심을 가진다. [2바02-01] 공동체에서 내가 할 수 있는 일을 찾아보고 실천한다. [2바02-03] 차이나 다양성을 서로 존중하면서 생활한다. [2슬02-01] 우리가 살고 있는 마을과 사람들이 생활하는 모습을 살펴본다. [2슬02-03] 알고 싶은 나라를 탐구하며 다른 나라에 관심을 갖는다. [2즐02-01] 내가 참여할 수 있는 문화 예술을 향유한다. [2즐02-03] 다른 나라의 문화 예술을 체험한다.

1. 프로젝트 계획 의도

2학년 아이들과 '세계' 단원을 만나기 전, 저는 생각이 복잡했습니다. 지도서에서 이 단원은 세계 여러 나라의 문화와 특징을 소개하고, 다양성을 이해하며 존중하는 태도를 기르도록 구성되어 있습니다. 겉으로 보기에는 알차고 흥미로운 활동들이 줄줄이 나열되어 있지만, 나라의 국기, 의상, 음식, 인사말 등이 백화점식으로 소개되어 있어 교과서를 펼쳐 든 순간 망설일 수밖에 없었습니다. 흥미 위주의 간단한 체험, 나열 중심의 지식 전달, 그리고 표면적인 이해에 그치는 흐름. '세계'라는 광활한 주제를 감당하기엔 다소 피상적인 구성이라는 느낌을 지울 수 없었습니다. 이 과정을 따라가면 과연 아이들의 머릿속에 무엇이 남게 될지도 의문이었습니다. 아이들은 이제 막 학교와 마을의 개념을 배웠고, 자신이 사는 동네조차 제대로 이해하지 못한 상태에서 갑자기 지구촌 곳곳을 소개한다는 것이 과연 의미 있을까 하는 걱정이 생겼습니다.

결국, 고민 끝에 교과서와 지도서를 잠시 접어두기로 했습니다. 대신 아이들의 호기심을 출발점으로 삼는 프로젝트형 수업으로, '배움의 주도권'을 아이들에게 돌려주는 것을 수업의 핵심이자 목표로 계획했습니다. 아이들이 스스로 탐색하고, 자신만의 방식으로 표현하며, 서로의 결과를 존중하고 나누는 경험을 하도록 단원을 재구성하려 했습니다. 그 결과 주제는 자연스럽게 정해졌습니다. "여행 가고 싶은 나라." 이 주제라면 아이들의 질문과 상상이 무한히 확장될 수 있을 것 같았습니다. 이 과정을 경험하며 단순 암기에서 벗어나 자신에게 의미 있는 지식을 채워갈 수 있으며 문제 해결의 종합적 역량을 키울 수 있으리라 기대되었습니다.

2. 프로젝트 과정

　수업의 시작은 전혀 거창하지 않았습니다. 2월 학생 맞이를 준비하며 학교 도서관에서 찾아 준비해 둔 『피노키오』책 한 권으로 문을 열었습니다. 책의 첫 문장에서 "이탈리아의 어느 한 마을에"라는 문구가 나오는 순간, 아이들 눈이 반짝였습니다. "진짜 이탈리아에서 있었던 일이에요?", "그럼 피노키오도 진짜인가요?", "거기 가면 뭐 먹어요?" 아이들의 질문은 제가 준비한 어떤 설명보다 생생하고 강하게 이탈리아에 대한 호기심으로 빠져들게 했습니다. 이후 국어 수업 시간을 통해 작품 내용을 훑어보는 별도의 수업을 프로젝트와 병행하며 운영했습니다.

　그 호기심을 놓치지 않기 위해 다음 시간에는 이탈리아에 관한 그림책을 함께 읽고, 태블릿으로 이탈리아를 검색해 보는 자유 탐색 시간을 운영했습니다. 검색 활동은 예상을 훨씬 뛰어넘는 몰입을 보여주었습니다. 어떤 아이는 콜로세움 사진을 보며 "이거 무너진 성이에요?", 또 다른 아이는 베네치아의 수상 가옥을 보며 "물이 집 밑에 있어요!"라며 놀라워했습니다. 간단히 넘길 수 있는 활동이었지만 이 시간은 아이들에게 '스스로 알아가는 즐거움'을 선물해 주었습니다. 아이들이 아직 어리다 보니 이미지 위주 검색이 주가 되어 많은 정보를 알지는 못했지만, 관심과 호기심을 높이는 측면에서는 효과가 높은 시간이었습니다.

　이어진 수업에서는 '이탈리아 골든벨' 퀴즈를 했습니다. 아이들이 스스로 찾은 정보를 바탕으로 문제를 내보기도 하고 제가 준비한 문제들을 풀며 친구들과 이야기를 나누었습니다. 한 문제 한 문제 함께 풀어보며 정답을 맞히는 것보다 서로의 관심사를 들여다보고 이야기 나누는 과정에 더 의미가 있었습니다. 정보 검색과 연계된 활동이기에 아이들의 배경 지식이 충분히 활용될 수 있었고, 퀴즈가 주는 몰입감으로 저뿐 아니라 아이들에게 만족도 높은 수업이 되었습니다.

프로젝트 전체 과정 중 아이들이 가장 기억에 남는 활동으로 꼽는 '피자 만들기'가 이어졌습니다. 조리 실습은 상상누리실에서 했습니다. 피자 만들기 수업을 2시간으로 계획하고 그 시간 안에 끝내기 위해 인터넷에서 냉동 피자도우를 주문하여 만들려고 했습니다. 그런데 하필 피자도우가 주말에 배송되는 바람에 냉장고에 보관하지 못하여 반죽이 상하는 일이 벌어졌습니다. 그래서 제가 집에서 반죽하여 피자도우를 만들고 숙성까지 마쳤는데, 나중에 보니 밀가루 유통기한이 지난 상태여서 반죽을 버리기까지 했습니다.

이왕 만드는 거, 반죽부터 토핑 손질, 오븐 조리까지 전 과정을 아이들과 함께하고 싶었는데 뜻하지 않는 상황에 부득이 계획을 조금 바꾸었습니다. 수업 시간을 4시간으로 늘리고 반죽의 숙성 과정을 지켜보는 동안 세계 여러 나라의 음식 검색 및 클레이 작품 만들기 활동을 넣었습니다. 준비 과정에서 문제가 많았지만, 수업 활동은 원활하게 흘러갔습니다.

당시 학교에서는 다문화주간으로, 급식실에서 다양한 나라의 음식이 반찬으로 제공되고 있었습니다. 덕분에 아이들은 세계 여러 나라의 다양한 음식들을 비교해 볼 수 있었고, 사진과 동영상 등의 이미지 자료에서 벗어나 직접 만들고 맛보며 즐길 수 있었습니다. 반죽이 손에 들러붙어 어쩔 줄 몰라 하던 모습, 토핑을 양손 가득 얹으며 만족스러워하던 표정, 오븐 앞에서 조리 과정을 초조하게 지켜보던 눈빛까지, 문화 체험이란 말 그대로 몸으로 느끼고 체화될 때 가장 생생하게 남는다는 사실을 다시금 실감했습니다. 아이들 또한 프로젝트 활동에서 가장 기억에 남는 활동으로 이 피자 만들기 시간을 꼽았습니다.

그 후, 세계로의 여행은 본격적으로 펼쳐지기 시작했습니다. 도서실에서 세계 여러 나라를 소개한 책을 함께 찾았고, 아이들이 골라 온 책들을 교실 한쪽에 비치해 '세계 여러 나라의 책' 코너를 만들었습니다. 아침 활동 시간과 쉬는 시간마다 아이들은 자유롭게 책을 꺼내어 읽었고, 책에서 발견한 다양한 정보들을 친구들과 자연스럽게 나누었습니다. "이 나라는 겨울이 200일이나 된대요!", "이 나라는 가볍게 뽀뽀하며 인사해요!", "이 사람은 진짜 사자랑 같이 살아!" 아이들은 책에서 정보를 받아들이는 데 그치지 않고 그것을 친구들과 나누고 비교하며 서로 연결하는 데까지 나아갔습니다.

책을 통한 정보 탐색이 어느 정도 진행된 후, 드디어 각자 '여행 가고 싶은 나라'를 선택해보았습니다. 어떤 아이는 자신이 좋아하는 초밥을 만들어보고 싶다며 일본을 골랐고, 어떤 아이는 오빠가 추천해 주었다며 인도를 택했습니다. 이유는 저마다 달랐지만, 그 이유에는 아이들의 경험과 관심, 개성이 고스란히 담겨 있었습니다. 선택의 이유야 어쨌든 이 선택의 순간이야말로 배움의 시작점이라고 느꼈습니다.

나라를 고른 뒤에는 각자 관련 자료를 찾고 정리하며 발표 자료를 만들었습니다. 책은 물론 그림책, 포스터, 웹사이트, 그리고 생성형 AI*를 활용해 음식 이름, 인사말, 유명한 건축물, 축제 등에 대한 정보를 찾아보기도 했습니다. 발표 자료는 사진이 들어간 소책자 형태와 포스터 등으로 제약을 두었지만, 내용과 구성은 아이들 수 만큼이나 다양했습니다. 필요한 사진은 출력해서 나눠 주었고, 자신의 손 그림만으로 발표 자료를 구성한 학생도 있습니다.

---

* ChatGPT를 활용했고, 연령 제한이 있어 학생들의 이야기를 바탕으로 교사가 검색을 지원했다.

발표 자료 만드는 과정이 조금 지루하고 힘들었지만, 그 과정에서 발표를 위한 계획을 구상하고 실천하며 아이들의 역량이 성장하는 게 눈에 보일 정도로 뚜렷이 나타났습니다. 아이들의 개성과 특성, 역량도 엿볼 수 있었습니다. 수업 과정에 오롯이 집중하지 못하고 힘들어하던 아이들도 있었습니다. 주도적으로 자신의 발표 수업을 준비하지 못해 저와 함께 준비하는 학생들도 있었습니다. 그렇게 시간이 흘러 모든 학생의 발표 자료 만들기가 마무리되었고, 발표 연습을 여러 차례 진행하며 친구들끼리 피드백을 주고받기도 했습니다.

드디어 발표회 날. 학생 개별 발표가 가능한 어울림누리로 이동했습니다. 발표는 학부모 공개 수업으로 했고, 참여한 학부모님과 선생님들이 돌아다니며 아이들이 준비한 개별 발표를 참관하는 식으로 진행했습니다. 아이들은 1회에 4분 정도씩 총 4회를 발표했고, 발표하는 아이들 외에 나머지 아이들과 학부모님들은 각자 관심 가는 발표 부스를 찾아 이동하며 이야기를 들을 수 있었습니다. 한 학생이 앞에 나와 한 번의 유창한 발표로 마무리되는 게 아니기에 아이들은 여러 번의 발표를 통해 발표 내용과 자세를 다듬어 갈 수 있으며, 긴장감에 익숙해지고 발표에 능숙해지는 장점이 있었습니다. 발표하면서 점점 여유를 찾아가는 아이들은 마무리에 가까워질수록 청중과 자연스럽게 상호작용하며 웃으며 발표를 마무리하기도 했습니다.

수업 마지막은 돌아보는 시간입니다. 발표하면서 인상 깊었던 나라, 기억에 남는 친구의 발표, 준비하며 어려웠던 점과 배운 점을 나누었습니다. 친구에게 고마웠던 점, 칭찬하고 싶은 점을 서로 적어주기도 했습니다. 짧지만 진지한 자기평가와 따뜻한 동료 평가가 이어졌고, 아이들은 그 과정에서 또 한 번 성장했다고 생각합니다. 발표를 마친 뒤 아이들은 자신감에 가득 찬 얼굴로 교실로 돌아왔습니다. "힘들었지만 재미있었어요!", "사람들이 제 발표 보고 '멋지다'고 해줬어요!", "발표하면서 떨렸는데 친구가 응원해줘서 괜찮았어요." 아이들은 단순히 '지식을 전하는' 발표가 아니라 '흥미를 갖고 탐색한 결과를 공유하는' 경험을 했고, 그 속에서 성취감을 느꼈습니다.

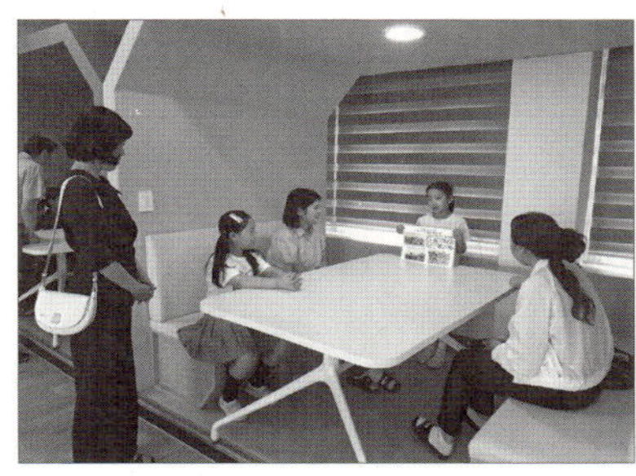

부모님들 앞에서 학생들이 각자 준비한 '여행 가고 싶은 나라'에 대해 설명하고 있다.

3. 프로젝트를 마치며

이번 수업에서 조금 아쉬웠던 점은 게임 활동과 수업을 자연스레 연결 짓지 못한 것입니다. 세계 여러 나라와 수도 등의 정보를 담고 있는 보드게임을 수업에 활용하고자 프로젝트 초반에 야심차게 구입했습니다. 수학 수업과 연계하기 위해 주사위를 여러 개 구입하여 받아올림이 있는 두 자리의 덧셈이 자연스레 일어나도록 게임 운영 방법도 조금 바꾸어서 준비해 두었습니다. 하지만 게임을 진행하다 보니 생각보다 많은 시간이 걸려 조급한 마음에 충분한 시간을 할애하지 못했습니다. 그래서 아이들이 나라와 수도에 관심을 갖지도, 수학의 연산에 익숙해지지도 못하는 결과가 나왔습니다. 충분한 시간을 두고 천천히 즐기며 게임에 임했더라면 하는 아쉬움이 남았습니다. 또한 근본적인 문제이기는 하나, 독서를 싫어하는 아이들, 책을 잘 읽지 못하는 아이들을 대상으로 책에서 정보를 찾고 이를 활용하는 수업을 하는 것이 너무 어려웠습니다. 실제 그 아이들에게 독서 시간은 효과적이지 못했습니다. 책이라는 도구는 훌륭한 수업 자료이지만 책을 보고 그 속에 있는 정보를 읽고 찾는 능력이 부족한 아이들에게 단기간의 연습으로는 충분한 교육 효과를 거두지 못했습니다.

『헨젤과 그레텔』에서 아이들은 집으로 가는 길을 찾기 위해 미리 준비한 빵부스러기를 바닥에 놓아가며 새엄마를 따라 깊은 숲속으로 들어갑니다. 한 번은 그 덕분에 무사히 집을 찾아올 수 있었지만 두 번째는 새와 짐승들이 그 빵부스러기를 먹게 되면서 실패합니다. 헨젤과 그레텔이 빵에 의지하기보다 주위를 둘러보며 나무의 생김새, 계곡과 돌의 위치를 기억하고 부족한 부분은 서로 의지하며 자신들만의 지도를 머릿속에 만들어 갔다면 여러 번의 위기에서도 결국 집을 찾을 수 있었을 것입니다.

저는 교사로서 아이들에게 빵부스러기를 떨어트려 길을 안내하는 일을 하고 싶지 않습니다. 집을 찾아야 한다는 목적하에 주변을 자세히 살펴보고 기억하려는 아이들, 모르는 길은 서로 물어보며 돕고 의지하는 아이들로 자라면 좋겠습니다. 자신만의 이유나 목적 없이 나열된 정보만 따라가며 목적지를 찾아가는 아이들은 제공된 정보가 없어서 스스로 선택하고 결정해야 하는 시간이 왔을 때 방황하고 길을 잃게 될 것이기 때문입니다.

그런 관점에서 돌이켜보면, 이 수업은 단순히 다른 나라를 '알게 하는' 수업이 아니었습니다. 아이들은 스스로 묻고, 찾아보고, 표현하고, 나누는 과정을 통해 세상과 연결되는 법을 태웠습니다. 아이들은 자신의 호기심을 따라가는 여정에서 자기 주도적인 배움이 일어났습니다. 작은 질문 하나가 수업 전체를 이끌었으며, 저는 그 질문에 귀 기울이고 길을 내주며 아이들이 스스로 탐색할 수 있도록 기다려주었습니다. 이 모든 요소가 만나며 아이들에게 진정한 배움이 일어나지 않았나 생각합니다. 주어진 길을 따라가며 단편적인 지식을 외우는 대신, 필요한 정보들을 찾아보고 연결하며 익히는 힘, 바로 그 힘이 아이들이 진짜 세계를 만나기 위한 첫걸음이라고 생각합니다. 이번 수업을 통해 거듭 확신하게 되었습니다. 아이들이 배운 것은 세계의 나라 이름이 아니라, 스스로 배우고 성장하는 방법이었습니다.

너의 이야기를 들려줘

이지환(교사)

주제명	너의 이야기를 들려줘	핵심 역량/가치	(역량) 지식정보처리, 창의적 사고, 협력적 소통 역량 (가치) 공감, 협력, 의사소통, 문해력

핵심 활동 내용

관련 성취 기준 (2022 개정 교육과정에 맞춤)

▶ 시인이 되어 (10차시)

- 친구와 시 함께 읽기(재미있는 시, 추천하는 시, 공감되는 시 등) 국2
- 나의 이야기를 담은 시 쓰고 시화 만들기 국2
- 우리 반 시화 감상 및 질문전시회 국2
- 마을 교사(가수)와 함께 작곡된 동요 부르기 음2
- 우리가 만든 동요 녹음하기(KT&G 상상마당) 음2

▶ 그림책 작가가 되어 (30차시)

■ 작가가 되기 위한 준비운동

- 그림책 쓰기를 위한 마중물 그림책 살펴보기 국3
  (의인화를 통해 상상력을 자극하는 그림책, 감정을 담은 그림책, 그림으로 이야기를 이끌어가는 그림책, 삶을 담은 그림책, 발상의 전환을 담은 그림책, 반복적인 문장을 사용하는 그림책 등)
- 다양한 발상 놀이하기 국4
  (다른 인물의 입장에서 쓰기, 뒷이야기 바꾸어 쓰기, 앞 이야기 만들어 보기, 릴레이 이야기 만들기, 사진 보고 상상해서 이야기 쓰기 등)
- 글에 어울리는 그림 그리기 연습하기 미3
- 이야기의 주제 정교화하기 국2

■ 부여 송정 그림책 마을 체험학습(9.4) 국6

- 토박이 어르신과의 이야기 산책
- 할아버지, 할머니께서 쓰신 그림책 낭독 감상
- 내 이야기를 담은 느린 그림엽서 만들기
- 그림책 표지를 활용한 마을 보물찾기

■ 작가님과 함께 그림책 만들기(전문가 협업 수업)

- 그림책 제작과정 안내 및 계획 수립 국2
- 모둠별 줄거리 작성 및 역할 분담 국2
- 스토리 작성 / 캐릭터 구상 및 그림 연습 국1 미1
- 쪽수별 글 배치 / 콘티 그리기 국1 미1
- 삽화 그리기 및 글쓰기 미2
- 마무리 작업 및 완성 국2

[4국01-03] 상황에 적절한 준언어·비언어적 표현을 활용하여 듣고 말한다.

[4국01-04] 상황과 상대의 입장을 이해하고 예의를 지키며 대화한다.

[4국02-06] 바람직한 읽기 습관을 형성하고 읽기에 대한 자신감을 기른다.

[4국03-04] 목적과 주제를 고려하여 독자에게 마음을 전하는 글을 쓴다.

[4국05-02] 자신의 경험을 바탕으로 작품 속 세계와 현실 세계를 비교하여 작품을 감상한다.

[4국05-04] 감각적 표현에 유의하여 작품을 감상하고, 감각적 표현을 활용하여 생각이나 감정을 표현한다.

[4국05-05] 재미나 감동을 느끼며 작품을 즐겨 감상하는 태도를 지닌다.

[4음01-02] 기초적인 음악 요소를 살려 노래 부르거나 악기로 연주하고 느낌을 이야기한다.

[4음02-04] 생활 속에서 음악을 들으며 느낌과 호기심을 갖고 즐긴다.

[4미01-02] 주변 대상을 체험하며 떠오른 느낌과 생각을 다양한 방법으로 나타낼 수 있다.

핵심 활동 내용	관련 성취 기준 (2022 개정 교육과정에 맞춤)
▶ **사진작가가 되어 (7차시)** - 사진 구도 연습하기 미2 - 다양한 사진을 보며 이야기 나누기 미1 - 내 이야기를 담은 사진 찍고 글쓰기 국2 - 이야기가 담긴 사진 전시회 미2	[4미01-04] 생활 속에서 활용되는 미술에 관심을 가지고 미술의 특징과 역할을 발견할 수 있다. [4미02-04] 표현 의도를 가지고 작품을 제작하며 자기 작품을 소중히 여길 수 있다. [4미02-05] 미술과 타 교과를 관련지어 주제를 표현하는 데 흥미를 가질 수 있다. [4미03-04] 작품 감상에 흥미를 갖고 참여하며 작품에 대한 자신의 감상 관점을 존중할 수 있다.

1. 프로젝트 계획 의도

성덕초는 한 학년에 한 학급인 학교다. 3학년쯤 되면 아이들은 서로 너무 잘 알게 되지만, 관계가 조금씩 고착화하는 모습을 보이기도 한다. 특히 이야기하기 좋아하는 아이는 늘 이야기의 중심이 되고, 말수가 적은 아이는 말하는 역할보다 듣는 역할에 머무는 경우가 많았다.

이런 아이들에게 어떤 프로젝트가 필요할지 고민이 이어졌고, "아이들 모두가 진짜 자기 이야기를 해볼 수 있는 장"을 만들고 싶었다. 이를 통해 크게 두 가지의 배움과 성장이 이루어지길 기대하며 '너의 이야기를 들려줘' 프로젝트를 계획했다.

첫째, 우리 반 모두가 자신만의 진솔한 이야기를 해보자.

"요즘 아이들은 말을 너무 잘해."라는 말을 자주 듣지만, 말을 잘하는 것과 진짜 자기 이야기를 할 수 있는 것은 다르다. 그래서 이번 프로젝트에서는 시, 그림책, 사진 등 다양한 표현 방식을 통해 아이들이 자기 삶과 이야기를 자연스럽게 드러내기를 바랐다.

둘째, 서로의 이야기를 공유하며 깊이 있게 이해하자.

친구의 이야기를 경청하고 존중하며 서로 공감하는 경험을 주고 싶었다. 이 프로젝트 기간에 아이들은 서로 '작가님'이라 부르며 존중했고, 서로의 생각을 나누는 시간을 충분히 줄 수 있도록 계획했다. 이를 통해 성덕초 학교자율특색과정 3학년 핵심가치인 소통과 공감이 생활 속에서 자연스럽게 체득되길 기대했다.

2. 프로젝트 과정

소주제 1: 시인이 되어

첫 번째는 시인 되어보기였다.

먼저, 여러 동시집을 살펴보며 마음이 잘 느껴지는 시, 울림이 있는 시를 찾아보고 이야기를 나눴다. 1학기 때 감각적 표현 등 표현 방법을 살펴봤다면 이번에는 형식보다는 솔직한 자기 이야기를 담는 데 초점을 맞췄다. 친구들과 다양한 주제의 이야기를 나누고 이를 바탕으로 시를 써 내려갔다.

"이런 것도 시가 될 수 있어요?", "너무 솔직하면 창피하지 않을까요?"

아이들의 질문에 "너만의 이야기가 곧 좋은 시가 된다."라고 답하며 용기를 북돋웠다.

시와 어울리는 그림도 그리
고, 자기 이름 옆에는 시인이라
는 두 글자를 적으며 시화를 완
성했다. 시화 전시회를 통해 시
를 나누고 각자 마음에 드는 시
를 뽑아 모둠 친구들과 질문도
주고받았다. "이 장면을 왜 이렇

시화 질문 전시회

게 표현했어?"라는 친구의 물음에 답하며, 아이들은 시 속의 마음을 공
유했다. 단편적인 평가가 아닌 친구에 대한 관심과 공감 속에 서로가 훨
씬 가까워질 수 있었다. 이제는 어색함 없이 당당하게 자기 이름 앞에 시
인이라는 단어를 적는 아이들을 보며 우리 누구나 시인이 될 수 있다고
말해왔던 나의 목소리가 잘 녹아든 것 같아 뿌듯했다. 아이들이 자기 이
야기를 표현하는 것에 자신감이 생긴 것 같아 이번 프로젝트를 잘 해낼
수 있겠다는 생각이 들기도 했다.

교장 선생님 소개로 작곡가이자 가스인 분을 알게 되었다. 학교 주변
에 살고 계시는 이분은 선뜻 우리 학교의 프로젝트 수업에 도움을 주겠
다고 하셨다. 아이들의 시를 동요로 만드는 작업을 부탁드렸는데, 단순한
작곡의뢰가 되지 않도록 미리 여러 번 학급에서 작곡가와의 만남 시간을
가졌다. 기타 치며 동요를 부르고 아이들이 자신의 시를 낭독할 때 어울
리는 선율을 붙여보기도 했다. 몇 주 뒤 아이들의 시가 드디어 동요로 만
들어졌다.

"우리가 쓴 시가 동요가 되다니 정말 신기해요."

"선생님, 작사에 제 이름이 쓰여져 있어요. 이 노래는 평생 기억날 것
같아요."

우리가 만든 동요 녹음하기

신이 나서 재잘거리는 아이들의 소리에 나도 덩달아 신이 났다.

아이들의 이야기가 담긴 결과물을 이대로 끝내기는 아쉬워 지역에 있는 복합문화 기관을 방문해 녹음을 했다. 떨리는 마음을 어찌할 줄 모르던 아이들이 친구들과 녹음 부스에 들어가자 마치 아이돌이 된 것처럼 자신 있게 노래하는 모습이 너무나 사랑스러웠다. 도움을 주던 직원분들도 그동안 학생들이 방문해 가수들의 노래를 녹음한 적은 많아도 이렇게 자신들이 쓴 시를 동요로 부르는 모습은 처음 본다며 매우 기특해하셨다.

학년 말 교육과정발표회인 별빛축제 때는 많은 사람 앞에서 동요 합창을 하기도 했다. 평소에도 아이들의 입가에선 직접 제작된 동요가 흥얼거려졌고, 축제를 앞두고는 가사에 어울리는 동작도 만들어보았다. 별빛축제 무대에서 시가 합창으로 이어진 장면은 교사인 나에게도 잊지 못할 감동이었고, 3학년 학급 교육과정을 온전히 보여주는 기회가 되어 좋았다. 단순히 한 차시의 활동으로 끝나는 것이 아니라, 시 → 동요 → 공연으로 이어지며 아이들은 자기 이야기를 더 당당하게 표현할 수 있었다.

학급에서는 연간 상당히 많은 학습 결과물이 쏟아져 나온다. 하나하나의 결과물이 소중하고 아이들의 성장에 밑거름이 되는 자료이지만, 돌아보면 이런 자료들을 제대로 활용하지 못한 것 같다. 이번에는 장기적인 계획을 통해 아이들의 결과물인 시를 동요, 학습발표회까지 연결해보니 아이들의 성취감이 훨씬 크다는 것을 느낄 수 있었다. 이를 통해 아이

들의 학습 결과물을 다각도로 활용해 브며 장기적인 안목을 갖는 계기가
되었다.

소주제 2: 그림책 작가가 되어

두 번째는 그림책 작가 되어보기였다.

그림책 제작은 나도 첫 도전이었다. 단편적인 활동으로 아이들이 그림
책을 만드는 것이 아니라 그림책을 통해 충분히 소통하고 자신들의 이야
기를 책에 녹여내길 바랐다. 그러려면 그림책 제작에 앞서 다양한 경험을
하고, 서로의 생각을 나누는 충분한 시간이 필요했다.

먼저, 그림책 작가가 되기 위한 다양한 준비를 했다. 매일 시간을 할애
해 다양한 그림책을 아이들에게 읽어주고 질문하며 생각을 나누었다. 상
상력을 자극하는 그림책, 감정이 주제가 되는 그림책, 글 없이 그림으로
이야기를 이끌어가는 그림책, 반복적인 표현을 활용하는 그림책, 발상의
전환을 담은 그림책 등 다양한 장르와 형식의 그림책을 주제별로 나누어
소개해주었다. 다양한 그림책을 접하다 보니 그림책에 대한 관심도 높아
지고 시야가 넓어졌다. 그림책 제작을 염두에 두고 평소 생활 속에서 주
제, 글감, 등장인물 등을 떠올려보며 글감 노트를 작성했다. 일상의 모든
것이 이야기가 될 수 있다는 생각으로 꾸준히 글감 노트를 쓰다 보니 어
느새 아이들의 글감 노트에는 다양한 이야기 재료들이 채워졌다.

그림책 제작 준비가 되어가는 아이들에게 교사뿐만 아니라 영감을 줄
수 있는 뭔가가 더 필요했다. 그래서 '송정 그림책 마을'로 체험학습을 다
녀왔다. 이곳은 마을 어르신 23명 모두 그림책 작가가 되어 자신의 삶이
담긴 '내 인생의 그림책'을 제작했으며, 이런 그림책을 활용한 다양한 경험
이 가능한 곳이다.

송정 그림책 마을 체험학습

아이들이 도착하자 마을 어르신 한 분이 아이들과 마을을 돌며 마을 곳곳에 담긴 이야기 산책을 해 주셨다. 요즘 보기 드문 할아버지의 옛날이야기에 아이들은 관심을 갖기 시작했다. 마을 찻집에 들어서니 마을 어르신들이 출판한 그림책들이 전시되어 있고, 두 분께서 본인이 쓰신 그림책을 읽어주셨다. 농촌의 삶을 담은 예전의 이야기라 3학년 학생들에게 조금 멀게 느낄 수도 있지만, 예비 그림책 작가답게 귀를 쫑긋 세우고 푹 빠져 이야기를 듣는 모습이 매우 인상적이었다. 교실을 벗어나 "누구나 그림책 작가가 될 수 있다"는 메시지를 생생하게 배웠다.

그림책 마을 체험을 통해 그림책 제작에 대해 높아진 기대감은 작가님을 만나자 한껏 커졌다. 작가님은 직접 쓰신 그림책을 읽어주시고 그림책 제작 과정도 간단히 설명해 주셨다. 몇 차례 협력 수업에 앞서 작가님과 정한 약속이 있었다. 아이들이 그림책 만드는 과정에 작가와 교사가 너무 깊숙이 개입하지 않는 것이다. 물론 조율이 어려운 모둠은 함께 이야기를 나누기도 하고, 책 만들 때 주의할 점을 알려주는 등, 조력자 역할을 했으나 그림을 고쳐주거나 이야기의 방향을 수정하는 등의 직접적인 개입은 하지 않았다. 작가와 교사의 불필요한 개입이 학생들의 창의력과 사고를 막을 수 있기에 처음부터 작가님과 명확하게 이야기하고 시작했다. 혹자는 결과물을 보며 "작가님과 함께 만들면 더 수준 높은 작품이 나와야 하는 게 아니냐", "전문가의 세심한 터치가 더 들어갔어야 하는 게 아니냐"는 말을 하기도 하지만, 어떤 전문가와 협력 수업을 하더라도 이 부분은 지켜져야 할 점이라고 생각했다.

모둠별 그림책을 만들던 중 우려하고 예상했던 일이 벌어졌다. 서로 하고 싶은 이야기가 달랐고 표현하고 싶은 방식도 달랐던 한 모둠의 아이들이 눈물을 뚝뚝 흘리고 있었다. 서로에게 서운함이 가득 차서 하소연하는 아이들에게 말했다.

그림책 만들기

"세 사람이 함께 하나의 그림책을 만드는 일은 정말 어려운 일이야. 어른들도 쉽게 해내지 못할 일이지. 더 나은 그림책을 만들고 싶은 마음에 서로 최선을 다했는데 서로 서운한 일토 다가온 것 같아. 그런데 선생님이 이 프로젝트를 계획할 때 가장 큰 목표가 너희들이 훌륭한 그림책 작가가 되는 것일까? 그건 아니야. 서로의 이야기를 나누며 소통하고 공감하며 한 걸음 더 다가가는 거야. 너희들이 겪은 문제는 당연한 과정이고 충분히 있을 수 있는 일이니 조금만 더 배려하며 서로의 이야기에 귀 기울여보면 더 나은 해결방법이 나올 거야. 충분히 잘하고 있으니 계속 도전해봐요."

아이들은 훌쩍거리며 진정되지 않은 마음을 부여잡고 다시 펜을 잡으며 친구들과 이야기를 이어갔다. 안쓰럽기도 하지만 스스로 해결할 수 있는 아이들의 역량을 믿기에 일부러 돌아서며 멀리서 지켜보기로 했다. 그 후, 늘 자신의 이야기가 끊이지 않던 아이가 친구의 이야기를 들으려고 노력하는 모습이 보였고, 한 발씩 양보하며 이야기와 그림을 만들어 가는 모습을 보니 대견하고 고맙기도 했다.

스토리를 완성하고, 캐릭터를 구상하고, 어울리는 삽화도 그리며 원화를 완성한 뒤 마무리 과정을 거쳐 인쇄된 그림책을 기다렸다. 다들 목이 빠지게 기다리고 기다리던 그림책이 공개되던 날, 아이들의 환호성과 웃음은 교실을 가득 채웠다.

그림책 마무리 작업과 인쇄 기간으로 프로젝트 기간 내 활동은 그림책 제작까지였으나 이후 독서인문 동아리 시간에 학생들이 제작한 그림책으로 활동을 이어갔다. 진정한 배움은 함께 나눌 때 일어나기에 그림책을 활용하여 후배들을 대상으로 작가와의 만남, 부모님을 대상으로 북 콘서트(그림책 소개하기) 활동을 했다. 누구보다 그 책에 대해 잘 아는 어린이 작가님들이기에 그 책을 가장 잘 표현할 방법을 궁리했고 주인공 인터뷰, 등장인물 책갈피, 인상 깊은 장면 역할극, 퀴즈, 책 주제를 담은 나의 이야기, 캐릭터 소개 등 다양한 책 소개방식이 정해졌다. 그림책 낭독에 이어 책에 대해 자세히 소개까지 하며 어린이 작가로서 성취감을 크게 맛보았고, 그림책은 아이들에게 배움의 산 증거가 되었다.

소주제 3: 사진작가가 되어

세 번째는 사진작가 되어보기였다.

먼저 다양한 사진을 보고 이야기 나누며 글이나 그림이 아닌 사진을 통해서도 생각을 전할 수 있음을 이해했다. 사진 찍는 것이 아직 서툰 아이들과 사진의 구도에 대해서도 알아보고, 사진의 표현 방법에 따라 생각을 다양하게 전할 수 있음을 배웠다. 친구들과 깔깔거리며 재미있는 사진도 찍어보고, 힘을 합쳐 협동심을 담은 사진도 찍으며 사진과 친해질 수 있었다. 그리고 틈틈이 내 생각과 이야기가 담긴 사진을 찍기 시작했다. 학교와 집에서, 등하교길과 여행길에서 자신만의 이야기를 사진에 담았고, 자신의 관심사, 가족, 감정, 날씨 등 다양한 이야기를 담은 사진 전시

회를 통해 친구들과 서로의 삶을 나
누었다.

　예전에는 친구들의 생각이나 이
야기를 있는 그대로 받아들이지 못
하고 자기 기준으로 이야기하거나
반박하는 친구들도 있었는데, 이 프
로젝트가 진행될수록 다른 친구의

이야기가 담긴 사진 전시회

이야기와 표현에 귀 기울이며 집중하는 모습에서 서로를 더 깊이 있게 이
해하는 계기가 되었다.

3. 프로젝트를 마치며

　'너의 이야기를 들려줘' 프로젝트는 아이들뿐 아니라 교사인 나에게도
도전이었다. '3학년이니 이 정도가 한계일 거야.'라는 선입견 대신, "학생의
가능성을 섣불리 재단하지 말자! 믿고 기다려주는 만큼, 기회를 주는 만
큼 학생은 성장한다."라는 나의 교육철학을 바탕으로 아이들에게 자기 이
야기를 표현하는 기회를 다양하게 제공했더니 아이들은 눈에 띈 성장을
이루어냈다.

　이번 프로젝트에서는 그림책 작가, 가수, 지역 문화기관 등 다양한 전
문가들과 협력 수업을 했다. 전에는 다양한 분들과의 협력 수업이 부담
스러웠고 외부 강사들에게 끌려가는 수업을 하기도 했다. 하지만 이번에
는 확실한 목표를 갖고 프로젝트를 계획했고, 아이들과 함께 바라보는 지
향점이 명확했다. 그래서 전문가들에게 적극적으로 프로젝트를 설명하고

꼭 필요한 도움을 받으며 교육과정을 온전히 주도할 수 있었다. 누구와 함께하더라도 교사로서 "우리 반에 대해서만큼은 내가 최고의 전문가"라는 확신을 얻은 것도 큰 배움이다.

성덕초에서 5년간 교육과정 재구성을 통한 다양한 프로젝트 수업을 하며 교사로서 큰 보람 속에 성장을 이룰 수 있었다. 그 바탕에는 교사교육과정을 뒷받침하는 성덕초의 교육 시스템, 교사를 든든하게 지지해주는 관리자, 각자의 빛깔로 다양한 교사교육과정을 펼쳐가며 끊임없이 서로에게 자극이 된 동료 교사들이 있었다. 이 든든한 토대를 잊지 않고, 아이들과 함께 성장하며 누군가에게 힘이 되어주는 교사로 나아가고 싶다.

한 마음! 한 뜻으로!

박용주(교사)*

주제명	한 마음! 한 뜻으로!	핵심 역량/가치	(역량) 자기관리, 협력적 소통, 공동체, 심미적 감성 역량 (가치) 협동, 자신감, 인문 소양

핵심 활동 내용	관련 성취 기준 (2022 개정 교육과정에 맞춤)

▶ 한 마음! 한 몸으로! (27차시)
- 협동의 의미와 중요성 알기 도1
- 협동 관련 놀이하기 도2
- 다양한 합주곡 감상하기 음3
- 리듬악기의 자세와 주법 익히기 음3
- 협동하기 위한 자세와 태도 돌아보기 도1
- 협동의 의미를 기억하며 합주하기 음4
- 경쟁형 게임에서 협동의 중요성 알기 도1
- 농구형 게임을 위한 기능과 전략 익히기 체4
- 협동하여 전략을 세워 농구형 게임에 참여하기 체2
- 축구형 게임을 위한 기능과 전략 익히기 체4
- 협동하여 전략을 세워 축구형 게임에 참여하기 체2
 	
▶ 한 마음! 한 목소리로!(21차시)
- 『만복이네 떡집』 온책읽기
  • 읽기 전·중·후 활동을 하며 책에 대한 생각이나 느낌 나누기 국4
  • 목차별 내용 간추리기 국4
  • 중요한 장면 추려보기 국2
  • 낭독극 대본 만들기 국4
- 이야기에 등장하는 효과음 알아보기 음2
- 효과음을 표현할 소리와 악기 정해 표현하기 음2
- 낭독극 소품 만들기 미2
- 낭독극 홍보 포스터 만들기 미3
- 음악을 넣어 낭독극 연습하기 국4, 음2
- 협동이 효과적으로 이루어지기 위해 활동 돌아보기 도1
- 낭독극 무대 꾸미기 미2
- 낭독극 공연하기 국2
- 낭독극 피드백하기 국2
	[4국01-03] 상황에 적절한 준언어·비언어적 표현을 활용하여 듣고 말한다.
	[4국01-04] 상황과 상대의 입장을 이해하고 예의를 지키며 대화한다.
	[4국01-06] 주제에 적절한 의견과 이유를 제시하고 서로의 생각을 주고받으며 토의한다.
	[4국03-04] 목적과 주제를 고려하여 독자에게 마음을 전하는 글을 쓴다.
	[4국05-04] 감각적 표현에 유의하여 작품을 감상하고, 감각적 표현을 활용하여 자기 생각이나 감정을 표현한다.
	[4국05-05] 재미나 감동을 느끼며 작품을 즐겨 감상하는 태도를 지닌다.
	
	[4도02-02] 친구 사이의 배려에 대한 올바른 이해를 바탕으로 일상생활에서 배려에 기반한 도덕적 관계를 맺을 방안을 탐색한다.
	[4도02-03] 공감의 태도가 필요한 이유를 이해하고 도덕적 상상력을 바탕으로 대상과 상황에 따라 감정을 나누는 방법을 탐구하여 실천한다.
	
	[4체02-02] 기본 움직임 기술의 의미와 종류를 이해하고 스포츠와의 관계를 파악한다.

* 2020~2024년 본교 교사로 근무.

핵심 활동 내용	관련 성취 기준 (2022 개정 교육과정에 맞춤)
▶ 프로젝트 마무리 - 프로젝트 돌아보기: 좋아해 회의를 통해 프로젝트 돌아보기 국1 - 주제 마무리 글쓰기: 활동 사진을 보고 주제 마무리 글쓰기 국1 - 경험화 그리기: 가장 기억에 남는 활동 작품으로 그리기 미2 - 학기 마무리 글쓰기: 활동 사진을 보고 학기 마무리 글쓰기 국1	[4체02-06] 전략형 스포츠에 적합한 기본 움직임 기술을 파악하고 시도한다. [4체02-09] 게임 활동에 최선을 다하고 규칙을 지킨다. [4체02-10] 다양한 스포츠 환경에 개방적인 태도를 갖고 적극적이고 안전하게 스포츠 활동에 참여한다. [4음01-01] 바른 자세와 주법을 익혀 노래 부르거나 악기로 연주한다. [4음01-02] 기초적인 음악 요소를 살려 노래 부르거나 악기로 연주하고 느낌을 이야기한다. [4음01-04] 생활 속에서 음악을 경험하며 연주에 관심을 가지고 참여한다. [4음03-02] 악곡 일부를 바꾸어 표현하고 간단한 악보로 나타낸다. [4미01-02] 주변 대상을 체험하며 떠오른 느낌과 생각을 다양한 방법으로 나타낼 수 있다. [4미02-04] 표현 의도를 가지고 작품을 제작하며 자기 작품을 소중히 여길 수 있다.

1. 프로젝트 계획 의도

우리 성덕초는 학생들이 1학년 때 처음 만나 졸업할 때까지 같은 반으로 쭉 올라갑니다. 저는 학급 구성원이 바뀌지 않기 때문에 안정적이라는 장점도 있지만, 고착된 수업 참여 태도나 반 분위기를 바꾸는 것은 어렵다고 생각했습니다. 그래서 학생들에게 의미 있는 프로젝트 수업을 통해 장점은 적극적으로 살리고, 아쉬운 점은 조금 더 나은 방향으로 바꿔가고 싶었습니다. 감사하게도 이 학생들을 만나기 전 1년 동안 성덕초에서 근무하면서 이전 담임선생님께 이 반에 대한 다양한 이야기를 들었고, 저도 교과담임 수업을 통해 반의 특성과 분위기를 알았기에 학생들에게 의미 있는 프로젝트 수업을 고민했습니다. 이전 선생님께 들은 바로는, 학생들이 모둠활동을 잘하며 수업에 몰입감이 높은 장점이 있지만, 남들 앞에서 발표할 때 잘하는 친구들은 무척 잘하지만 대부분 소극적이어서 자기 이야기를 적극적으로 하지 못한다는 것이었습니다.

이런 특성을 고려하여 4학년 성취기준과 학습내용 중 도덕의 '협동' 관련 성취기준을 골랐고, 이 협동의 가치를 학생들이 체득하게 하고자 경쟁형 게임, 합주, 낭독극을 함께 진행했습니다. 이 과정을 통해 학생들이 주체적으로 활동에 참여하여 앎을 나누고 마음을 나누며 '같이의 가치'를 깨닫게 하고 싶었습니다. 그뿐만 아니라 우리 반이 부족했던 점인 '자기 목소리를 적극적으로 내지 못하는 것'을 개선하며 다른 사람에게 끊임없이 발표하고 적극적으로 보여주는 활동을 통해 자신의 한계를 넘어 한 걸음 성장하는 모습을 보여주고 싶었습니다.

2. 프로젝트 과정

소주제 1: 한 마음! 한 몸으로!

이 소주제 활동을 통해서는 학생들이 도덕 협동의 의미와 중요성을 깨닫고 이를 바탕으로 체육 경쟁활동, 음악 합주활동을 하기 위한 계획을

세웠습니다. 이 소주제 활동에서 특히 고민했던 것은 학생들이 협동의 의미와 중요성을 깨달아 실천에 이르게 하는 것이었습니다. 그래서 모든 활동에 모둠활동을 강조했고, 그 모둠활동 안에서도 끊임없이 대화하고 공유해야만 좋은 결과가 나올 수 있는 활동들을 최대한 구성했습니다.

첫 번째로, 학생들에게 협동의 의미와 중요성을 알려주는 수업을 구성했습니다. 교사가 협동의 중요성을 일방적으로 전하는 것이 아니라 학생들에게 협동에 대한 다양한 생각을 묻고 이를 통해 프로젝트 수업의 방향을 한번 더 확인하고 싶어서 활동지를 활용했습니다. 활동지 앞부분에는 '내가 생각하는 협동이란 무엇인가', '내가 경험한 협동 활동과 그때의 생각이나 느낌'을 물어보았습니다. 활동지를 살펴보니 많은 친구들이 협동에 대해 대체로 잘 이해하고 있었습니다. 특히 기억에 남은 한 여학생의 답이 있습니다. 그 학생은 "협동은 여럿이 함께 어려워하는 사람을 도와가면서 하는 활동"이라고 했고, 모둠활동에 어려움을 겪었는데 친구들이 알려주어 금방 잘할 수 있었고, 정말 고마워서 기억에 남는다고 했습니다. 제가 이 수업을 통해 이루고 싶은 목표를 이 친구는 이미 경험했기에 대견스러우면서도 바로 그 점이 이번 프로젝트를 통해 이루어야 할 목표임을 다시금 상기할 수 있었습니다.

협동을 통해 '1+1=2'가 아니라 '1+1=2+∞'임을 느끼게 하고 싶었습니다. 아울러 학생들이 협동에 대해 조금 더 깊이 생각할 수 있도록 '링겔만 효과'(혼자 뭔가를 할 때보다 여럿이서 할 때 자기 능력을 전부 발휘하지 않는 것) 영상을 보여주고, 그럼에도 우리가 왜 협동해야 하는지 물어보았습니다. 한 남학생 친구가 "우리가 각자 능력이 다르기에 서로 협동해서 부족함을 채워줘야 한다."라고 했는데, 이 역시 제가 생각했던 것보다 훌륭한 답변이기에 협동에 대한 학생들의 마음 자세가 훌륭하고 어느 정도 준비가 되었음을 알 수 있었고, 수업을 통해 그것을 더욱 발전시켜야겠다고 생각했습니다.

음악 합주에 앞서서는 합주곡 영상들을 감상하며 다양한 악기가 모여야 더욱 아름다움을 낼 수 있다는 것을 함께 이야기했고, 본격적인 합주에 들어가서는 활동지를 통해 어떻게 해야 합주가 잘 될 수 있는지 궁리하고 논의하게 했습니다. 사실 이 활동을 통해서는 학생들이 협동의 중요성을 다시 한번 간단하게 짚고 넘어가길 바랐는데 의도와 달리 '악기를 잘 다루면 된다', '잘 모르겠다'라는 답변도 나와서 당황스럽기도 했습니다. 음악 합주곡은 총 2곡을 진행했습니다. 먼저 교과서에 있는 '리듬악기 노래'를 통해 다양한 악기를 다루어보고 자기가 원하는 악기를 연주해 보았습니다. 처음부터 모두 함께 이 곡을 연주하고자 했는데 합주 경험이 부족한 학생들에게는 이 짧은 곡도 어려웠습니다. 마음은 앞서지만 친구들과 계속 맞지 않아서 싸우기도 하고, 서로 부족한 부분을 이야기 나누다가 말다툼을 하기도 했습니다.

그래서 조금 더 단계적으로 접근하고자 같은 악기를 하는 친구끼리 모둠을 만들어주고 모둠 단위로 맞추어보게 했습니다. 제가 모든 학생을 다 봐줄 수 없어서 모둠별 꼬마 선생님을 뽑았습니다. 저는 꼬마 선생님을 가르쳐주고 꼬마 선생님이 같은 모둠원 친구들을 가르치는 식으로 진행했습니다. 전보다 더 매끄럽게 진행되었고, 그 안에서 학생들 간 배움이 일어나는 모습이 인상 깊었습니다. 활동지에서 이야기했던 어려운 친구를 돕는 협동의 모습이 보여 뿌듯했습니다. 이렇게 해서 학생들이 조금씩 익숙해진 뒤, 전 학생이 모여서 맞춰보았습니다. 점점 합이 맞으며 학생들 스스로도 흥미를 느끼기 시작했습니다. 이 경험을 바탕으로 원래 함께 합주하고 싶었던 〈수고했어 오늘도〉라는 곡을 연습하기 시작했습니다.

이전 합주 성공 경험이 학생들에게 동기유발이 되었고, 학생들이 기대를 갖고 연습을 시작했습니다. 연습과 더불어 학생들에게 "다른 사람들 앞에서 멋지게 발표하는 모습으로 너희들이 한 걸음 성장하길 바라기 때문에, 이 합주를 보호자 분들과 전교생에게 발표하려고 한다."고 이야기 했습니다. 지금도 이때의 기억이 생생한데, '꼭 해야 하는 것이냐?', '너무 부담스럽다'고 하는 친구들이 무척 많았습니다. 그럼에도 우리 학생들을 위해 꼭 필요한 부분이라고 생각하며 꼭 해야 한다고 했습니다. 다행히 몇몇 학생들은 '재미있겠다'라고 해주어 그 친구들의 말에 힘을 보탰습니다. 그리고 수업 시간을 통해 악기 연주를 하나하나 맞춰 보았습니다. 이전 곡처럼 같은 악기끼리 모둠을 나누었고, 그 안에서 학생들이 부족한 점을 채워나갔습니다. 물론 이전 곡처럼 쉽지는 않았기에 중간에 악기를 바꾸고 싶다는 친구들, 잘 안되어서 포기하고 싶다는 친구들도 있었습니다. 그러나 잘하고 못하고를 떠나 자기 역할이 우리 전체를 위해 꼭 필요하다는 생각을 심어주고 이것이 바로 협동이기에 끝까지 포기하지 않도록 독려했습니다.

기억에 남는 악기 파트는 '글로겐슈필'인데, 악기를 어려워하는 남자 친구 네 명이 이 악기를 맡았습니다.

다른 악기의 꼬마 선생님들과 달리 이 악기는 꼬마 선생님조차 연주를 잘하지 못했습니다. 저도 가르치다가 힘에 부치다 보니 중간에 '다른

악기로 교체할까?' 망설였지만, 어
려움 속에 연습한 기간이 아까워
서라도 포기하고 싶지 않았습니다.
제 마음을 알았는지 꼬마 선생님
을 맡은 친구는 쉬는 시간에도 열
심히 연습했고, 결국 시간은 오래

글로겐슈필 연주

걸렸지만 우여곡절 끝에 자신이 맡은 부분을 끝까지 매끄럽게 연주하게
되었습니다. 꼬마 선생님이 역할을 충실히 해내고 함께 연주하는 친구들
도 뒤늦게 발동이 걸려 결국 글로겐슈필을 하는 친구들이 모두 자기 파
트 연주를 잘하게 되었습니다. 이 파트를 맡은 친구들 모두가 악보까지
다 외워서 해내는 모습을 보며 학생들의 능력은 참 무궁무진하다는 생각
을 했습니다. 도중에 포기하지 않은 것에 학생들 모두가 대견스러웠습니
다. 전체적인 연습을 하기 전에 단계적으로 하기 위해 2개 악기만 연주하
다가 3개, 4개… 이렇게 악기를 늘리면서 소리를 맞추었습니다. 소리가
잘 어우러져 합주가 되니 학생들이 무척 뿌듯해하며 계속 합주만 하자고
했던 것이 지금도 잊히지 않습니다.

　음악 합주 수업을 하면서 도덕 시간을 활용하여 다양한 협동 놀이 수
업도 했습니다. 그중 가장 기억에 남는 활동은 '협동 사슬 풀기' 놀이로,
학생들이 손을 엇갈려 잡은 다음 사슬을 푸는 활동입니다. 유명한 놀이
여서 다들 쉽게 해낼 줄 알았는데, 생각보다 시간이 많이 걸려 기억에 남
습니다. 처음에는 두 명이 손을 잡고 했기에 쉽게 해결할 수 있었습니다.
그런데 4명, 8명으로 늘면서 점점 서로 이야기가 많아졌고, 그러면서 쉽
게 해결하는 팀과 해결하지 못하는 팀이 있었습니다. 쉽게 해결하는 팀
은 친구들 모두가 적극적으로 의견을 내고 의견을 조율하며 끊임없이 문

'협동 사슬 풀기' 놀이

제를 풀고자 하는 모습을 보였고, 잘 안되는 팀은 조율 과정에서 어려움을 보이거나 소극적인 모습으로 원활하게 놀이가 이루어지지 못했습니다.

이 모습에서도 우리가 '한 마음! 한 몸!'이 되려면 구성원 모두가 많은 노력이 필요하다는 것을 느낄 수 있었습니다. 다양한 어려움 속에서도 반 전체가 협동 사슬 풀기 활동을 성공해 짜릿한 기분을 함께 맛보았습니다. 이 활동이 놀이로 끝나지 않기 위해 노력할 부분은 무엇인지, 잘 안된 팀은 어느 것이 어려웠는지 함께 이야기 나누며 피드백해보았습니다. 이 시간만큼은 앉아서 도덕 공부하는 것보다 학생들이 더 몸소 '협동'을 배웠다는 생각이 들었습니다.

체육 경쟁활동을 통해서도 학생들에게 협동의 가치를 심어주기 위한 수업을 했습니다. 사실 다른 부분에서는 일반적인 체육 수업과 그리 다르지 않은데, 수업 시작에 앞서 학생들에게 어떤 부분에서 협력이 필요한지 생각하고 이야기를 나누면서 수업을 시작했습니다. 그리고 체육 경쟁활동이 팀별 대결이 많다 보니 그 안에서도 계속 소통하며 의견을 나눌 수 있도록 보드판을 활용하여 수업을 했습니다. 한 경기가 끝날 때마다 모여서 보드판에 적으며 어떤 점이 부족했는지, 서로 어떻게 보완할 수 있는지 충분히 이야기를 나눈 뒤 다음 경기에 참여할 수 있게 했습니다.

이를 통해 많은 팀이 점점 합을 잘 맞추었고, 불리하다고 생각하는 팀이 좋은 전략을 바탕으로 이기기도 했습니다. 그리고 꼭 팀별 파이팅을 외치고 다음 경기에 임하게 했는데, 한 팀은 서로 자신의 이름을 외치고 마지막에 파이팅을 외치는 모습이 귀여워서 자주 영상에 담았습니다. 체

보드판에 작전을 짜는 모습

학생들이 함께 파이팅 외치는 모습

육 수업을 통해서도 학생들이 하나가 되어가는 과정이 잘 느껴지고, 성장하는 모습이 눈에 띄어서 기억에 남습니다.

소주제 2: 한 마음! 한 목소리로!

두 번째, '한 마음! 한 목소리로!' 소주제 활동에서는 학생들이 자신의 목소리를 적극적으로 내보자는 생각으로 '낭독극' 수업으로 구성했습니다. 두 번째 소주제 활동에서도 협력의 가치를 중요시했기 때문에 친구들과 함께 호흡하고 연습하면서 협동심을 느낄 수 있는 활동으로 수업을 구성했습니다. 전에 다른 학생들과도 낭독극 수업을 해보았는데, 무대에 섰을 때 학생들이 느끼는 성취감과 만족감은 어느 경험과 바꿀 수 없기에 우리 4학년 학생들에게 소중한 경험을 선물해 주고 그 과정에서 성장하기를 바랐습니다.

학생들에게 익숙한 책으로 접근해야 좋을 것 같아서 3학년 교과서 지문에 나오는 『만복이네 떡집』을 골랐고, 온책읽기를 했습니다. 원래 목표는 학생들이 책 요약하기를 통해 낭독극 대본을 만들어보는 것이었습니다. 그런데 생각보다 학생들이 요약하고 대본 쓰는 것에 큰 어려움을 보여서, 낭독극 연수에서 받은 『만복이네 떡집』 대본을 그대로 활용하기로 했습니다. 이 수업을 통해 이루고 싶던 목표 역시 '발표 기회 제공'이었기

온책읽기 중 핫시팅 수업

때문에, 학생들의 낭독극 발표에 더욱 초점을 두고 활동을 진행하기로 했습니다.

『만복이네 떡집』에 나오는 등장인물들을 충분히 이해해야만 역할에 몰입할 수 있다고 생각했기에 온책읽기를 하면서 핫시팅 수업을 했습니다. 학생들이 그 인물의 상황이 되어 '왜 그때 그런 행동을 했는지', '어떻게 행동하면 더 좋았을지?' 등 다양한 생각을 묻고 답하면서 각 인물에 대해 깊이 있게 이해할 수 있었습니다. 이렇게 책을 충분히 탐독한 후 학생들이 하고 싶은 역할을 골라 보았습니다. 장마다 등장인물들이 조금씩 달랐기에 우리 반 18명 모두가 참여할 수 있었습니다. 역할 오디션도 했는데, '해설' 역할만 하고 싶어 하는 친구들이 많아 오디션을 봐야 했습니다. 많은 학생이 해설을 하려는 모습을 보면서 한편으로는 학생들이 부끄러움이 많아 해설 역할에 몰리는 경향이 있다고 생각했습니다. 오디션 심사는 제가 하면 자칫 공정성 문제가 생길 것 같아서 우리 반 모든 학생이 참여했습니다. 이런 과정을 거치니 오디션에서 떨어진 친구들이 아쉽더라도 결과를 잘 받아들일 수 있었습니다.

다음으로는 낭독극에서 빠질 수 없는 효과음과 관련된 수업을 음악 시간에 했습니다. 낭독극을 더욱 풍성하게 하려면 대본에 있는 대사뿐만 아니라 지문에 나타난 다양한 상황을 소리로 그려내는 효과음이 꼭 필요했습니다. 효과음을 나타내는 방법은 다양한데, 그중에서도 학생들이 낭독극에 더욱 몰입할 수 있도록 학생들이 직접 소리내는 것에 주안점을 두고 수업을 했습니다. 학교에 있는 다양한 리듬악기를 활용하면 더욱 특별한 효과음을 만들어낼 수 있으리라는 생각이 들었습니다. 장마다 등장하는 친구들이 자신들이 낭독할 대본을 보면서 어느 부분에 어떤 효과음이 들어가면 좋을지 먼저 찾아보게 했습니다. 그리고 다양한 리듬악기를 다뤄보며 악기별로 어떤 상황에 이 악기를 연주하면 좋을지 활동지에 적어보는 수업을 했습니다. 학생들이 집중하여 수업에 참여했고, 에너지 차임벨 악기는 마음이 차분해질 때, 아고고벨 악기는 당황스러운 일을 겪었을 때처럼 학생들이 나름대로 악기를 분석하며 깊이 생각해 보았습니다.

이렇게 학생들과 효과음에 대해 충분히 살펴본 뒤, 대본에 맞는 악기를 골라서 연주해 보았습니다. 이때 〈톰과 제리〉 애니메이션에 전문가가 다양한 악기를 활용하여 적절한 소리를 입혀주는 영상을 보여주었는데, 어떤 소리를 넣어주느냐에 따라 애니메이션의 생동감이 달라짐을 생생히 느낄 수 있었습니다. 학생들은 각 장에 맞는 효과음이 필요한 부분을 찾아서 악기로 연주해 보았습니다. 그리고 낭독극 공연 때 활용하기 위해 대본에 정리했습니다.

또한 미술 시간을 활용하여 낭독극 소품과 낭독극 홍보 포스터를 만들었습니다. 원래 목표했던 것은 학생들 모두가 홍보 포스터를 만드는 것이었는데, 시간상 어려움이 있어 소품 만드는 팀과 포스터 만드는 팀을 나누어 진행했습니다. 소품은 『만복이네 떡집』에 나오는 다양한 떡을 큰 이미지로 학생들이 만드는 것에 초점을 두었습니다. 청각적 감상에 치우치면 낭독극이 지루해질 수 있기에 이런 부분을 소품을 통해 채우고자 했습니다. 이렇게 소품과 포스터 등을 만들면서 낭독극에 대한 학생들의 기대와 떨림이 점점 커졌습니다.

보호자 수업 공개 날이 다가오며 학생들이 더욱 최선을 다해 낭독극 연습을 했습니다. 학생들이 협동하도록 서로 낭독극을 들어보고 피드백

악기로 효과음을 표현하는 모습

을 주고받았습니다. 이를 통해 자신감이 부족했던 친구들도 전보다 자신감을 보이고, 피드백을 듣고 새롭게 욕심이 생겨서 주어진 대본을 자기 스타일로 바꾸는 친구들도 있었습니다. 가족에게 낭독극을 보여준다는 생각에 학생들은 더욱 최선을 다했습니다. 집에서도 열심히 연습하는 친구들이 있었는데, 나중에 이야기를 들어보니 미리 보여줄 수 없다며 절대 비밀로 연습하여 부모님들께서도 무엇을 그렇게 열심히 준비하나 궁금하셨다고 합니다.

이렇게 수업을 통해 합창과 낭독극을 열심히 준비하고 '보호자 수업 공개의 날'이 되었습니다. 4학년 학생들은 프로젝트 수업 결과물을 가족들 앞에서 보여줄 생각에 걱정도 되고, 기대하는 친구들도 있었습니다. 본격적인 수업에 앞서 학생들이 한두 달 동안 프로젝트 수업을 담은 사진들을 함께 보고, 협동의 의미를 다시금 되뇌며 수업에 들어갔습니다.

첫 번째로, 낭독극을 가족들께 보여드렸습니다. 첫 장에서 주인공의 낭랑한 목소리로 시작하며 삼신할배의 힙합 분위기 멘트로 웃음을 선사했습니다. 둘째 장에서는 미션 음악을 통해 주인공의 모험 분위기를 돋우었고, 적절한 소품을 통해 변화된 친구의 모습을 학생들이 매끄럽게 연기했습니다. 셋째 장에서는 실제 우유를 나눠주며 관객들과 호흡도 해보고, 전에 준비했던 악기를 잘 활용하여 변화하는 분위기를 한껏 살렸습니다. 넷째 장에서는 배역을 맡은 친구들의 갖가지 연기로 실제 드라마처럼 슬픈 서사를 낭독극으로 잘 표현했습니다. 다섯째 장에서는 마지막 인간이 된 주인공의 모습을 적절한 배경음악과 다양한 효과음으로 밝게 표현했습니다. 이대로 끝나면 좋겠다는 생각이 들었지만, 열심히 준비한 합주를 앞두고 있었기에 저나 학생들 모두 마음을 놓을 수 없었습니다.

〈수고했어 1학기도〉 합주

합주는 원곡 〈수고했어 오늘도〉를 '수고했어 1학기도'로 제목만 바꾸어서 가족들 앞에서 연주했습니다. 걱정했던 것과 달리 학생들이 아주 진지하게, 어떤 때보다 자기 역할을 충실히 해냈습니다. 조화로운 합주 음악에 가족들이 흠뻑 빠져 듣는 것을 느낄 수 있었고, 무사히 잘 마무리했습니다. 빠르기를 다 같이 맞추기가 무척 어려웠는데, 실전에 강한 우리 반 학생들은 훌륭하게 마무리했습니다.

연주까지 모두 마무리되니 학생들이 오늘 낭독극과 합주 공연을 위해 그동안 얼마나 많은 노력을 했는지 누구보다 잘 알기에 담임으로서 뭉클했습니다. 가족들도 고생한 자녀들을 위해 큰 박수로 뜨겁게 격려해 주었습니다. 학생들의 표정에서도 뿌듯함과 스스로 대견해하는 모습이 느껴졌습니다.

모든 순서 뒤, 활동지를 바탕으로 그간의 프로젝트 과정을 돌아보았습니다. 프로젝트를 마무리하며 느낀 소감과 이번 프로젝트를 통해 가르치고자 했던 가치 '협동'에 대해 자신만의 답을 적어보게 했습니다. '협동은 무지개'라는 답변이 가장 기억에 남습니다. 서로 다른 빛깔들이 어우러져야 무지개가 되는 까닭이 참 아름답게 느껴진 것 같습니다. 저 스스로도 '잘 가르쳤네?'라고 웃으며 답을 본 기억이 지금도 생생합니다. 이 프로젝트를 통해 학생들에게 많은 울림이 있었음을 느낄 수 있었습니다.

3. 프로젝트를 마치며

이번 프로젝트는 성덕초에서 진행한 많은 프로젝트 중 가장 마지막 프로젝트입니다. 그래서인지 가장 생생하고, 성덕초에서 5년간의 많은 실패와 성공의 경험이 축적된 프로젝트여서 그런지 더 애정이 갔습니다. 당시 보호자 공개수업을 한 후 보호자 분들께 소감을 받은 것이 큰 힘이 되어서 지금도 보관하고 있습니다. 그중 어떤 분은 '그동안 많은 노력과 즐거움이 있었기에 따뜻하고 자연스러운 수업이 된 것 같아 자랑스럽고 기특하다'라고 하셨습니다.

아이들이 수업을 위해서만 열심히 하는 모습을 보이는 것이 아니라 배움이 내면화된 진솔한 모습을 보이길 바랐는데, 저의 바람이 어느 정도 이루어진 것 같아 뿌듯했습니다. "글을 배우고 악기를 배우는 것보다 친구들과 함께 서로 존중하고 하나의 어떤 것을 만들었다는 것이 뭉클했다"라는 소감록에 깊이 공감했습니다. 이번 프로젝트 수업의 목표를 보호자 분들도 함께 느껴주신 것 같아 감사했고, 특히 우리 학생들에게도 무척 고마웠습니다. 학생들이 쓴 프로젝트 마무리 활동지로 보아도 학생들에게 각자 깊이는 다르지만 크고 작은 울림이 있었음을 느낄 수 있었습니다.

한 가지 무척 아쉬웠던 점은, 이 프로젝트가 1학기를 마무리하며 했던 프로젝트인데 제가 2학기에 휴직을 하는 바람에 학생들이 느낀 감정과 변화된 생각으로 어떻게 지냈는지 살펴보지 못한 점입니다. 분명 잘했을 텐데 옆에서 지켜보지 못한 것이 아쉽고 미안했습니다. 감사하게도 당시 4학년 친구들은 그 후로도 잘했고, 현재도 잘 성장하고 있다는 이야기를 많이 들었습니다. 학생들의 이런 멋진 모습이야말로 다양한 프로젝트 수업을 통해 장점이 극대화되고 부족한 부분은 보완되는 가운데 갖춰지는 거라고 믿습니다.

저는 성덕초에서 근무하면서 학교 교육의 위대한 힘을 느낄 수 있었습니다. 이 소중한 경험이 저에게 큰 자산이 되었고, 지금도 그때의 감정과 생각으로 매해 만나는 우리 아이들에게 최선을 다하려 합니다. 앞으로도 많은 학교에서 이런 프로젝트 수업을 통해 학생들과 호흡하며 학생의 올바른 성장을 이끌어가면 좋겠습니다.

삼천리 화려강산

이원효(교사)*

주제명	삼천리 화려강산	핵심 역량/가치	(역량) 자기관리, 지식정보처리, 협력적 소통, 공동체 역량 (가치) 배려, 공감, 소통, 독서

핵심 활동 내용	관련 성취 기준 (2022 개정 교육과정에 맞춤)

핵심 활동 내용

▶ 프로젝트 오리엔테이션 & 책과 친해지기 (4차시)
- 프로젝트 목표 및 진행 방식 소개 국1
- 온작품 읽기 첫째 챕터 '산들이의 봄 일기' 함께 읽어보기 및 소감 나누기 국1
- 우리나라 지리에 대한 사전 지식 나누기 — '숲속을 걸어요' 노래 함께 불러 보기 음1
- 온작품 읽기 둘째 챕터 '산들이의 여름 일기' 함께 읽어보기 및 소감 나누기 국1

▶ 대한민국의 영역과 위치 탐구 (5차시)
- 대한민국의 영토, 영해, 영공 이해하기 사1
- 대한민국의 위치(위도와 경도, 반도 지형) 살펴보기 사1
- 온작품 읽기 셋째 챕터 '산들이의 가을 일기' 함께 읽어보기 및 소감 나누기 국1
- 팀별 조사 지역 선정 사1
- 팀별 조사 지역 기본 정보 정리 사1

▶ 대한민국의 자연환경 탐구 (5차시)
- 대한민국의 지형(산맥, 하천, 평야, 해안) 살펴보기 사1
- 우리나라의 기후 특징 탐구 사1
- 온작품 읽기 넷째 챕터 '산들이의 겨울 일기' 함께 읽어보기 및 소감 나누기 국1
- 자연재해와 우리나라 국1
- 팀별 지역의 자연환경 조사 및 정리 — 조사한 내용을 발표 자료(PPT 등)로 제작 미1

▶ 대한민국의 인문환경 탐구 (4차시)
- 우리나라 인구 구성과 분포 살펴보기 사1
- 우리나라 교통망 탐구 사1
- 지역별 산업 구조 살펴보기 사1
- 팀별 지역의 인문환경 조사 및 정리 — 발표 자료(포스터, 브로슈어, PPT 등) 제작 미1

관련 성취 기준 (2022 개정 교육과정에 맞춤)

[6국01-05] 자료를 선별하여 핵심 정보를 중심으로 내용을 구성하고 매체를 활용하여 발표한다.

[6국03-03] 체험한 일에 대한 감상을 나타내는 글을 쓴다.

[6국03-05] 쓰기 과정을 점검·조정하며 글을 쓰고, 글 전체를 대상으로 통일성 있게 고쳐 쓴다.

[6국05-01] 작가의 의도를 생각하며 작품을 읽는다.

[6국05-06] 작품을 읽고 자신의 삶과 연관 지어 성찰하는 태도를 지닌다.

[6사01-01] 우리나라 산지, 하천, 해안 지형의 위치를 확인하고 지형의 분포 특징을 탐구한다.

[6사01-02] 독도의 지리적 특성과 독도에 대한 역사 기록을 바탕으로 영토로서 독도의 중요성을 이해한다.

[6사02-01] 우리나라의 계절별 기후 특징을 자료에서 탐구하고, 기후변화로 인한 자연재해의 심각성을 이해한다.

[6사02-02] 우리나라의 지역별 인구 분포의 특징을 알아보고, 이에 따른 문제점과 해결 방안을 탐색한다.

<table>
<tr><th>핵심 활동 내용</th><th>관련 성취 기준
(2022 개정 교육과정에 맞춤)</th></tr>
</table>

▶ 1박 2일 여행 코스 기획 (4차시)
- 팀별 여행 코스 초안 작성 국1
- 여행 일정표 및 예산 정리 사1
- 여행 코스 발표 자료 제작 미1
- 모의 여행 설명회 진행 국1

▶ 프로젝트 발표 & 우수 여행 코스 선정 (2차시)
- 최종 여행 코스 발표 국1
- 우수 여행 코스 선정 및 체험 학습 준비 — 〈여행을 떠나요〉 노래
  함께 불러 보기 음1

▶ 1박 2일 체험 학습 (14차시)
- 체험 학습 전 사전 준비 — 역할 분담(사진 기록, 인터뷰 담당,
  일정 진행 등) 사2
- 1일차: 자연환경 탐방, 역사 문화 탐방, '행복한 여행 사진 공모
  전' 사진 찍기 사3 미2 체1
- 2일차: 산업 및 교통 체험, 지역 사람들과 인터뷰 국3 사2 자1

▶ 체험 학습 정리 및 기행문 작성 (8차시)
- 체험 학습 소감 나누기 & 주요 내용 정리 사1
- 기행문의 특징 및 구성 이해하기 — '구석구석 우리나라- 지리
  여행' 책 되짚어 보기 국1
- 기행문 초안 작성 (체험 내용 정리) 국1
- 기행문 수정 및 보완 (생생한 표현, 감상 추가) 국1
- 기행문 발표 및 피드백 나누기 국1
- 최종 기행문 완성 & 기행문집 제작 '행복한 여행 사진 공모전'
  사진 전시 미1
- 팀별 프로젝트 최종 정리 & 발표 '행복한 여행 사진 공모전'
  우수작 선정 미1
- 프로젝트 전체 돌아보기 및 소감 나누기 자1

관련 성취 기준 (2022 개정 교육과정에 맞춤)

[6미01-04] 이미지가 나타내는 의미를 비판적으로 이해하고 느낌과 생각을 전달하는 데 활용할 수 있다.

[6미02-05] 미술과 타 교과의 내용과 방법을 융합하는 활동을 자유롭게 시도할 수 있다.

[6음01-02] 음악 요소를 살려 노래나 악기로 발표하고 과정을 돌아본다.

[6음01-04] 간단한 형태의 연주를 준비하여 생활 속 음악 활동에 참여한다.

* 2016년, 2025년~ 본교 교사로 근무.

1. 프로젝트 계획 의도

5학년 사회 1단원은 '국토와 우리 생활'이다. 단원의 핵심 개념은 위치와 영역(위도, 경도, 영역, 영토, 영해, 영공), 자연환경(산지, 하천, 해안, 섬, 평야, 기후, 기온, 강수량, 자연재해-황사, 가뭄, 홍수, 폭설, 태풍, 한파), 인문환경(인구 구성, 인구 피라미드, 인구 밀도, 인구 분포, 도시, 산업구조, 교통)이 있다. 어느 하나 빼놓고 지나가기 어려운 중요한 개념들이다. 하지만 이런 개념들을 잘 안다고 해서 국토를 소중히 여기고 사랑하는 마음을 키우기는 어려운 게 현실이다. 그래서 교과서에 수록된 선택 활동 중 '국토 사랑 여행 계획 세우기'라는 활동을 통해 국토를 걸으며 '삼천리 화려강산'이라는 애국가 가사처럼 국토의 아름다움을 몸과 마음으로 느껴보는 프로젝트를 계획했다. 아울러 국어 교과의 기행문 쓰기 단원과 미술 교과의 사진 단원을 통합하여 국토 탐방 여행에서 아름다운 국토의 사진을 찍어서 함께 나눠보고, 여행을 다녀와서 보고 느낀 점들을 기행문으로 쓰고 발표하는 활동을 통해 국토를 사랑하는 마음을 키울 수 있도록 했다.

겨울방학에 프로젝트 수업을 기획하며 교과서를 살펴보니 지리와 관련된 다양한 개념을 배우는 것에 치중되어 있어 우리나라의 다양한 지역의 지리와 역사에 대해 세부적으로 배우기는 어렵다는 생각이 들었다. 그래서 교과서에서 자세히 다루지 못하는 부분을 보완하기 위해 우리나라 지리책들을 찾아보았는데, 사진과 함께 딱딱한 문체로 설명하는 여행 가이드북 같은 책들이 대부분이었다. 이왕이면 학생들이 주인공이 되어 우리나라를 여행하는 내용의 동화 같은 작품을 찾아보았는데, 눈에 들어온 책 두 권이 있었다. 한 권은 『구석구석 우리나라 지리여행』으로, 서울에 살던 5학년 산들이가 어머니가 아파서 돌봐주기 어려워 할머니 집이

있는 군산으로 내려갔다가 군산에서 만난 친구 민호, 준서와 살구꽃아저
씨와 여러 지역을 여행하게 된다는 내용이다. 다른 한 권은『손으로 그려
봐야 우리 땅을 잘 알지』라는 책인데, 희원이와 윤재가 여름 방학을 맞아
할아버지와 기차와 버스를 타고 전국을 일주하는 내용을 역할극 대본 같
은 대화체로 구성했다.

　　모두 내용은 좋았지만 두 번째 책을 선택했다. 이론 수업만 하다 보면
지루해질 수 있는데 연극처럼 신나게 대화하며 배울 수 있다니 학생들이
좀 더 즐겁게 배울 수 있으며, 손으로 그려보고 색칠할 수 있는 지도 부
록책이 별도로 구성되어 있기 때문이다. 2만 원 정도인 책값이 부담스럽
긴 했지만, 학교 도서 구입 예산이 학급당 50만 원씩 배정되어 온작품읽
기 도서를 구입했고, 교과서의 이론적인 내용을 놓칠까 봐 '오사공'이라는
부교재까지 구입하고 나서야 프로젝트 수업을 시작할 수 있었다.

2. 프로젝트 과정

소주제 1: 손으로 그려봐야 우리 땅을 잘 알지!

"선생님, 본초자오선이 뭐에요?"

"북극과 남극을 잇는 선 중에서 영국 그리니치 천문대를 지나는 선을
본초자오선이라고 해. 경도와 시간대의 기준이 되는 선이지."

"선생님, 영해가 12해리까지라고 하셨는데, 서해와 동해의 영해의 모습
이 다른데요?"

"서해와 남해에는 섬이 많아서 가장 바깥에 위치한 섬을 직선으로 그
은 선을 기준으로 하고, 동해에는 섬이 거의 없어서 썰물일 때의 해안선

을 기준으로 12해리(22km)까지가 영해란다."

사회 교과서를 펼치고 국토의 위치와 영역에 대해 배우다 보면 어려운 용어와 설명에 질문이 쏟아진다. 3학년과 4학년에서 우리 고장 논산, 충청남도의 생활을 배우며 지리 학습을 했지만 5학년 사회과 내용이 전 학년에 비해 부쩍 어려워진 탓이다. 거기에다 '오사공' 부교재로 배운 내용을 다시 정리하다 보면 고개를 절레절레 흔들거나 머리를 쥐어뜯는 학생들도 있다. 오사공 부교재 숙제를 도와주시던 한 학생의 아버지께서도 초등학교 사회가 너무 어려운 거 아니냐고 했다고 하니, 어렵긴 어려운 모양이다.

"자, 이제 우리 땅 책도 공부해 볼까?"

"에휴, 살았다. 선생님, 그런데 우리 여행 계획은 언제 짜요?"

"응, 교과서랑 우리 땅 책 다 배우면 그때 여행 계획 세워야지."

"윽, 이 많은 걸 언제 다 해요? 선생님, 우리 여행 갈 수 있긴 한 거에요?"

"열심히 책만 보다가 못 가는 거 아니죠?"

"하하, 애들아. 책 내용이 많긴 해도 열심히 하다 보면 어느새 다 할 수 있을 거야."

사회책과 '오사공' 부교재만으로 수업을 했다면 학생들은 사회 과목을 어렵고 고리타분하게만 여겼을지도 모른다. 다행히 『손으로 그려봐야 우리 땅을 잘 알지』라는 온작품읽기 책은 가뭄에 단비 같은 역할을 했다. 책은 주로 역할극처럼 대화로 구성되어 있어 네 명이 한 모둠인 학생들이 돌아가며 읽기에 적당했다. 인물 세 명과 해설자가 돌아가며 재미나게 이야기를 읽다 보면 먼 강원도 여행도 한 시간 만에 다녀올 수 있었다.

"선생님, 저 작년 여름에 가족들과 강원도로 3박 4일 여행 갔었어요."

"그래? 그럼 강원도 어디어디를 다녀왔는지 친구들한테 이야기해줄 수 있겠니?"

이렇게 가족들과 여행 갔던 이야기, 명절에 친척집에 갔던 이야기가 더해지니 좀 더 흥미를 느끼는 것 같아 학생들에게 여행 일기 과제를 내주고, 사회 시간에 발표하게 했다. 여행 일기 과제는 기행문 쓰기와 자연스럽게 연결되어 기행문을 어떻게 써야 하는지 짚고 넘어갈 수 있었다. 서울에서 시작한 남매와 할아버지의 전국 일주 이야기는 제주도까지 전국 일주를 마치고 파주 통일전망대에서 북한 땅 이야기를 하면서 마무리되었다. 끝나지 않을 듯한 지리 공부가 마무리되자 학생들은 한목소리로 외쳤다. "선생님, 이제 우리 정말 여행 가는 거 맞죠?"

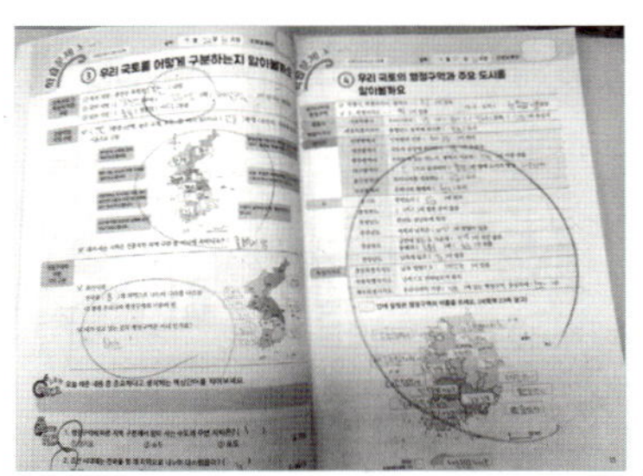

부교재 '오사공'

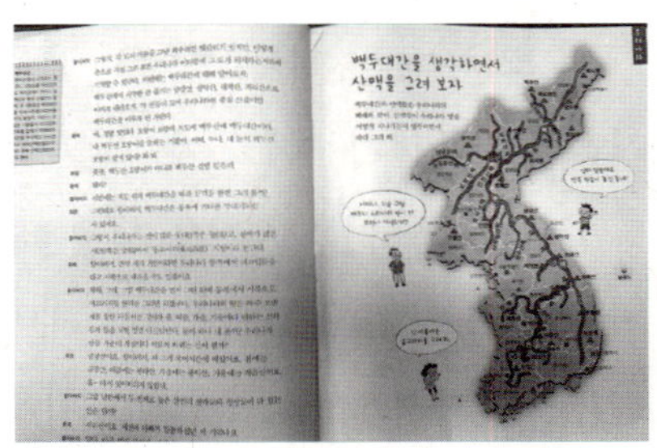

『손으로 그려봐야 우리 땅을 잘 알지』

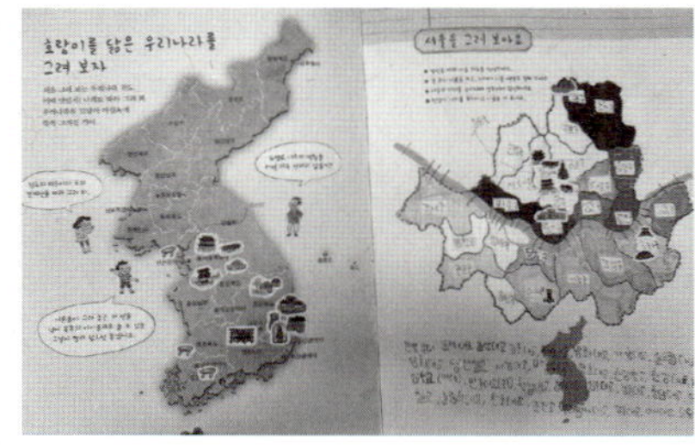

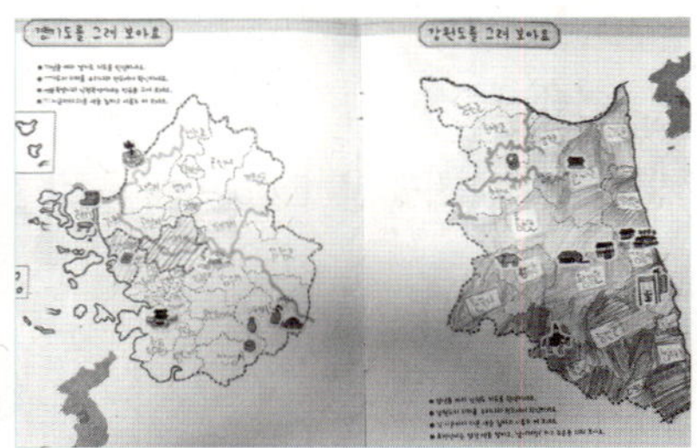

우리 땅 워크북

"그래, 얘들아. 한 달 넘게 우리나라를 둘러보느라 고생 많았다. 이제 우리나라에 대해 좀 알겠니?"

"네. 선생님. 전에는 광주가 전라도에만 있는 줄 알았는데, 경기도에도 있다는 걸 알았어요."

"이름만 듣고 충청남도와 충청북도가 다른 곳들처럼 위아래로 붙어 있는 줄 알았는데, 그려보면서 좌우로 붙어 있다는 걸 알게 되었어요."

한 달 넘게 교과서와 우리 땅 책을 넘나들며 각 시도별 지형의 특징과 문화재, 축제 등을 배운 보람이 있었다.

"자. 그럼 모둠별로 여행 계획을 세워볼까?"

"네. 선생님, 그런데 부산이나 경주처럼 먼 곳으로 가도 괜찮나요?"

"응. 가능하긴 한데, 1박 2일 일정인 경우 부산처럼 가는 데만 네다섯 시간이 걸리면 아무래도 여행지를 많이 둘러보기 어렵겠지?"

학생들에게 여행 계획을 세울 때 먼저 어떤 지역으로 가고 싶은지를 정하고, 다음으로 그 지역에서 가보고 싶은 곳과 먹고 싶은 음식, 자고 싶은 숙소까지 토의해서 정한 후 마지막으로 목적지 간 거리와 이동 시간을 고려해 동선을 짜보도록 안내했다. 입장료, 체험비 등의 비용도 조사한 후 미리캔버스라는 프로그램을 활용해서 발표 자료를 제작하게 했다. 처음에는 여행지를 시도별로 나누어줄까도 했지만, 가고 싶어 하는 지역일수록 적극성이 잘 발휘될 수 있다는 생각에 여행지 선택은 자유에 맡겼다.

"얘들아. 여행지는 정했니?"

궁금해서 여행지를 물었는데, 네 모둠 모두 전라남도 여수라고 했다.

"네 모둠 다 여수라고?"

다양한 지역이 여행지로 선택되길 바랐던 기대와 달리 학생들의 선택은 만장일치로 여수였다.

이유를 물으니 여수에는 멋진 바닷가도 있고, 케이블카나 루지도 탈 수 있고, 맛집도 많아서라고 했다. 몇몇 다른 지역을 권하기도 했지만, 학생들은 유행처럼 여수에 푹 빠져 있었기에 모두 여수를 여행지로 여행 계획을 세우기로 했다.

며칠 동안 학생들은 여행 계획을 짜느라 중간놀이 시간, 점심시간에도 모여서 이야기를 나눴다.

"둘리 모둠의 여수 여행 계획을 발표하겠습니다. 우선 첫날 논산역에서 여수엑스포역까지 기차로 갑니다. 여수에 도착해서 역에서 가까운 여수아쿠아플라넷으로 갑니다. 그러고 나서…"

이어서 다른 모둠들도 차례로 교실 앞쪽으로 나와서 전자칠판에 띄워진 자료를 보며 발표를 이어 갔다. 교장, 교감선생님 앞이라 그랬는지 연습할 때보다 많이 긴장한 모습이 역력했다.

"열심히 배운 우리 국토를 몸소 느껴보기 위해 친구들과 궁리하고 결정해서 발표까지 하느라 모두 수고 많았습니다. 멋진 여행이 될 수 있도록 교장선생님이 응원하겠습니다."

참관하신 세 분과 나의 의견을 종합하여 여행 일정의 적절성, 발표의 효과적인 전달력 등을 기준으로 순위를 매겼다. 발표 지역이 다르면 1위 모둠의 코스대로 가려고 했지만, 여행지가 모두 겹치면서 1위는 여행지 세 곳, 2위 모둠은 두 곳, 3, 4위 모둠은 한 곳씩 정할 우선권을 주었다. 그런데 변수는 날씨였다. 너무 더워지기 전에 가려 했으나 6월 장마 기간을 피하다 보니 7월 10~11일로 일정이 정해져서 무더위가 예상되었다. 그래서 되도록 야외보다는 실내 장소를 일정에 포함시키게 되어 여수의 아름다운 자연환경을 맘껏 누비지 못하게 된 것이 아쉬웠다.

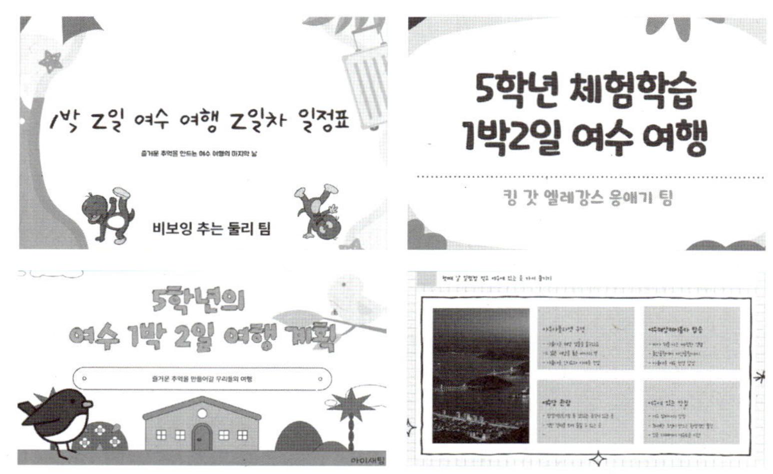

여수 여행 계획 발표 자료

소주제 3: 여행을 떠나요~

"푸른 언덕에 배낭을 메고 황금빛 태양 축제를 여는~"

2025년 7월 10일. 드디어 우리는 이른 아침부터 작열하는 햇살을 피해 논산역에 모였다. 배웅 나오신 학부모님들, 교감선생님과 인사를 나누고 여수행 KTX 기차에 몸을 실었다. 요즘은 여행 갈 때 승용차를 많이 이용하는 편이라 기차 타는 것은 흔치 않은 경험이다. 친구들과 기차 타는 것이 모두 처음이기에 출발의 설렘이 가득한 사진들을 남기고 자리에 앉았다. 넓은 창으로 시원한 바깥 풍경을 볼 수 있어 좋았다.

시원한 에어컨 바람을 맞으며 창밖 풍경을 감상하다 보니 어느새 기차는 여수엑스포역에 도착했다. 우리는 여수엑스포역 바로 앞의 여수 아쿠아리움으로 향했다. 이곳에서는 형형색색의 화려한 물고기들과 수달, 바다사자 등의 다양한 동물들이 우리를 맞아주었다. 그중에서 우리의 눈과 귀를 사로잡은 건 무시무시한 이빨을 지닌 상어도, 뒤뚱뒤뚱 걸어가는 모습이 우스꽝스러운 펭귄도 아니라 흰색 돌고래 벨루가였다. 물속에서 헤엄치며 공을 가지고 노는 모습이 인상적이지만, 우리를 가장 놀라게 한 것은 벨루가의 울음소리였다. 처음 듣는 사람은 반사적으로 귀를 막을 정도였다. 특히 벨루가는 어린이를 좋아해서 그런지 학생들 앞으로 다가와 재롱도 부리고 시끄럽게 울어 댔다. 한참을 벨루가와 교감하고 나서야 학생들은 아쿠아리움 1층 식당으로 향했다. 점심 메뉴는 돈까스와 불고기덮밥이었는데, 허기진 배를 채우는 데는 충분했다.

점심을 맛있게 먹고 향한 곳은 아쿠아리움에서 가장 큰 대형 수족관 앞. 이곳에서 1시 20분에 인어공주 공연이 있다. 엄청나게 큰 대형 수족관에서 인어공주로 분장한 잠수부들이 사람만 한 바다거북과 사람보다 훨씬 큰 가오리들 사이로 헤엄치는 모습은 장관이었다. 자리를 가득 메운 관객들과 우리 학생들은 난생처음 보는 인어공주의 아름다운 유영에 감탄하며 연신 사진을 찍어댔다. 공연이 끝난 뒤 큰 수족관 앞에서 기념사진을 찍고 들른 곳은 기념품점. '참새가 방앗간을 그냥 지나치랴.'라는 속담처럼 폭신폭신한 벨루가 인형을 보고 지나칠 수 있는 동심이 얼마나 될까. 학생들은 저마다 마음에 드는 인형들을 손에 쥐고 나서야 아쿠아리움을 나설 수 있었다.

한참 동안 바닷속 세계에 빠져 있던 우리가 다음으로 향한 곳은 루지 테마파크. 버스로 30분 쯤 걸려 도착한 뒤, 실내서바이벌을 하기 위해 별관으로 이동했다. 너무 덥지만 않으면 야외에 있는 놀이기구를 타려고 했지만, 뜨겁게 달궈진 놀이기구를 타는 것보다는 시원한 실내에서 적들의 레이저를 피해 정신없이 뛰어다녀야 하는 서바이벌 체험을 선택했다. 다섯 명씩 네 팀으로 나눠 개인전과 단체전을 한 번씩 하고 나니 이마에 땀이 송글송글 맺혔다. 시원한 물로 목을 축이고 루지를 타기 위해 본관으로 이동했다. 숨이 턱턱 막힐 듯하던 한낮의 열기는 오후 4시가 넘어가니 제법 견딜 만해졌다. 탑승 방법에 대한 안전교육이 끝나자 루지에 앉아 있던 우리는 고삐 풀린 말처럼 신나게 비탈길을 내달렸다. 제법 빠른 속도 때문인지 기대하지 않았던 시원한 바람까지 느낄 수 있었다. 두 번의 탑승 기회가 아쉬울 정도로 학생들은 신나게 즐기는 모습이었다.

즐거울수록 시간은 빨리 간다고, 어느새 시계는 다섯 시를 가리키고 있었다. 더위를 잠시 잊게 해줄 시원한 냉면과 김치볶음밥으로 저녁 식사를 맛있게 한 뒤, 여수의 명물 여수 해상케이블카를 타러 가려고 버스에 올랐다. 여느 바닷가와 비슷하던 여수가 전국적으로 인기 있는 여행지가 된 비결을 두 가지만 꼽으라면 〈여수 밤바다〉라는 노래와 '여수 해상케이블카'라고 한다. 탑승 시간이 저녁 6시 반쯤이라 밤바다를 볼 수 없었지만, 〈여수 밤바다〉를 들으며 투명한 크리스탈 캐빈 아래로 여수의 바다를 만끽할 수 있었다. 다채로운 여수의 매력에 푹 빠져 있던 우리는 거북선대교를 뒤로하고 숙소로 향했다. 돌산읍에 위치한 블루망고리조트인데, 여행 계획 발표에서 1등을 한 둘리 모둠이 선택권을 두 개나 사용하여 정한 곳이다. 숙소의 특징 중 하나가 큰 수영장이 두 개나 있다는 것이었다. 예상보다 조금 일찍 도착한 우리는 객실에 짐을 풀고 한 시간가량 야간 수영까지 즐기고서야 잠들었다.

둘째 날 아침이 밝았다. 객실에서 간단히 조식을 마치고 이순신 장군의 발자취를 느낄 수 있는 진남관으로 갔다. 진남관 아래 전시관에서, 여수 앞바다에서 해군을 진두지휘하며 왜군을 물리친 이순신 장군의 활약

상에 대해 해설사 선생님의 설명을 들었다. 진남관에 올라 여수 앞바다를 바라보니 가슴 한편이 뭉클해졌다. 웅장한 진남관을 한 바퀴 돌고 내려와 우리는 이열치열 화끈한 마라탕을 먹으러 갔다. 본인들이 고른 메뉴여서인지 더 맛있게 먹은 것 같다. 마라탕을 먹고 도보로 5분쯤 이동해 도착한 곳은 방탈출 카페.

협동심을 발휘해서 힘을 합쳐 문제를 풀다 보니 한 시간이 금세 지나갔다. 방탈출 카페를 나와서 여수엑스포 안의 아르떼뮤지엄으로 향했다. 어둠 속에서 시시각각 변하는 화려한 빛의 향연이라 할 수 있는 미디어아트 관람을 끝으로 모든 일정을 마무리하고 1박 2일간의 추억이 듬뿍 담긴 여수를 뒤로 한 채 논산행 KTX 기차에 올랐다. 나도 아이들도 마음속에 오래도록 남을 것만 같은 생각에 가슴이 먹먹해졌다.

논산역에서

기차 안에서

여수 아쿠아플라넷 앞에서

루지 테마파크

루지테마파크에서

케이블카를 타고 나서

야간 수영

진남관에서

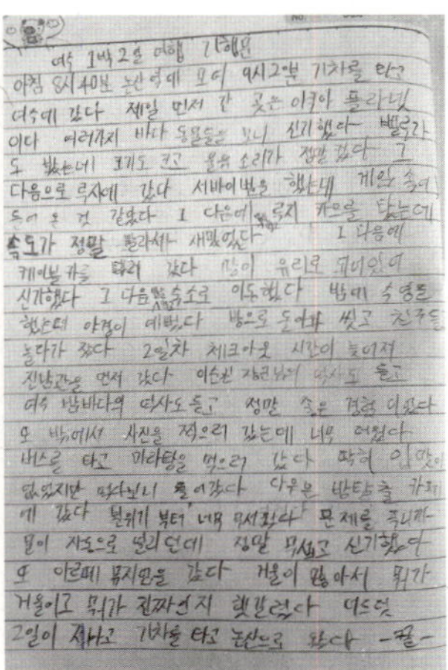

한 학생의 기행문

3. 프로젝트를 마치며

'백문 불여일견'이라는 고사성어는 백 번 듣는 것이 한 번 보는 것만 못하다는 뜻이다. 이를 학교 현장에 적용하면 '두 눈으로 확인하는 것이 교실에서 책으로 보는 것보다 낫다'라고 할 수 있다. 이번 '삼천리 화려강산' 프로젝트를 통해 학생들은 무엇을 보고 느꼈을까?

"선생님, 제가 친구들과 1박 2일로 여행을 오다니 꿈만 같아요."

"우리가 계획한 대로 여행을 다녀서 더 재미있어요."

"어려운 지리 공부를 역할극으로 해서 재밌었어요."

"책, 사진이나 영상으로만 보던 여행지를 직접 와서 보니 기억에 오래 남을 거 같아요."

프로젝트의 마무리 학습은 기행문 쓰고 발표하기였는데, 학생들의 기행문에 따르면 이번 프로젝트 학습에 대한 만족도는 매우 높은 편이었다. 교사가 주도해서 여행 계획을 세워서 떠나는 여느 현장학습과 달리 '삼천리 화려강산' 프로젝트는 학생들이 주도적으로 계획을 세우고 최대한 학생들의 의견을 반영하여 현장학습을 다녀왔기 때문인 것 같다. 그리고 글쓰기를 어려워하던 학생들도 평소보다 두 배 이상 길게 쓴 것을 보면 좋은 글을 쓰는 가장 좋은 방법은 기억에 남을 좋은 경험을 하는 것이 아닐까?

이번 프로젝트를 진행하며 가장 어려웠던 점은 '성덕초에서 6학년이 아닌 5학년이 1박 2일 체험학습을 간 적은 스키캠프 외에는 없었다.'라는 선입견과 맞서는 것이었다. 물론 겨울방학에 1박 2일 체험학습을 포함한 프로젝트 수업을 계획하고 동료 교직원분들과 공유하는 자리에서 어느 정도 예산이 따를 것 같다는 내용을 미처 알리지 못한 나의 책임도 있다. 그래서 학기말 교육과정 평가회를 통해 예산이 많이 드는 프로젝트 학습은 방학 중의 교육과정 발표 및 공유 시간에 필요한 예산 규모를 산정하고 교직원들의 협의와 동의를 거쳐 실시하기로 했다. 그리고 7월이다 보니 무더운 날씨 때문에 실내 위주로 진행했는데, 교육과정 운영 기간을 앞당겨서 5~6월에 현장학습이 될 수 있게 했더라면 좀 더 다양한 곳을 둘러볼 수 있지 않았을까 하는 아쉬움도 남는다.

현장학습에는 안전 문제와 예산 부담 등 많은 제약이 따른다. 학생들에게 생생한 교육현장을 보고 느끼게 하려는 선한 의도와 달리 예기치 않은 사고라도 생길 경우 인솔교사는 학생 안전에 최선을 다했다 하더라도 책임이 따르다 보니 요즘은 현장학습 추진을 기피하는 분위기가 확산하는 실정이다. 현장학습 관련 교사들의 처지는 이러지도 저러지도 못하는 진퇴양난의 상황인 것이다. 올해 6월 21일부터 학교안전법 개정안이 시행되어 "학교장 및 교직원은 학생에 대한 학교안전사고 예방 및 안전조치 의무를 다한 경우에는 학교안전사고에 대하여 민사상·형사상 책임을 지지 아니한다"라는 신설 조항의 효력이 발생되었다. 하지만 안전사고 예방과 안전조치 의무 기준에 대한 세부 시행령이 마련되지 않아 교사들의 우려는 여전하다.

5학년 '삼천리 화려강산' 프로젝트 수업에서 이틀간의 국토탐방 현장학습은 약방 감초와도 같은 존재다. 어떤 학생에게는 힘든 공부를 지탱할 수 있는 동기가 되기도 하고, 형제가 없는 학생에게는 친구들과 형제처럼 함께 밤낮을 함께하는 소중한 기회가 되기도 한다. 안전과 재정 등의 문제에도 불구하고 믿고 지원해주신 교장선생님, 교감선생님, 행정실장님, 학부모님과 1박 2일 동안 안전한 인솔을 도와주신 양영택 선생님과 송민정 행정계장님께 감사드리며, 조속한 시일 안에 여느 학급에서든 안전에 대한 걱정 없이 학생과 교사가 즐겁고 유익한 현장학습이 이뤄질 수 있는 환경이 마련되길 바란다. 🍱

감자들의 특별한 이야기

신승훈(교사)*

주제명	감자들의 특별한 이야기	핵심 역량/가치	(역량) 자기관리, 협력적 소통, 공동체 역량 (가치) 자기 이해, 자존감, 자주성, 참여의지

핵심 활동 내용	관련 성취 기준 (2022 개정 교육과정에 맞춤)

▶ 자존감·자주성 일깨우기(14차시)

■ 자존감·자주성 일깨우기

- '감자 이야기'로 자기 의견보다 분위기에 휩쓸리는 아이들에게 자존감 일깨우기 도2

■ 나에 대해 알아보기

- 나의 특징 마인드맵으로 표현하기 국2
- 나의 감정 돌아보기 국1 도1
- 팝아트로 자화상 그리기 미2
- 올바른 삶과 도덕적 성찰의 중요성 알아보기 도2

■ 나 결정하기

- 지키고 싶은 나, 바꾸고 싶은 나의 모습 도2
- 나 자신과 친구들을 위한 성찰 해보기: 너에게/나에게 ~할게 / ~하지 않을게 도1
- 자주적 생활 약속 및 공언하기 도1

▶ 내 주변 일에 참여하기(49차시)

■ 학교로의 참여

- 교육과정 설명회: 학교의 소개할 점 이야기 나누기 국1, 다양한 매체 자료를 활용한 발표 알아보기 국2, 발표 계획 세우기 국2, 자료 수집 및 발표 자료 제작 국10
- 수학여행: 배움여행 계획 가이드라인 세우기(주제·장소·계획 시 고려할 것 등) 국2, 가이드라인에 맞게 여행 계획 세우기 국4, 여행 계획 자료 제작 국4, 계획 발표 국2

■ 가정으로의 참여

- 나와 가족, 가정의 일: 영화 〈집으로〉 감상 실6
- 간단한 생활소품 만들기 실8 - 도덕 2단원 '봉사' 내용과 연결, 생활소품 기부 등
- 안전한 식품·식사 실8

[6국01-02] 주장을 파악하고 이유나 근거가 타당한지 평가하며 듣는다.

[6국01-05] 자료를 선별하여 핵심 정보를 중심으로 내용을 구성하고 매체를 활용하여 발표한다.

[6국03-01] 알맞은 내용을 선정하여 대상의 특성이 나타나게 설명하는 글을 쓴다.

[6국03-06] 쓰기에 적극적으로 참여하며 자신의 글을 독자와 공유하는 태도를 지닌다.

[6국05-04] 인상적인 부분을 중심으로 작품에 대한 의견을 나눈다.

[6국05-05] 자신의 경험을 시, 소설, 극, 수필 등 적절한 갈래로 표현한다.

[6국05-06] 작품을 읽고 자신의 삶과 연관 지어 성찰하는 태도를 지닌다.

[6도01-01] 자주적인 삶에 대한 이해를 바탕으로 자신의 생활계획을 세우고 실천하여 주체적인 삶의 태도를 기른다.

[6도01-02] 생활 습관에 대한 성찰을 통해 자기 생활을 점검하고 올바른 계획을 세워 이를 실천한다.

[6실01-03] 건강한 가정생활을 위해 가족원 모두에게 다양한 요구가 있음을 이해하여 서로에 대한 배려와 돌봄을 실천한다.

[6실01-04] 균형 잡힌 식사의 중요성과 조건을 탐색하여 자신의 식습관을 검토해 보고 건강한 식습관 형성에 적용한다.

[6실01-05] 옷의 기능을 이해하여 평소 자신의 옷차림을 살펴보고 건강하고 적절한 옷 입기를 실천한다.

핵심 활동 내용	관련 성취 기준 (2022 개정 교육과정에 맞춤)
▶ 드림하이 (25차시) - 타이포그래피 활동으로 내가 좋아하는 것, 하고 싶은 것 나타내기 미2 - 그림글자로 내가 잘하는 것, 해야 하는 것 나타내기 미2 - 나와 우리의 성격, 흥미, 적성 생각하기 진1 - 학교로 찾아가는 교육기부 진로 코칭 진3 - 꿈 지도 그리기(도서 '생각을 성과로 바꾸는 마법의 꿈 지도') 미3 국3 - 나만의 감자 이야기를 인포그래픽으로 나타내 꿈 전시회 열기 국11 **▶ 주제 마무리 (4차시)** - 주제 평가 및 소감 나누기 국2 - 공동체 놀이 체2	**[6실01-06]** 가정 일을 수행하는 과정에서 일의 가치와 중요성을 이해하고, 가정생활 유지에 필요한 가정일의 종류를 탐색한다. **[6실01-07]** 직업의 필요성을 이해하고 적성, 흥미, 성격에 따라 진로 발달 계획을 세우며 주도적으로 탐색한다. **[6실02-04]** 식재료 생산과 선택의 중요성을 인식하고, 여러 식재료의 고유하고 다양한 맛을 경험하여 자신의 식사에 적용한다. **[6실02-05]** 음식 조리과정을 체험하여 자신의 간식이나 식사를 스스로 마련하는 식생활을 실천한다. **[6실02-08]** 다양한 도구와 재료로 간단한 생활용품을 만들어 보면서 '만들어 쓰는 즐거움'과 창의적 태도를 갖춘다. **[6미01-01]** 다양한 감각과 매체를 활용하여 자신과 대상을 탐색할 수 있다. **[6미01-04]** 이미지가 나타내는 의미를 비판적으로 이해하고 느낌과 생각을 전하는 데 활용할 수 있다. **[6미02-01]** 다양한 방법으로 아이디어를 연결하여 확장된 표현 주제로 발전시킬 수 있다. **[6미02-03]** 조형 요소의 어울림을 통해 조형 원리를 이해하고 주제 표현에 연결할 수 있다. **[6미02-04]** 주제 표현에 의지를 갖고 표현 과정을 돌아보며 작품을 발전시킬 수 있다. **[6체01-02]** 건강 체력과 운동 체력을 측정하고 자신의 체력 수준에 맞는 운동을 한다.

* 2021~2024년 본교 교사로 근무.

1. 프로젝트 계획 의도

#1. 첫 만남

"야 저기, 로보트! 로보트!"

5학년 학생들 몇몇이 쉬는 시간에 주차장 가는 길목에 앉아 있다가 출장 시간에 늦어 뛰어가는 나를 보고 낄낄대며 수근거리는 소리가 어렴풋이 들린다. 뛰어가는 모습이 그러했는지, 평소 이렇다 할 감정 없이 대하는 나의 모습에 그러했는지… 선생님을 존중하지 않는 듯한 태도에 화가 나지만 마주하고 싶지 않아 넘긴다.

시간이 지나 그 학생들은 6학년이 되었고, 나는 그들의 담임을 맡게 되었다. 학생들을 만나기 전에 미리 판단하고 선입견을 가지면 안 되지만, 이전 담임 선생님들의 조언과 이야기는 3월 첫 만남을 준비하는 데 중요한 정보가 된다. "긍정적이지 못한", "의욕이 없어 보이는", "단체 활동을 좋아하는", "말과 행동이 강한 성향의 아이들, 그리고 그 옆에 소극적인 아이들은 눈치 보며 자신들의 목소리를 못 내는"…. 내가 선입견이 있었기 때문인지 아이들 각각의 장점들에 대해서도 말씀해주셨지만 좋지 않은 피드백의 내용들만 더 강하게 받아들였을지도 모른다.

성덕초에서의 6학년은 다년간 선생님들의 노력이 들어간 프로젝트 수업으로 다양한 경험과 성장을 한 아이들과 더 깊이 있는 프로젝트 활동들을 할 수 있다는 점에서 기대감도 있었지만 아이들에 대한 선입견과 이야기들은 조금은 나를 긴장하게 했다. 이 아이들과 의미 있는 1년을 위해서는 어떤 시간을 보내야 할까 고민이 컸다.

#2. 어떤 교육과정을 운영할 것인가?

먼저 학급 교육철학을 세우는 것이 중요했다. 교육철학을 세우는 것은 내가 일관된 모습으로 목표를 갖고 교육과정을 운영해나가는 데 방향성을 제시해준다. 1년 동안 어떤 교육철학으로 교육과정을 운영할 것인가. 사춘기에 접어들고 내면이 불안정하고 흔들리는 아이들을 생각해보니, 우리는 어떤가 생각해봤다. 나는 흔들릴 때 어떠한가? 가끔 어려운 시간들이 찾아오지만 그동안의 좋았던 경험과 추억들이 그 순간을 이겨내는 데 도움이 된 것 같아 아이들도 마찬가지일 거라 생각했다. 그래서 '좋은 추억이 많은 아이는 쉽게 흔들리지 않는다'라는 교육철학으로 올해 좋은 추억을 많이 쌓아 흔들리지 않는 아이들로 성장시켜 봐야겠다는 큰 방향을 설정했다.

다음으로 교육과정의 주제에 대해 고민했다. 6학년 한 해 동안 진행할 많은 프로젝트 수업을 의미 있게 이뤄내려면 학습자 주도성을 기르는 것이 우선이라는 생각이 들었다. 활동이 주어졌을 때 '이걸 왜 해야 해요?'라고 묻거나, '굳이?'라고 되새기는 아이들, 목소리 큰 몇몇 아이들이 제시하는 의견대로 흘러가는 학급 분위기, 각자만의 색깔이 드러나지 않으며 자신감이 부족한 모습들. 이것들을 깨트리기 위해 내 삶의 주인은 '나'라는 주인 의식과 자주성, 그리고 우리의 삶을 소중히 여기고 자존감에 대한 내용을 다루기로 했고, 3월 초 첫 프로젝트 수업으로 '자존감', '자주적인 삶의 태도'를 핵심 가치로 하여 몰입해보는 주제 중심 수업을 계획하게 되었다.

2. 프로젝트 과정

#3. 자존감·자주성 찾기 프로젝트

프로젝트의 큰 흐름은 '자존감·자주성 일깨우기', '내 주변 일에 참여하기', '나의 미래 그려보기'로 이어지는 수업이었다. 먼저 자신의 모습을 객관적으로 판단해보고 올바른 성장 과정을 선택해보며, 자존감과 자주성을 일깨워보고 이를 바탕으로 가정과 학교 등 주변 일에 참여하는 활동을 통해 내 삶에 대해 주인의식을 가질 수 있게 하고자 했다. 그렇게 형성된 자존감과 주인의식을 바탕으로 나의 미래와 진로까지 생각해보고 그를 위해 올바른 방향으로 성장해 가야겠다는 의지를 길러보게 하고 싶었다. 이를 통해 좀 더 자신 있게 자신의 모습을 선택하며 능동적으로 가꾸어 가는 아이들로 성장시키는 것이 이번 프로젝트의 큰 목표였다.

소주제 1: 자존감·자주성 일깨우기

자존감·자주성 일깨우기: 감자 이야기

첫째 소주제를 의미 있게 열기 위해 이번 프로젝트의 이름이기도 한 '감자들의 특별한 이야기' 활동으로 시작했다. 일반적으로 볼 수 있는 감자들의 사진을 가져와 모둠별로 감자들에게 이야기를 만들어 보는 것이다. 감자에게 이름도 붙여보고, 어디서 태어났고, 어떤 특징이 있는지를 바탕으로 사람처럼 삶의 스토리를 만들어보게 했다. 모둠별로 흥미로운 삶의 이야기를 지닌 감자들을 만들어냈다. (특히 3개 모둠 중에서 한 모둠의 이야기가 기억에 남는데, 특별한 능력이 있는 감자가 그 능력 때문에 친구들에게 시샘을 받으며 여러 학교를 전학 다니다 성덕초등학교에 와서는 서로의 모습을 존중해주는 분위기에서 마침내 그 모습을 인정받아 당당하게 살아가는 이야기다. 학생

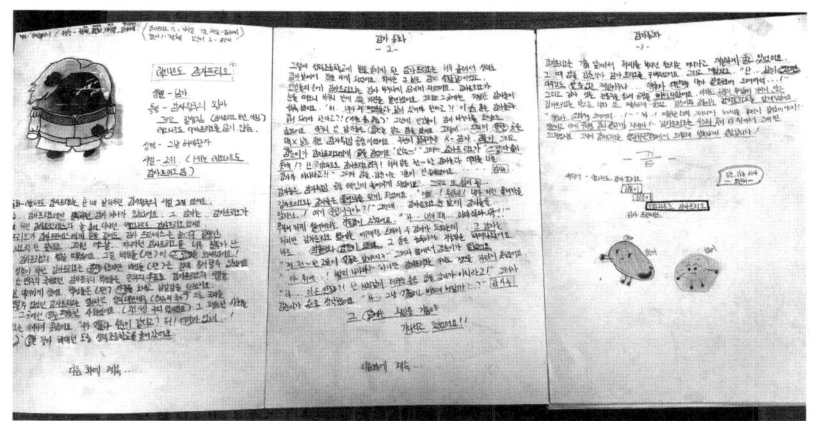

들도 성덕초에서 서로의 모습을 존중해주는 분위기에서 나다운 모습을 만들어가는 '나다움 교육과정'을 잘 이해하고 느끼고 있다는 생각이 들었다.)

이렇게 학생들과 감자의 스토리를 만들고 정리하며 자주적인 삶에 대한 이야기를 깊이 있게 나누었다. "우리가 이름 붙여주고 이야기를 만들어주기 전까지 사진 속 감자는 모두 똑같은 감자일 뿐이었다", "우리도 모두 똑같은 모습으로 시간을 흘려보내며 있을 게 아니라 우리 각자만의 특별한 이야기를 만들어 가보자", "그래서 이번 프로젝트 이름은 '감자들의 특별한 이야기'다". 이렇게 자존감과 자주성을 일깨워보는 시간으로 프로젝트를 시작하게 되었다.

나름대로 많은 걱정을 안고 6학년 아이들과 만나게 된 후 첫 프로젝트의 첫 시간이었는데, 학생들의 모습에서 많은 희망을 느끼기도 했다. 부정적이고 의욕이 없고 소극적일 거라고 생각했던 아이들의 모습 이면에 무수히 많은 장점이 보였다. '그림 잘 그리는', '창의력이 뛰어난', '손재주가 좋은', '글을 잘 쓰는', '부끄러움 없이 발표를 잘하는', '친구들을 웃기기를 좋아하는' 등 각자만의 개성이 뛰어난 아이들이었다. 그 모습을 보니 이번 프로젝트 주제를 이것으로 하길 잘했다 싶었다. 그 모습들을 스스로가 모두 느끼고 각자만의 특별한 이야기를 만들어갈 수 있기를 바라며 시작을 열었다.

나에 대해 알아보기

이렇게 주제를 열고 나서는 도덕 교과의 성찰, 자주적인 생활에 대한 내용을 중심으로 재구성하여 나에 대해 알아보고 결정지으며 성장하고 싶은 나의 모습을 생각해 보는 시간으로 구성했다.

나에 대해 알아보기 위해 '나의 특징을 마인드맵으로 표현하기', '나의 감정 돌아보기', '팝아트로 내 얼굴 그리기', '올바른 삶과 도덕적 성찰의 중요성 알아보기' 활동을 했다. 마인드맵으로 나의 특징을 표현하는 활동은 국어 교과의 내용을 재구성했고, 나의 내면적인-외면적인 모습, 좋아하는 것, 싫어하는 것, 환경 등을 나타내보게 하며 스스로를 탐색해보았다. 6년간 함께 지내온 친구들이지만 마인드맵을 발표하고 이야기 나누며 서로를 더 깊게 알아갈 수 있는 시간이었다.

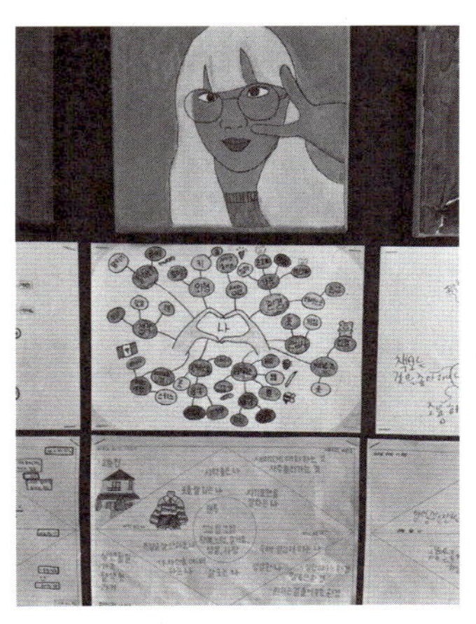

팝아트로 자화상 그리기는 이전 6학년 선생님의 활동을 보고 꼭 해보고 싶은 것 중 하나였다. 자신의 외면적인 모습을 탐색함과 동시에 스스로를 표현하고 드러내는 것에 소극적인 아이들에게 자신의 모습을 그린 그림을 학급 환경판에 게시하며 우리의 모습을 표현하고 노출하는 것에 자연스러워지게끔 하는 의도가 담겨있다. 특히 우리 반에는 그림

그리기를 좋아하고 내용을 정리하여 꾸미는 것을 잘하는 아이들이 많았고, 마인드맵 디자인과 팝아트를 진행하며 그 아이들의 작품을 칭찬해주는 분위기가 형성되었다. 이에 소극적이던 아이들이 더욱 자신감과 자존감을 갖기 시작했고, 활동들이 힘들다고 투덜거리던 아이들도 작품을 꾸미는 데 열과 성을 쏟았다. 프로젝트 학습 결과물에 대한 뿌듯함이 아이들을 더욱 의욕적이게 하며 자신감을 가질 수 있게 한다는 생각이 들었다.

나 결정하기

앞의 활동들로 스스로에 대해 알아본 후, 나의 모습을 결정하는 활동으로 '지키고 싶은 나, 바꾸고 싶은 나의 모습', '나 자신과 친구들을 위한 성찰 해보기', '자주적 생활 약속 및 공언하기' 활동을 했다. '지키고 싶은 나, 바꾸고 싶은 나의 모습' 탐색하기에서는 '환경', '감정', '모습' 3가지로 나누어 바꾸고 싶은 것과 지키고 싶은 것을 깊이 있게 생각해 보게 했다. 지키고 싶은 것으로는 '나 자신을 예뻐하는 나', '성실한 나', '행복', '노력', '즐거움', '칭찬해주는 환경'. 바꾸고 싶은 나로는 '자기표현을 잘하는 것', '짜증남', '귀찮음'… 아이들은 스스로의 모습들을 돌이켜보며 진지하게 고민했다. 지키고 싶은, 바꾸고 싶은 우리의 모습들을 살펴보며 성장해 나갈 자신의 모습을 만들어 보는 시간이었다.

소주제 2: 내 주변 일에 참여하기

앞의 활동들로 자존감과 자주성에 대한 생각을 틔웠을 것으로 보고, 이를 바탕으로 우리 주변 일에 참여해보며 삶에 대한 주인의식을 더 확고히 해보고자 했다. 능동적인 삶을 목표로 하는 이번 프로젝트에서 내 주변 일에 참여하는 이번 활동은 의미가 깊으리라 생각했다. 먼저 보호자를 대상으로 한 교육과정 설명회에 참여하여 우리 학교의 특색을 소개해보고, 6학년 수학여행 계획을 세워보며 '학교로의 참여' 활동을 구성했고, 실과 교과의 '간단한 생활소품 만들기, 안전한 식품·식사'와 관련된 내용을 재구성하여 '가정으로의 참여' 활동을 구성했다.

학교로의 참여

부끄러운 일이지만, 학교에 관심을 갖는 것은 교사로서 학교의 구성원인 나에게도 익숙지 않던 일이다. 학급 교육과정에만 신경을 써왔지, 학교 교육과정 속 유명무실한 교육 비전과 교육목표들까지 이해하고 있지 않았다. 하지만, 성덕초에서는 학습공동체 구성원들이 많은 것을 나누며 같은 방향을 바라보고 이해하고 있었다. '함께 배우며 나다움으로 성장하는 행복한 학교'라는 교육비전을 학습공동체가 함께 만들고 그것을 교육과정에 녹여내어 교육 비전을 밑바탕으로 한 모습으로 성장할 수 있게끔 해내고 있었다. 정말 학교의 모든 구성원이 '함께' 하고 있었다. 학생도 그런 환경에서 자신들이 어떤 모습으로 성장해 가는지 정확하게 이해하고 있었고, 학교 교육과정 설명회에서 학생들이 학교의 교육활동을 소개해보는 것은 학생들이 자기 삶의 주체가 될 수 있게 하는 데 도움이 되겠다고 생각했다.

국어 교과의 '다양한 매체를 활용한 발표 자료 만들기'를 바탕으로 미술, 음악 등의 교과 내용을 재구성했고, 교육과정 설명회까지 시간을 확보하기 위해 보통 3월 셋째 주에 실시하는 교육과정 설명회를 한주 미뤄서 하게 되었다. 학생들과 우리 학교의 어떤 점들을 소개하면 좋을지 이야기를 나누며 '프로젝트 수업', '다모임', '자율 동아리' 등 많은 의견이 나왔다. 당시 학교 공간 감성 꿈틀 사업으로 학교 구성원들이 함께 고민하고 만든 공간들에 대해 학부모님께 소개해드리는 게 가장 좋을 것 같다고 생각이 모아졌다.

　다음은 발표 방식이었다. 무대에 올라 무겁지 않은 우리의 생각과 목소리로 전달해 보자고 했지만, 3월 초 첫 프로젝트 활동으로 학부모님들 앞에, 그것도 무대에 서서 마이크를 잡고 발표하는 것을 생각하며 아이들은 그 부담감에 경악했다. 그래서 동영상 자료로 만들어 소개하는 것으로 방법이 정해졌고, 아이들과 다양한 매체 자료들에 대해 알아보고 자료 활용 방법을 공부한 뒤 자료 제작에 뛰어들게 되었다. 그다음부터는 아주 의욕적이었다. 영상 자료들을 찾아보며 어떤 식으로 공간 소개 영상을 만들면 더 재미있게 볼 수 있을지 궁리해보았고, 우리의 노력으로 재탄생한 공간들에 담긴 의미들을 전하고자 했다. 그렇게 만든 자료는 교육과정 설명회에서 보호자님들께 소개되었고, 많은 선생님께서 아이들에게 칭찬과 격려를 해주셨다. 아이들은 또 한 번 성취감을 느끼고 성장했을 것이다.

　학교로의 또 다른 참여는 수학여행을 주제로 한 활동이다. 이전 6학년 선생님들도 해오신 활동이고, 그것을 보며 학생들의 자주성을 기르기 위한 활동으로 제격이겠다 생각하며 이번 프로젝트를 구성하게 되었다. 먼저 학생들과 이야기 나누며 가보고 싶은 수학여행지를 정했다. 부산, 경주, 서울, 여수, 순천, 제주도 등 다양한 지역들에 대한 의견이 나왔다. 그다음에는 다양한 교과서를 펼쳐보며 그 지역에 가면 어떤 주제로 수학여행을 다녀올 수 있을지 생각해 보았다. 최종적으로 학생들과 고른 지역은 부산과 제주도로, 부산은 '대도시의 문화 및 볼거리를 통해 느껴보는 대한민국의 경제발전', 제주도는 '제주 4·3사건을 통해 알아보는 민주주의 발전 과정', '제주도에서 느껴보는 자연의 아름다움' 등을 주제로 하여 다

녀오기로 했다.

　최종적으로 학생 및 학부모 설문 결과 11명 전원이 제주도를 선택하여 그간의 궁리와 노력이 무색해지긴 했지만, 함께 많은 논의를 거쳐 수학여행지를 선택했다. 그 뒤에는 모둠별로 2박 3일의 수학여행 계획을 세웠고, 발표를 통해 가장 합리적이고 계획적인 모둠의 계획을 더 발전시켜 우리 학급의 전체적인 계획으로 완성했다. 학교운영위원회에 학생들이 PPT 자료를 넘기며 운영위원들에게 이 계획을 소개했고, 심의 과정을 거쳐 수학여행을 다녀오게 되었다. 떨리는 목소리에 미흡한 점도 있었지만 이런 학생 주도적인 활동들에 대해 행정실장님도, 운영위원님들도 이해해주셨기에 학생들이 세운 계획에 대해 존중해주셨고, 아이들은 그렇게 모두가 함께 만들어주시는 안전한 울타리 안에서 자신들의 역량을 마음껏 펼치고 있었다.

가정으로의 참여

학교와 더불어 학생들이 가장 많은 시간을 보내는 곳인 가정으로의 참여는 실과 교과 내용을 바탕으로 구성했다. 오래된 영화지만 지금 보아도 가족의 소중함을 느낄 수 있는 〈집으로〉 영화를 감상하며 '나와 가족, 가정의 일'을 알아보았다. '간단한 생활소품 만들기'는 도덕 교과의 봉사 단원과 연결 지어, 수업 후에도 배운 것을 활용하여 꾸준히 생활소품을 만들어 기부하는 방향으로 계획했다. 교사의 재능이나 그 내용에 대한 흥미가 아이들에게 많은 영향을 끼침을 다시금 느낄 수 있었다. 실과 바느질을 이용한 활동에 교사인 내가 흥미가 없다 보니 꾸준히 만들어 기부해 보는 것까지는 이어지지 못했다. 이어서 '안전한 식품·식사' 활동에서는 학생들과 김밥을 만들어 보고 6학년의 멘티 학년인 1학년 동생들과 나누어 먹으며 즐거운 추억을 만들어갔다.

소주제 3: 드림하이

이번 자존감·자주성 찾기 프로젝트의 마지막은 앞선 활동들로 일깨운 우리의 자존감과 자주성을 바탕으로 우리의 미래 모습을 그려나가 보는 것이다. 내가 성장해 가고 싶은 모습을 떠올려보고 목표를 세워보면 '이걸 왜 해야 할까?'라고 끊임없이 필요성을 찾는 우리 반 친구들에게 그 '해야 하는 이유'를 만들어 줄 것이고, 현재의 삶에 더 자주적인 모습으로, 참여적인 모습으로 성장하고자 노력하지 않을까 하는 생각이었다.

주로 미술, 창의적체험활동, 진로활동을 중심으로 이번 활동들을 구성했다. 미술 교과에 나오는 디자인 관련 내용에서 타이포그래픽, 그림글자 등으로 내가 좋아하는 것, 하고 싶은 것, 잘하는 것, 해야 하는 것 등을 표현해보았다. 진로활동으로는 교육지원청에서 지원해주는 학교로 찾아가는 교육기부 진로코칭 프로그램을 활용했다. MBTI를 활용한 성격유형 검사도 해보고 그에 어울리는 직업들도 살펴보며 우리의 흥미와 적성들에 대해 생각해 보았다.

꿈 지도 그리기, 꿈 전시회 열기

R=VD(Realization = Vivid Dream). 『꿈꾸는 다락방』에 나오는, 생생하게 꿈꾸면 이루어진다는 마법의 공식이다. 이 책에서는 '무의식적 사고의 힘', '시각화의 힘'이라고도 부른다. 진로활동의 정리 활동을 고민하다가, 이것을 조금 더 발전시킨 듯한 내용이 눈에 띄었다. '생각을 성과로 바꾸는 마법의 꿈 지도'라는 책이었다. 내가 이뤄내고 싶은 삶의 전체적인 목표 및 방향성을 설정한 뒤, 현재의 나와 미래의 나의 모습을 그려본다. 그리고 변하기 위해 해야 할 큰 3가지 행동 목표를 설정해 이것들을 지도처럼 그림으로 그린다. 책에는 "기껏 그렸는데 꿈이 안 이루어지면 어떡하죠?"라는 질문에 대한 답도 제시되어 있다. '여행을 갔는데 누가 더 많은 관광지를 갔는지, 더 좋은 루트로 여행을 했는지는 중요하지 않다. 얼마나 편안한 마음으로 여행을 즐겼는지, 얼마나 근사하고 풍성한 에피소드를 만들었는지가 중요하다. 꿈 역시 마찬가지이며, 꿈을 얼마나 빨리 성취하는지가 아니라, 어떤 과정을 통해 이루고 있는지 스스로 다독이고, 작은 성취들에 집중하다 보면 모든 순간이 소중한 시간으로 채워진다.' 이 답을 학생들과 이야기 나누며 마지막 진로활동의 정리 작업인 꿈 지도 그리기를 시작했다. 아이들이 꿈꾸는 미래의 모습들이 지도에 채워졌고, 서로의 꿈 지도를 보고 이야기 나누는 순간은 마치 10년 뒤, 20년 뒤의 우리가 그 자리에 모여 앉아 있는 기분이 들었다.

이 모든 활동을 마치고 우리는 그동안의 프로젝트 활동에서 만들어온

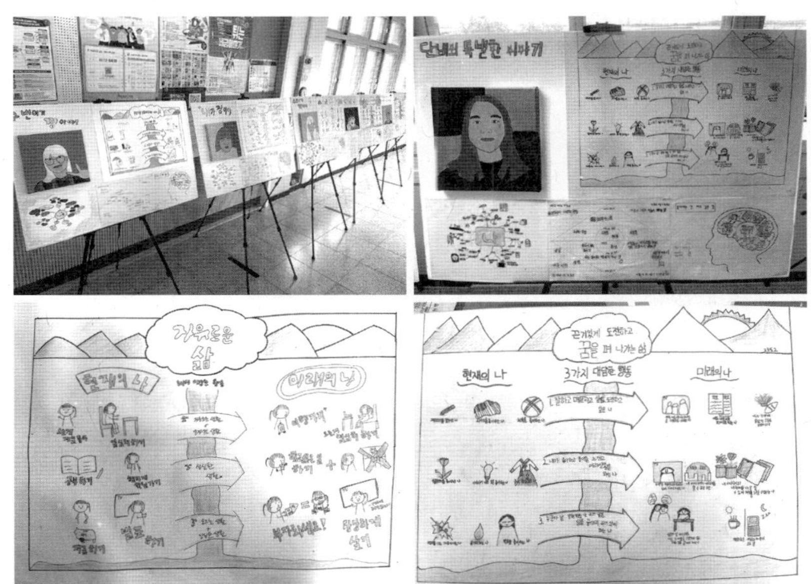

나만의 감자 이야기를 모아 인포그래픽으로 나타내 꿈 전시를 하기로 했다. 큰 하드보드지에 '나에 대해 알아보기', '나 결정하기', '진로활동과 관련된 활동 자료들', '꿈 지도' 들을 모두 모아 정리하고 붙였다. 우리를 나타내주고 설명해주는 이 자료를 복도에 일주일간 전시해 두었다. 많은 사람에게 공개하면서 '나는 이런 꿈을 꾸고 있고 내가 추구하는 삶의 방향성은 이렇다'라는 것을 나누는 경험을 하면 좋겠다고 생각했다. 이 자료는 보호자 공개수업에도 게시하여 평소 깊이 있게 알지 못하던 자녀들의 모습도 보실 수 있게 했고, 졸업식에도 게시하여 아이들이 성장해온 모습과 앞으로 나아갈 아이들의 모습을 함께 나눌 수 있게 했다.

3. 프로젝트를 마치며

#4. 1년간의 학급 살이, 그 후

3월 초 자존감·자주성 찾기 프로젝트를 시작으로 그 뒤에도 많은 프로젝트 수업을 1년간 운영했다. 성덕초의 대통령을 뽑아보는 민주시민 프로젝트 수업에서는 '이걸 왜 해야 해?'라는 질문을 품고 있던 아이가 성덕 대통령에 출마해 당선되었고, 인권 캠페인, 봉사활동 등을 하며 그림, 악기, 영상 편집 등 각자의 장점을 더 확인할 수 있었던 인권 프로젝트, 전교생을 대상으로 지구촌의 다양한 나라의 문화를 소개하는 박람회를 열며 우리의 자신감을 더욱 키워갔던 지구촌 세계여행 프로젝트, 졸업 영화 제작, 성장 발표회, 졸업 발표회 등 많은 학습자 주도적 활동에서 학생들은 의욕적으로 자신들을 나타내고 각자의 색깔을 만들어가며 성장했다.

"초등학교 6년 중 저희의 마지막을 더 화려하고 재미있게 지내게 해주신 선생님, 감사합니다", "저희를 더욱 빛나게 해주서서 감사합니다", "내가 생각하는 성덕초란 나에 대해 더 알아가게 해주는 학교, 나를 성장시켜준 학교."… 졸업식을 준비하며 졸업 발표회, 졸업 영상에서 해준 아이들의 말이 지금도 생생하다. 나에게는 1년간 노력했던 시간을 모두 보상받는 말이고, 그들에게는 화려할 수 있었고, 빛날 수 있었고, 성장할 수 있었던 시간이 된 점에서 기분 좋은 말로 기억에 남았다. 이번 프로젝트 수업을 마친 후 바로 무언가를 느끼긴 어려웠지만 1년간의 학급살이를 한 후 돌이켜 보면 자존감과 자주성을 찾아가기 위해 노력했던 우리의 시간이 의미가 있지 않았을까 생각한다.

교육과정 재구성을 통한 프로젝트 수업은 하나의 주제에 대해 깊이 있게 배워 볼 수 있다는 것, 학생들이 과제 중심의 학습 활동들을 해 가며 학습자 주도성과 다양한 역량들을 기를 수 있다는 점 등 많은 장점이 있지만, 가장 큰 장점은 한 주제에 몰입해봄으로써 가치와 태도를 내면화할 수 있는 거라고 생각한다. 학생들에게 지식과 기능적인 부분을 잘 가르쳤을 때보다 가치·태도와 관련된 부분에서의 학습이 잘 이루어져 내면적인 성장을 이뤄내는 모습을 볼 때 더 큰 성취감을 느낄 수 있었다.

#5. 나다움을 찾아가는 것

성덕초에서의 교육과정은 그랬다. 아이들에게 '나다움'을 가르치며 교사 또한 '나다움'을 찾아가는 학교로, 삶의 주인이 되어 자신의 모습을 찾아가는 아이들이 빛나듯 교사들 또한 자신들의 교육과정의 주인이 되어 빛이 나는, 그런 교육과정이었다. 나다움으로 빛이 나는 훌륭한 선생님들 옆에서 함께할 수 있음에 감사하고, 안전한 울타리 안에서 마음껏 나다운 교육과정을 만들어갈 수 있게끔 해준 성덕초등학교에 감사한다.

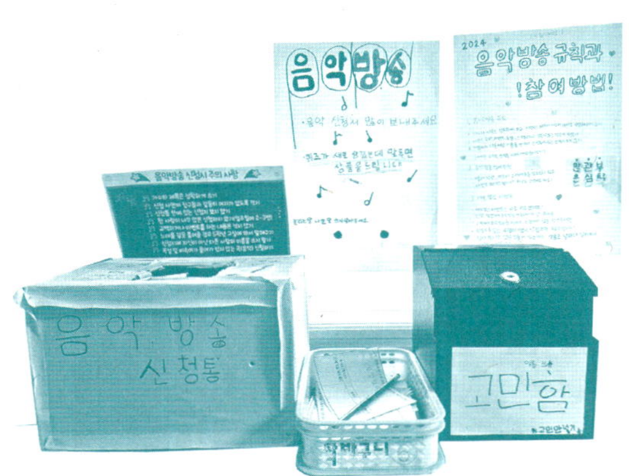
음악방송
•음악 신청서 많이 보내주세요
퀴즈가 새로 올렸는데 맞추면
상품을 드립니다
2024 음악방송 규칙과
!참여방법!
환경부 흔심탁
음악방송 신청시 주의사항
음악.방송 신청통
고민함

나누미함
1. 나누미함이란?
- 나누미함은 안 쓰는 물건이나
필요없는 물건을 넣으면 그 물건을
필요한 사람이 가져가는 방식입니다
2. 나누미함에 어떤 물건을 넣어야
할까요?
- 넣어도 되는 물건: 학용품(연필,지우개)
(다른 학용품도 가능함)
장난감, 인형, (다른 것도 가능함)
- 넣으면 안되는 물건: 크기가 큰 물건,
옷, 간식, 옷쓰는 물건, 고장난 물건
나누미함
환경부

우리 학교의 미래

성덕초의 지난 10년은 하나의 학교를 넘어, 미래 교육의

가능성을 보여준 여정이었다. 가치와 구조를 만들고,

이를 실천하며 성찰하는 과정을 통해 학생과 교사 그리고

학교라는 조직이 함께 성장할 수 있다는 것을

우리는 경험했다.

혁신교육 10년, 지속가능성을 향한 다음 걸음…

이은애(교사)[*]

이른 아침, 너른 들판 위로 안개가 걷히는 논산시 은진면의 작은 마을. 성덕초등학교 운동장에 잔잔한 햇살이 내려앉고, 아이들의 웃음소리가 새들의 노랫소리처럼 교정을 가득 메운다. 아이들은 교문을 들어서며 삼삼오오 어울려 운동장을 산책하는 것으로 하루를 시작한다.

겉보기에는 소박한 시골 학교지만, 성덕초는 오래전부터 '함께 배우며 나다움으로 성장하는 행복한 학교'라는 비전을 품고 교육을 이어왔다. 학생 수가 100명 남짓한 작은 규모지만, 아이들의 삶과 일상이 고스란히 교육과정에 녹아든 이곳은 단순한 시골 학교를 넘어 지역의 혁신학교로 자리매김해 왔다.

10여 년 전만 해도 성덕초는 학생 수 40여 명인 폐교 위기의 학교였다. 그러나 '작은 학교를 지켜내자'는 뜻을 모은 교사들의 열정이 학교 살리기 프로젝트로 이어졌고, 그간의 꾸준한 노력은 성덕초를 교육과정 중심의 혁신학교, 농촌형 학교 혁신의 모범으로 성장시켰다.

---

[*] 2018~2020년, 2025년~ 본교 교사로 근무.

"

성덕초의 교육은 교과서 지식 전달에 머물지 않는다. 계절의 흐름과 학교·마을의 환경, 아이들의 일상이 곧 배움의 주제가 되고, 교사들은 이를 바탕으로 교육과정을 통합·재구성한다. 교사학습공동체의 꾸준한 대화와 실천은 성덕초 혁신교육의 토대가 되었고, 이는 학교 문화를 자연스럽게 변화시켰다.

무엇보다 학생들이 스스로 교육의 주체가 된다는 점은 성덕초의 큰 특징이다. 학생들이 기획하고 운영하는 다모임과 자율 동아리는 민주적 가치와 책임을 배우는 장이 되었으며, 계절마다 열리는 계절학교는 학교 담장을 넘어 마을 전체를 교실로 확장시켰다. 이런 경험은 성덕초를 '남아 있는 시골 학교'가 아니라 다른 지역 학생들이 찾아오는 농촌 혁신학교로 성장시켰다.

이처럼 학교·교사·학생·마을이 긴밀히 연결된 성덕초는 지속가능한 농촌학교의 한 모델이다. 혁신이 단발적 이벤트에 그치지 않고 학교 문화와 구조에 깊이 뿌리내렸기 때문이다. 특히 교사학습공동체를 중심으로 아이들의 삶에 맞춘 교육과정을 만들고 가꾸어 온 꾸준한 노력은 지금의 성덕초를 가능하게 한 원동력이다.

그러나 앞으로의 10년은 교사와 학교만의 힘으로는 충분하지 않다. 학생들이 마음껏 배우고 교사가 신나게 가르칠 수 있도록 학부모·지역교육청·지자체의 신뢰와 지속적인 관심과 지원이 더욱 절실하다. 무엇보다 학부모와 마을, 지역사회가 교육의 소비자가 아니라 교육의 동반자이자 주체로 참여할 때, 성덕초는 학교 울타리를 넘어 더 넓고 단단한 교육생태계로 나아갈 수 있다.

이를 위해 다른 혁신학교의 사례를 참고하는 것도 의미가 크다. 창원

한들초처럼 주민이 교육 의사결정에 참여하는 협의체, 충남 거산초의 생태교육 및 학부모 참여 모델은 성덕초가 나아갈 방향을 제시한다. 성덕초 역시 우선 계절학교를 기반으로 '학교-마을 공동 운영 협의체'를 구성하여 함께 운영해 보는 것도 좋겠다. 그리고 혁신학교의 지속적 발전을 위한 논산시와 지역교육청의 정책적 연계와 지원을 모색하고 강화하는 것이 필요하다. 학부모도 교육의 동반자와 주체자로 좀 더 적극적 참여의 기회를 가지며, 성덕초의 교육적 마인드를 공유하고 나누는 구조를 마련할 때 한층 성숙한 교육공동체로 성장할 수 있을 것이다.

장기적으로는 성덕초의 혁신 경험을 인근 혁신학교나 다른 학교와 공유하여 지역 전체를 하나의 교육생태계로 확장하는 길도 열어야 한다. 학교와 마을, 지역이 함께 노력할 때 성덕초는 농촌 혁신학교의 지속가능한 모델을 넘어, 지역 교육생태계를 선도하는 중심 학교로 우뚝 설 수 있을 것이다.

그리하여 학교 울타리를 넘어 이어지는 그 협력의 한 걸음 한 걸음이, 언젠가 '작은 학교'와 '혁신'이라는 말 자체가 따뜻한 희망의 언어로 기억될 수 있도록 하는 길이 되리라 믿는다. 그리고 그 길의 앞에 성덕초등학교의 이름이 오래도록 밝고 따뜻한 빛으로 함께하기를 소망한다. 🍶

내일의 성덕을 위해 한 계단 오르기

김기수(교감)[*]

　우리 학교는 관리자 앞에서도 선생님들이 비교적 자유롭게 의사를 표현할 수 있는 민주적 협의 문화가 형성되어 있고, 아이들의 다모임과 자율 동아리가 활성화되어 있다. 선생님들이 아이들을 사랑하여 아이들의 변화와 성장을 위해 각 학년의 교육과정을 학급 아이들에 맞게 재구성하여 프로젝트 수업을 진행하며, 아이들이 학교에서 행복하게 생활할 수 있도록 쉬는 시간과 방학도 없이 끊임없이 노력하고 계신다. 그 덕분에 아이들이 학교생활을 즐거워하며 아름답게 성장하고 있다.

　우리 학교는 원 학구(學區) 아이들이 20% 정도이고, 공동 학구 아이들이 80% 정도 된다. 대부분의 학부모님은 학교와 선생님들의 철학에 동의하며 잘 따라주시지만, 내 자녀를 좀 더 특별히 대해 주기를 바라는 요구가 있는 때도 있다. 특히 저학년 때 아이들끼리의 사소한 다툼에 부모님이 예민하게 반응하기도 하고, 학교에 민원을 넣는 일도 있다. 관리자나 선생님들이 원만한 해결을 위해 노력하지만, 해결이 쉽지 않을 때가 있다. 그럴

---

[*]　2019~2022년 본교 교사. 2024년부터 교감으로 재직.

때마다 '아이들을 위해 최선을 다하는 담임선생님이 얼마나 힘드실까? 이런 일로 선생님의 열정이 식지 않아야 하는데?' 하는 걱정과 함께 '학부모 자치가 좀 더 잘 되었다면 이런 종류의 민원은 선생님들의 말보다 학부모들이 서로 대화하며 우리 학교 문화를 이해하면 쉽게 해결될 수 있을 텐데' 하는 아쉬움이 들기도 한다.

물론 학부모님들이 계절학교 때 진로 멘토로 참여하시고, 저학년 대상 그림책 수업이나 물놀이 안전 지도, 옷 갈아 입히기 등 다양한 봉사활동에 참여하신다. 알뜰시장에 판매할 키링 만들기, 먹거리 부스 운영, 체육대회나 별빛축제에 적극적으로 참여하시는 등, 다양한 도움을 주신다. 하지만 혁신학교 1기 때 원학구 학부모님들과 공동학구 학부모님들의 갈등으로, 학부모 자치에 대한 교직원들의 관심과 기대가 많이 꺾였다. 그런 분위기에서, 교직원과 학부모회의 소통이 부족했다. 그러나 이제는 그때의 아픔을 계기로 학부모와 교사가 서로를 더욱 신뢰하면 좋겠다. 교사는 학급과 학교를 적극 개방하며 학부모도 선생님을 존경하고, 학부모들은 아이들의 교육에 적극적으로 협력하는 진정한 학브모 자치가 이루어지기를 바란다.

우리 학교도 마을과 연계된 여러 활동을 하려고 노력한다. 텃밭을 만들어 상추, 감자, 방울토마토, 오이, 가지, 호박, 참외, 고추 등을 지역 인사의 도움을 받아 심고, 아이들이 아침마다 둘 주고 기르며 수확하여 함께 맛보고 집으로 가져가기도 한다.

또한 레코딩, 댄싱, 웹툰, 샌드아트, DJ 등 진로 관련 활동을 할 때 지역 인사의 도움을 받거나 아트스쿨을 활용하기도 한다. 그리고 지역기관인 KT&G 상상마당과 연계하여 전문가 협업을 통해 학년에 따라 연극, 낭독극, 합창, 그림책 만들기 프로젝트 수업을 진행하며, 아이들이 쓴 시를 노랫말로 하여 작곡을 할 때 지역 인사이자 모교 선배 가수의 도움을 받기도 했다. 그림책을 만들 때는 부여의 송정 그림책 마을을 방문하여 그림책을 만드신 할머니, 할아버지의 도움을 받기도 하는 등, 지역 인사를 활용하여 마을과 연계된 여러 활동을 하고 있지만, 진로와 관련하거나 특정 수업에 한정하는 것에 머무르는 아쉬움이 있다.

우리 학교 3학년들이 논산 11경을 돌아보며, 논산 자연환경의 아름다움과 문화에 자부심을 갖고 논산 홍보에 대한 글을 논산 시청에 썼다. 그리고 전교생이 계절학교 때 마을이나 탑정호 주변 등 자연환경 보호 캠페인 활동이나 쓰레기 줍기 활동 등을 하고 있다. 하지만 더 많은 학년에서 마을이나 지역사회와 연계된 프로젝트 수업을 통해 우리 마을에 관심을 갖고, 문제점을 발견하고, 해결을 위해 고민하면서 아이들이 삶과 연결되고 우리 마을과 좀 더 관계를 맺으며 공동체성을 추구하는 가운데 지역에 대한 사랑과 자부심을 느낄 수 있도록 프로젝트가 운영되면 좋겠다. 그러려면 학교 교육과정이 지역 주민들이나 인사들 그리고 여러 기관과 좀 더 연계되고 더 협력 관계를 맺으며 도움을 주고받아야겠다. 학교 안에서의 혁신을 넘어 지역사회 주민이 함께 '아이들을 안전하게 키울 수 있는 마을', '아이들과 할머니와 할아버지 등 모든 구성원의 다양성이 존중되는 마을'을 만들어가도록 함께 노력해야겠다. 아이 하나를 키우기 위해 온 마을이 필요하며, 그렇게 자라난 아이가 다시 마을을 살리는 지역사회로 우리 마을이 성장하기를 기대하며, 그 중심에 우리 성덕초등학교가 있기를 기대한다.

우리 학교도 교무업무 지원팀이 조직되어 있고, 지원부장을 중심으로 대부분의 공문을 접수하고 처리하면서 담임선생님의 부담을 줄여주어서 담임선생님들이 아이들을 가르치고 생활 지도에 전념할 수 있도록 지원하고 있다. 물론 도 교육청에서도 교무업무 최적화를 위해 노력하고는 있지만 학교로 오는 공문은 줄어들지 않고 오히려 늘고 있다. 혁신학교처럼 자율학교로 지정받은 학교는 선생님들이 교육의 본질에 집중할 수 있도록 불필요한 공문을 획기적으로 과감하게 없애면 좋겠다. 또한 혁신학교 10년을 마치고 더 이상 혁신학교가 아닌 학교 중에도 혁신학교의 문화가 잘 이루어지고 있는 학교들은 자율학교로 계속 지정되고 성장할 수 있도록 교육과정의 자율과 경제적 지원이 이어지면 좋겠다.

글쓰기를 마무리하면서 내가 성덕초에 처음 관심을 갖게 된 이유를 생각해 봤다. 그것은 거창하지 않고 단순했다. 첫째와 10년 차이가 나는 둘째가 시내 학교에 다니면 하교 후 피아노, 그림 등의 학원에 다니며 엄마 아빠가 집에 오기까지 학원에서 시간을 보낸다는 것이 끔찍하게 싫었다. 그래서 집에서 비교적 가까운 성덕초를 생각했고, 1학년 예비 소집 때 성덕초에 갔는데, "아들만 성덕에 보내지 말고 선생님도 함께 성덕초 교사로 오면 좋겠다"라는 교무 선생님의 권유를 받고 큰 고민 없이 아들과 함께 성덕초에 들어왔다. 동글동글한 성격이 아닌 아들이 때로 친구들과 갈등도 있었고 선생님들에게 대들기도 했으나, 늘 넓은 품으로 아들을 포함한 아이들을 사랑으로 감싸주신 모든 담임선생님의 한결같은 모습이 정말 감동이었다.

선생님들의 따뜻한 사랑과 학생들의 자치 모임인 다모임과 자율 활동 등으로 친구들과 선후배들과 함께 생활한 덕분에 아들도 학년이 올라갈수록 까칠했던 성격이 조금씩 둥글둥글해지고 다른 사람들과 어울려 생활하는 것을 좋아했고, 성덕초에서의 생활을 행복해하며 담임선생님들을 매우 좋아했다. 밝게 생활하는 아들의 모습을 보면서 동료 선생님들과 직원들의 환대와 동료애도 좋았지만, '혁신학교가 무엇인지? 교육과정 재구성이 무엇인지?' 잘 몰라서 부담스러웠다. 학기 초 교육과정 재구성 때는 힘들었고, 재구성한 교육과정을 가르치기도 쉽지 않았지만, 못한다고 눈총 주지 않고 따뜻한 시선으로 격려해 준 동료 선생님들께 늘 감사한다.

성덕초에서 동료 교사와 직원에 대한 선생님들의 관심과 격려와 환대는 교무실과 행정실을 구분하지 않았다. 그 중심에는 박정순 여사님이 계셨다. 늘 학교의 환경을 깨끗하게 하셨고, 개구쟁이 아이들을 손자와 손녀처럼 사랑하셨다. 기회 있을 때마다 맛있는 찌개와 삼겹살과 나물과 김치로 직원들을 행복하게 해주시며 모든 직원을 가족처럼 대해 주셨다. 맥가이버 김정태 주무관님은 썩은 나무 밑동 위에 아이들이 솜씨 자랑을 할 수 있는 아름다운 미니 무대도 만들어 주시고, 본관 주변에 데크 길도 만들어 주시는 등, 아이들과 교사들을 위해 늘 수고를 아끼지 않으셨다. 그리고 송민정 계장님은 선생님들이 요청하면 아이들과의 캠프나 체험학습도 늘 함께해주셨고, 바쁜 업무 중에도 늘 밝은 얼굴로 아이들과 선생님들을 대해 주셨다.

말없이 아이들을 위해 수고해 주신 많은 고마운 분들 덕분에 지금의 성덕초가 있음을 생각하며, '아이들이 행복하게 성장하는 성덕초가 10년 후에도 아름다운 모습을 간직하고 더욱 아름답게 성장하고 있기'를, 성덕초를 위해 수고한 혁신학교 1기, 2기, 3기 모든 교직원의 뜨거운 마음을 모아 기원한다. 😊

성덕초 10년의 성찰, 우리는 왜 변화를 계속할 수 있었을까?

조향미(전 교장)[*]

시간이 흐를수록 익숙함은 관성이 되고, 관성은 변화를 주저하게 만든다. 그런데 성덕초는 달랐다. 누군가의 지시가 없어도 먼저 시작하는 교사들, '학생 성장'과 '같이 가는 우리'로 방향을 함께하고, 실수해도 다시 시도할 수 있는 안전한 학교 공간에서 지난 10년 동안 '가치-구조-실천-성찰'이 맞물린 학습조직으로 진화해 왔다.

그 힘은 어디서 왔고, 다음 10년을 위해 우리는 무엇을 더해야 할까?

자발성에서 주인의식으로, 관계의 힘으로

성덕초 공모 교장을 준비할 때, '학교도 이렇게 혁신될 수 있구나' 하고 놀란 기억이 있다. 그 시절 성덕초는 폐고 논의가 오갔고, 아이들에게는 재미없는 학교로 여겨졌으며, 교사와 학부모 사이에도 신뢰가 부족했다. 그래서 교사들은 작고 단순한 곳에서 시작했다. "아이들이 안쓰럽다. 재미있

---

* 2020~2023년 본교 교장으로 근무.

는 학교를 만들어보자." 그래서 흙을 파고, 만들고, 게임을 하며 '맛있는 배움'의 씨앗을 심었다. 그것이 교사교육과정 실행의 출발이다. 이후 비폭력 대화, 긍정 훈육 등 배움을 꾸준히 익히고 실천하며 학교의 방향이 '맛있는 배움·멋있는 공동체·행복한 학교'에서 '함께 배우며 나다움으로 성장하는 행복한 학교'로 바뀌었다.

이에 따라 학생 성장은 '주도적인 역량을 갖춘 학생'으로, 교사 성장은 '철학을 지닌 교육과정 전문가'로 재정의되었고, 구성원들은 협력하고 연대하는 공동체로 성장해 갔다. 이는 성덕초의 본질을 보여준다. 학생 성장을 위한 교육과정 중심의 학교, 교사 중심의 학교가 되기 위해 '작지만, 구체적인 공동선의 실천'으로부터 변화를 만들어간 방식이다.

시간이 흐르면서 학교를 떠났다가 돌아온 교사도 있었다. 그들이 가장 선명하게 느낀 차이는, 성덕초에서는 하고 싶은 것을 펼칠 수 있는 행정·재정적 뒷받침이 실제로 작동한다는 점이었다. 학생 수가 늘면서 선택의 폭이 줄고 행정 부담이 커지는 역효과도 체감했다. 이 솔직한 고백은 규모의 확대가 자율성에 미치는 압력이라는 교육 현장의 보편적 과제이자, 성덕초의 성장통을 집약한 것이다.

그래도 성덕초가 흔들리지 않았던 이유를 교육공동체는 한목소리로 말한다.

첫째, 공유된 방향이다. 학교 비전을 중심에 두고 전 교직원이 공동의 가치를 공고히 했다. 간명한 비전의 힘은 문서 속에 머무르지 않았다. 신뢰 문화가 축적된 안전한 공간에서는 '교육적 스몰토크'가 자연스럽게 오갔고, 이는 교사들 사이의 성찰과 아이디어 나눔으로 이어졌다. 서로의 이야기를 경청하고 의미를 되짚는 이런 대화의 문화는 수업을 중심으로 학생과 함께하는 교사교육과정 실행으로 구체화되었다.

비전은 구성원 모두가 함께 살아내는 약속이 되었고, 교사들은 스스로 수업을 열고 공유하며, 학생과의 상호작용에서 '나다움'을 묻고 발견하는 과정을 이어갔다. 주요 회의와 연수, 프로젝트 기획에서도 이 비전은 늘 되새겨졌고, 의사결정의 나침반이 되었다. '지금 이 활동이 아이의 성장을 위한 것인가?', '교사의 성찰과 전문성에 어떤 의미를 더하는가?'라는 질문이 공동 기준으로 작동하면서, 구성원 각자가 주도적으로 참여하게 되었다. 결국, 이 공유된 방향은 교육활동을 시행하는 것을 넘어, '의미 있는 실천'으로 확장되었다.

둘째, 성장 문화 구축을 위한 구조화의 시도다. 수평적 회의 문화, 논의하는 문화를 위해 민주적 의사결정 매뉴얼을 마련하고, 교사교육과정의 질 제고를 위해 교육과정 워크숍, 평가회, 교사교육과정 발표회뿐 아니라 프로젝트 사례를 나누는 전문적 학습공동체를 체계화했다.

또한, 교사의 성장 리더십을 위해 구조화한 순환보직제는 다른 학교에서 쉽게 보기 어려운 장치였다. 순환보직제는 교내 근무 경력이 많은 교사가 보직을 맡아 1년 동안 교사교육과정 실행을 지원하는 지원부장과 이를 이끄는 혁신부장의 두 축이 전 교사로 확장되어 순환하는 구조다. 이 제도는 리더십의 단계적 사다리 역할을 했고, 1기에서 2기로의 철학을 잇고 실수와 시행착오를 줄이는 데 기여했다.

이런 구조는 교사의 성장을 개인의 노력에만 맡기지 않고, 조직 차원의 시스템에서 지속 가능하게 설계한 점에 큰 의미가 있다. 누구나 한 번쯤 리더십을 경험하고, 공동체의 중심에서 의사결정과 실행의 책임을 지는 과정을 통해 교사들은 '관계 안에서 성장하는 존재'로 변모해 갔다. 특히 이 구조는 단절이 아닌 계승을 가능케 했고, 교사의 목소리가 정책이 되고 실행이 되는 문화를 정착시키는 데 결정적인 역할을 했다. 결국 구조화된 장치는 문화를 만들고, 그 문화는 다시 교사를 성장시키는 토양이 되었다.

셋째, 결과의 기록과 축적이 전입 장벽을 낮추었다. 많은 혁신학교가 인적 구성의 어려움을 말한다. 성덕초도 예외는 아니었다. "전에는 새로 오는 선생님이 정말 힘들었다. 지금은 선생님들이 남겨 둔 재구성 자료 덕에 훨씬 편하게 들어온다."라는 증언이 이를 보여준다. 민주 시민 프로젝트(성덕 대통령), 세계 시민 프로젝트(여행 박람회), 지역 프로젝트(논산 프로젝트), 전문가 협업 프로젝트(그림책 만들기) 등 학년별 '대표 프로젝트'를 한두 개씩 만들어 공유하니 교사의 부담이 줄고 학생에게 더 집중할 수 있었으며, 매년 그 프로젝트가 개선·확장되는 선순환이 만들어졌다.

이런 자료 기반의 전통은 단순한 업무 인수인계를 넘어, 학교의 철학과 문화를 전수하는 구조로 기능했다. 프로젝트마다 담긴 의도와 맥락, 실행 과정과 피드백이 함께 축적되어 있어, 새로 합류한 교사도 '따르는 자'가 아닌 '함께 가는 자'로 빠르게 성장할 수 있었다. 이는 교사 간 신뢰를 바탕으로 한 협력 문화를 공고히 했으며, '교사의 교사 되기'를 돕는 동료성의 자산이 되었다. 결과적으로 기록과 공유는 구성원의 변동이 학교의 정체성과 교육의 흐름을 흔들지 않게 하는 든든한 뿌리가 되었다.

넷째, 성덕초의 힘은 자발성에서 주인의식으로 확장된 문화에 있다. '누가 시키지 않아도 먼저 나서는 자발성'이 초기의 동력이었다면, 10년을 거치며 '모두가 교장이고 모두가 주인'이라는 공동체에 기여하는 행위자로 진화했다. 이는 권한과 책임의 분산, '내 일처럼 학교를 걱정하는 태도'가 조직 전반에 깔렸다는 뜻이다.

이런 주체적 문화는 관계적 교사행위자성의 렌즈로 보면 더욱 선명해진다. '관계적 행위자성'은 개인의 의지나 능력만으로 교사의 주체성이 발현되는 것이 아니라, 신뢰·협력·갈등을 포함한 관계의 장에서 성찰을 매개로 구성되고 강화되는 것이라고 본다. 이런 관계적 행위자성의 요소가 학교 문화 전반에 스며들어 있다는 점은, 교사들이 서로 존중하며 피드백을 주고받고, 공동 목표를 향해 자율적으로 협력하는 일상의 모습에서 확인되었다. 결국, 자발성은 고립된 열정이 아니라, 관계망 속에서 상호작용하며 성찰을 거듭한 끝에 조직의 문화로 자리 잡은 것이다.

다섯째, 기다리는 리더십이 있었다. 성덕초는 혁신학교 초기부터 교장을 공모했고, 이런 철학과 구조, 문화를 지속하기 위해 2기에도 교장을 공모했다. 현재의 교장선생님도 혁신 1, 2기에서 교감으로 근무한 경험을 바탕으로 관리자 철학을 자연스럽게 이어가고 있다. 이렇게 부임한 교장들은 교사교육과정을 중심에 둔 학교 경영을 실현하며, 행정적·재정적 지원을 아끼지 않았다. "절반만 해도 괜찮다"라는 말로 교사들에게 여유와 신뢰를 전했고, 속도를 재촉하기보다 "방향이 맞는가?"를 질문하며, 세세한 실행은 지원부장을 중심으로 한 집단적 성찰을 토대로 현장에 과감히 위임했다.

이런 리더십은 교사들의 자기결정성과 자율성을 높였을 뿐 아니라, 실수를 통해 배우고 서로의 관점을 조율해 가는 관계적 성장을 가능케 했다. 교장은 절대자가 아닌 조력자로, 통제자가 아닌 촉진자로 자리매김했고, 관리자와 교사의 신뢰는 단단히 축조되었다. 결과적으로 관리자들의 '기다림'은 방임이 아니라 성장을 위한 깊은 믿음과 존중의 표현이었다. 실수해도 괜찮다는 메시지는 교사들을 도전하게 했고, 그 도전은 학생 성장으로 이어지는 선순환의 고리가 되었다. 성덕초의 교육공동체는 그렇게, 두려움보다 가능성을, 지시보다 신뢰를 중심으로 운영되어 왔다.

'누가 와도 흔들리지 않을 만큼 단단한 문화'
성덕초의 성장 문화인 '성덕스러움'은 그렇게 만들어졌다.

이렇게 성장한 성덕초의 사례를 바탕으로 성공적인 미래를 조심스럽게 제안한다.

첫째, 학습자 중심의 맞춤형 교육과정 설계로 진보해 가야 한다. 학생 한 명 한 명의 성장과 학습 속도를 고려해 유연하게 설계된 교육과정은, 배움의 질을 획기적으로 바꾸는 열쇠가 된다. 성덕초의 블록 타임제*와 공동교육과정 같은 유연한 실천은 수업의 몰입도를 높이고, 수업과 평가의 일체화를 가능하게 했다. 여기에 AI 기반 진단과 즉시 조정이 결합되면, 학생 각자의 수준과 흥미에 따른 맞춤형 교육이 현실화할 수 있다. 단원별 성취 수준을 빠르게 파악하고, 그에 따라 보충하거나 심화할 수 있는 구조와 정서적 역량을 키우는 프로젝트 설계는 학습 격차를 줄이고 자기주도성을 강화하는 데 효과적일 것이다.

둘째, 교사 성장 지원을 위한 리더십 및 협력 체제를 구축해야 한다. 순환보직제로 구조화된 리더십을 기반으로, 단계별 성장 모델을 정교화해야 한다. 관찰과 지원 단계, 공동 책임 단계, 자율적 리더십 단계로 구성된 이 체계는 운영상의 편의를 넘어서 교사의 철학과 실천 역량을 함께 키워주는 중요한 장치가 된다. 이는 신임 교사나 전입 초기 교사의 부담을 줄이는 동시에, 잠재력 있는 교사를 자연스럽게 미래의 리더로 성장시키는 역할을 하게 된다. 결국 교사 한 사람의 성장이 또 다른 교사의 성장을 이끌고, 이는 학교 전체의 질적 도약으로 이어지는 선순환 구조로 자리 잡게 될 것이다.

셋째, 성찰 문화 내재화와 데이터 기반의 의사결정 체계를 갖추어야 한다. 학교의 핵심 지표를 구체화하고, 우리가 옳은 길을 걷고 있는지 끊임없

---

* 프로젝트 활동의 집중도를 높이고자 2009 개정 교육과정부터 도입된 '블록타임제'를 활용하여, 1~2교시, 3~4교시를 쉬는 시간 없이 각 80분씩 운영하고 있다.

이 성찰하는 문화가 필요하다. 주관적 감각이 아닌, 데이터와 성찰을 기반으로 한 의사결정 구조는 교육의 방향을 객관적으로 안내하는 나침반이 된다. 상시 수업 공개, 공유 플랫폼, AI 대시보드 등은 학생의 학습 상태를 실시간으로 진단하고, 교사는 이를 토대로 수업을 개선하며, 학교는 데이터를 바탕으로 정책과 방향을 정할 수 있어야 한다. 데이터는 성찰의 거울이 되어야 하며, 그 거울을 통해 교사와 학교는 함께 성장할 것이다.

넷째, 학교의 지식과 경험을 조직의 자산으로 남기는 체계를 갖추어야 한다. 조직 기억은 한 사람의 머릿속이 아닌, 구성원이 함께 공유하고 활용할 수 있는 지혜의 보고(寶庫)이어야 한다. 성덕초의 조직 기억 저장소는 단순한 자료 모음이 아니라 사례, 루브릭, 계획안 등이 담긴 살아있는 기록이다. 이를 통해 새로 온 교사도 시행착오를 줄이고, 학교의 철학과 문화를 빠르게 이해할 수 있다. 또한 이 기록들은 해마다 갱신되고 정리되면서 구성원 간 논의의 장이 되고, 학교의 가치와 실천을 미래로 잇는 다리가 되어줄 것이다.

다섯째, 개방과 협력을 통한 공동체 확장이 필요하다. '실패 공유의 날', '번아웃 방지' 프로그램은 교직원의 정서적 회복과 조직의 건강성을 지키는 중요한 장치다. 교사들이 안전하게 실패를 이야기할 수 있고, 회복할 수 있는 시스템이 갖춰질 때 교육 혁신은 지속 가능해진다. 아울러, 학교 울타리를 넘어 학부모와 지역사회와의 협력도 확장되어야 한다. 학부모와의 신뢰를 기반으로 한 파트너십, 마을과 연계된 프로젝트는 학교를 닫힌 공간이 아닌 열린 배움의 허브로 성장시킨다. 학생은 그 안에서 살아있는 배움을 경험하게 되고, 학교는 공동체 전체와 함께 성장하게 된다.

성덕초의 지난 10년은 하나의 학교를 넘어, 미래 교육의 가능성을 보여준 여정이었다. 가치와 구조를 만들고, 이를 실천하며 성찰하는 과정을 통해 학생과 교사 그리고 학교라는 조직이 함께 성장할 수 있다는 것을 우리는 경험했다.

성덕초의 내일은 한 학교의 성공 사례만이 아니라, 인적·물적·제도적 지원과 학교의 지속적인 노력이 어떻게 맞물려 혁신을 이루어내는지를 보여주는 새로운 표준이 될 것이다.

이 이야기가 각자의 교육 현장에서도 작은 울림이 되기를 간절히 바란다.

우리 학교의 좋은 점

/ 2025학년도 재학생

성덕초 10년의 감동적인 여정을 함께해 주서서 감사합니다.

부록에는 학교의 보배인 성덕(城德)의 아이들이 손글씨로 꼭꼭 눌러쓴

'우리 학교의 좋은 점'을 실었습니다. 책을 갈무리하며 우리 아이들은

성덕의 어떤 점에 '입덕(入德)'하게 되었는지 살펴보시기 바랍니다.

우리 학교의 좋은 점

<1학년>

(김지안)

다른 학교보다 체험학습을 많이 해서 좋다. 그리고 선생님이 착하다.

시간이 많아서 좋다. 체험학습이 많아서좋다. 즐거운 활동이 많아서 좋다.

(윤소이)

(윤 지우)

우리학교는 다양한 체험 학습을 많이 가서 좋다.

우리 학교는 체험이 많아서 좋다. 그리고 자연 같아서 좋다.

(이 서령)

(이 지율)

우리 학교는 도서관이 있었어 책을 빌리 수있었어 좋다. 다모임을 하고 전체 학생들이 다모이고 그래서 좋다

다양한 체험활동 을 해서 좋다

(나윤진)

선생님들이 친절하고 좋다. 많은 프로젝트 학습과 체험학습을 가서 좋다. (고아진)

생태동아 때 식물과 농장 작물을 많이 키워서 좋다.

(이한결)

우리학교는언니 오빠도착해서좋아 요 그리고우리학교는 다같이 할게공동체 놀이를해서좋아요

(김해솔)

우리 학교의 좋은 점

〈1학년〉

급식에 맛있는게
나와서 좋다.

(정채연)

우리학교는 계절학
교가 있었서 좋다.
그리고 쉬는 시간이 있
었고 많아서 신난다.

♡ 안이랑 ♡

우리 학교는 계절
드학교가 있어서 좋
다.

〈 강율 〉

생태동이리
활동이 재머있고
출 꼽다

(홍서진)

〈 이재아 〉

나는체험습을자
주 가서즐 겁다
다양한 체험활
동을 해서 좋다

체험학습을
자주 가서 좋다.

〈 이규민 〉

나는 체험학습을자주
가서 좋다.
그리고 선생님이 친절
해서 좋아요. ♡ 끝~

〈 송우재 〉

수업이
재미있다

(정재민)

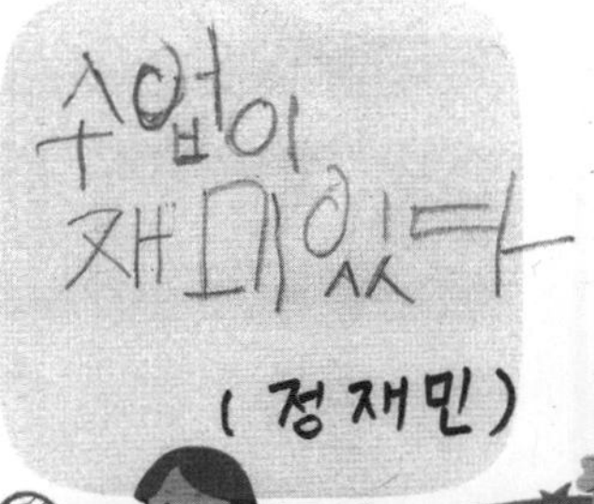

우리 학교의 좋은 점
〈2학년〉

우리학교가 좋은 점은 급식맛있
다입니다 송지율

우리학교는 모두가
친절해서 좋아요.
-정윤서-

우리 학교는 행사가
많아서 좋아요
이명우

우리학교는 재미있는
프로그램 과 놀이, 활동 등등
을 많이 해서 재미있었어요
-박하율-

우리학교는 산옆이라
해충도 많지만 채집할
수 있는 곤충들이 많아
좋다. -윤하별-

깡당이크다

염천인

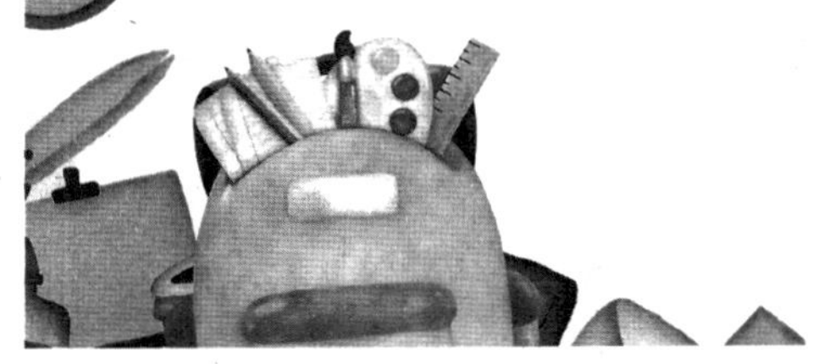

우리 학교의 좋은 점
〈2학년〉

우리학교좋은점 급식이맛있
다
강시우

친구들과 선생님들이
친절해요.
이효슬

우리는사무
지 말고사
이쁘게하자 오아인

쉬는시간이 30분이라서.
한정우

쉬는시간이 30분이라
좋다.
오윤슬

잡을곤충이나 생물이만
다
-황아임-

학교가
재밌어서
홍주

우리 학교의 좋은 점
〈3학년〉

다모임을 통해 다른 학년 -임태산
학생들과 많은 이야기를 할 수 있다. 특히, 다모임 활동 중 공동체 놀이, 독서 활동, 학교 사용 설명서 등 다양한 활동을 다양한 생각을 나누면서 할수 있다.

다모임은 몰랐던 1~2학년 학생들, 4~6학년 학생들과 친해질수 있어서 좋았다. 그리고 다모임 활동 중 공동체 놀이를 통해 학교 생활이 즐거워졌다.

-김다현-

다모임이 우리 학교의 최고의 장점이다. 이유는 다모임을 통해서 동생, 언니, 오빠들과 같이 이야기를 나누면서 친해질수 있기 때문이다. 그리고 같이 토의를 통해 여러 과제를 함께 해결할수 있습니다.

-이서령-

전체 학년이 다모임 활동을 자주 하는 것이 우리 학교의 가장 큰 좋은 점이다. 이유는 다모임 활동에서 공동체 놀이, 두레별 독서 골든벨, 학교 규칙 세우기 등 다양한 활동이 재있고 즐겁다

- 김가윤-

가장 좋은 점은 도서관의 깨끗한 시설과 책이 많다는 점이다 이유는 다양한 책을 읽고 고려되는 프로젝트 수업도 하고, 가을계절 학교 독서 골든벨 활동도 하면서 많은 배움도 얻을 수 있다.

- 소한수-

자율 동아리활동이 가장 좋다. 동아리 활동에서 다른학년과 많은 이야기를 나눌 수 있고, 해보지 않았던 새로운 활동을 만들고 재 있게 활동할수 있다. -북시온-

방과후 활동이 우리학교의 큰 장점이다. 배드민턴, 영어, 피아노, 등 다양한 방과후 활동을 통해 몸도 튼튼해 지고 많은 것을 배울수 있어서 좋다. -김도원-

우리 학교의 좋은 점

〈3학년〉

피아노, 코딩, 배드민턴, 미술, 영어 등 다양한 방과후 활동을 해서 좋다. 그리고 시설이 깨끗하고 좋다.

— 박건우

자율 동아리 활동을 학생 스스로 만들 수 있어서 좋다. 그리고 동아리 요리 동아리, 비트박쓰 동아리, 연극 동아리, 스포츠 동아리 등 다양한 동아리를 학생들이 스스로 조직하고 활동을 이어나간다.

— 이재윤

한 학년에 한 학급이 있다는 점이 좋다. 6학년 때까지 친한 친구들과 함께 지낼 수 있다. 그리고 모둠 활동을 통해 많은 프로젝트 수업을 하면서 친구들의 성장 과정을 지켜볼 수 있다.

— 김다엘

매주 금요일 1시간씩 자율 동아리 활동하는 것이 가장 좋다. 그동안 하지 않았던 새로운 동아리 활동하며 나의 적성과 흥미를 찾을 수 있다.

— 정찬우

우리 학교는 많은 선생님들이 학교 생활을 안전하게 할 수 있도록 도움을 주신다. 그리고 넓은 강당에서 다양한 놀이를 하며 친구들과 즐겁게 보낼 수 있다.

— 임태양

봄, 여름, 가을, 겨울 4번의 계절학교 프로그램이 있다. 계절학교 활동을 통해 환경 봉사활동, 물놀이 체험, 등산, 알뜰시장, 겨울 스포츠 체험 등 다양한 활동을 즐겁게 참여할 수 있다.

— 서지우

우리 학교의 장점은 학생들이 직접 만들고 활동하는 자율 동아리이다. 형, 누나들과 이야기를 많이 나눌 수 있고 다양한 활동을 통해 새로운 지식을 배울 수 있다.

— 이시운

우리 학교의 좋은 점
〈4학년〉

우리학교는 오등
빽스어울림 등등
이런 게 있어 요
그래서 저이 모두
석덕 초등학교를
좋아해요
-강다윤-

우리학교가 좋은점은
다른학교는 동아리
를 만들지못하는데
우리 학교는 마음대로
3학년부터개 설할수
있어좋다
-효진-

우리학교는 계절 학교와
체험 학습이 있어서 좋고
혁신 학교라서
좋다 -한결-

우리 학교는 다모임을
해서 언니.오빠. 동생들과
친해질수 있어서 좋고
별 빛 축제에서 우리가
가진 매력을 보여주서
좋다
-수연

우리 학교가 좋은점은
동아리,다 모임 같은
자치 활동이 있어서
좋고, 성장발표회로
자신이 1년동안 성
장 한걸 보여줄수
있어서 좋다.나는 우리
학교가 좋다! -진희-

우리학교는 체험
학습을 많이 가서좋
고 방과후도 재미
다
-채윤

우리 학교는 계절
학교로 다양한 체험
을 해서 좋고, 다모임
을 할 때 처음 만난
학생들과 친해질수
있어 좋았다.
-라임

우리 학교는 다모임을
해서 학생들의 의견을
회의해 반영해서 좋다.
-제이

우리 학교의
좋은점은 여러까지의
방과후와 체험
활동등을 하는게
좋고 또 우리학교는
깨끗해서 좋다. 그리고
다른 학년과 친해질수
있어 좋다
-하윤-

우리 학교의 좋은 점
〈4학년〉

우리학교는 다모임을해 두레원 또는 학생들과 의견을 나눌수있고 친해질 수 있는 것이 좋은 것 같다 그리고 계절 학교를 해서 계절을 더 알수있어서 좋은 점이 있는것 같다

—하리—

우리학교는 동아리, 다모임 등등전교생이함께있어서 우리학교전교생과 더 친 해질수있다.

—가온—

우리 학교는 동아리도 '자율'동아리고 계절 학교가 있어서 그런점도 좋은 거같다. 왜냐면 가을 계절을 봄등 다 양한 것들을 느낄수있고 그 왜에 좋은점들 에 이학교를다녀 제 된거같고 이학교는 잘다닐수 있는 학교다. —우혁—

우리 학교는 계절 학교라는것이있고 계절 학교에서는 많은것 을 알수있다 그리고 우리학교에는 자율동아리자는 것이있다 자율동아리에선 우리가 하고싶은 동아리를 만들수있어서 좋다. —조유현—

우리 학교는 프로젝트를 많이하고, 체험, 계절학교등 해서 좋고, 공부는 힘들지만 선생님 들이 응원하고, 친절해 주는 점이 좋다

- 해원 -

우리 학교는 봄,여름,가을,겨울 모든 계절에 계절학교 를 해서 좋다. 또 우리 학교는 활동이나 재미있어 서 좋다 또 우리 학교는 배스가 있어서 좋다.

—예슬—

우리 학교에 좋은점은 수업도 하지만 프로젝트 수업 처럼재미있고 그런걸 해서 좋고 우리학교는 계절 학교도 된다 그래서 한번 다녀봐!

-성율-

우리학교는 계절 학교가 있어서. 그 계절을 더 느낄수 있어서 좋다.

-채윤-

학교에서 봄 여름 가을 겨울 계절 학교를하고 여러가지공동체를하고 여름엔 수영장도 가고 가을엔 앞뜰 시장도하고 겨울엔 스케이트도 타 고 봄에는 딸기재이나 딸기퐁듀 도먹는다 별빛축제도하고 설 참발표도 한다 그리고 학교가까끌어서 좋다

(조은서)

우리 학교의 좋은 점
〈5학년〉

계절학교를 해서 좋고
체험학습을 많이
가서 좋다. -오윤하-

계절학교를 하고 체험학습을 많이
가서 좋다. 그리고 책누리, 별빛누리
등이 깨끗해서 좋다. -송지민-

계절학교를 해서
좋고 체험학습도 많이가고
재미있었어서 좋다

체험학습도 많이 가고
시설도 좋아서 학교생활이
편하다

-북태윤-

우리학교는 다른 학교보다
체험학습을 많이가고
우리학교는 계절학교를 해서
좋다 -장민후-

우리학교시설에 우리의 의견이 들어가서
그런지 너무 예쁘고 좋고 다른학교에서는
하지않는 계절학교나 다양한
체험학습등 많은것을 해서 좋다
-정아-

체험학습도 많이하서 좋고
계절학교를 해서 좋다 -이서아-

체험학습이 많아서 좋고
계절학교도 해서 좋고
시설도 편해서 좋다

-나건민-

우리 학교의 좋은 점
〈5학년〉

우리학교는
여러가지 체험을
할수있고 전부다
재밌다.   이정훈

우리 학교는
자율 동아리
가 있었어좋다.
— 고명준

우리학교는 다른학교 보다
많이 활동을 한다. 자율동아리
다모임, 계절학교가 있으니
좋다. — 민재현 —

다른 학교보다
체험 학습을
많이 해서   좋다.
—나령—

우리 학교는 다른 학교보지~
더 자주 체험학습을 가서 좋고
선생님들이 친절하셔서
좋다 —아주아~

우리학교는 다른 학교에서는 교과서만 보며
수업을 할때 우리학교에서는 교과서에 나오는
것 이상으로 배우고, 조사하고 체험하는 프로젝트
수업을 해서 좋고, 공부만 하지 않고 계절 마다 하는
계절학교로 숙여가기도 하고, 체험도 많이 해서
좋다.
— 안하강 —

우리 성덕초는 체험학습도 많이 가고
자율동아리 활동, 다모임도 하면서
선후배와 친해지고 자신의 의견을 더 잘
전달할 수 있는것 같아서 좋다.
그리고 계절마다 계절학교를 하면서
놀고 재있는 활동을 하니까 너무 좋다.
앞으로도 이런 학교에 다니고싶다.
— 은율아

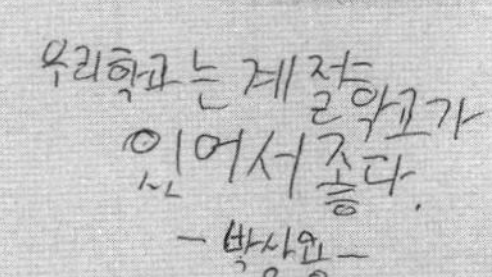

우리학교는 계절학교가
있어서 좋다.
— 박상왕 —

우리 학교의 좋은 점
〈6학년〉

우리 학교의 장점은
체험학습을 많이 가서
좋고 학생들끼리 소통하고
즐기는 벗이 많아서
좋은 것 같다. 친구들과도
잘 지낼 수 있다. 현수

다 같이 협력해서
협동도 배우고 리더쉽
도 늘었고 다양한 활동
도 할 수 있어서 좋은것같다.

가을

우리학교의 좋은 점은
체험학습을 많이 가고 자율동아리
와 다양한 프로젝트를 진행하고
계절학교등 다양한 행사를 진행한다
는 것이다.

-은혁-

우리 학교의 장점은
많을 것 같다 활동도
다양하고 급식도 맛있다
그리고 계절학교도 있다.

-소편-

우리 학교에 장점은 리더
십, 협동, 창의력등을 배우고 재미있
는 활동이 많아 재미있는 날이 엄청
많다. 이런 학교가 계속 됬으면 좋겠다.

-정욱-

우리 학교의 좋은점은
계절 학교를 운영 하는
것이다. 다른 학교가 하지
않는 프로젝트 인것같아서
더 특별하고 기다려지는 것
같다. -라윤-

〈우리 학교 장점〉
다모임과 두레 활동
으로 우리의 리더쉽을 키워주고
혁신학교 프로젝트로
다양한 체험을 해서
좋았다. 이런 기회들로
우리는 더 성장하는 것 같다.
-선준-

벌써 난 6학년이 되었다.
6년이라는 긴 시간동안
성덕초등학교에서 많은 경험을 했다
다모임을 하면서 상상력이 생기고
별빛축제와 계절학교를 즐기고
계절학교를 하면서 도전성과 욕구성을
얻어 갈수 있다 그리고 간식이 나와서
배고프지 않다 2026년에도 또
성덕초등학교를 다니고 싶다 배지예

우리 학교의 좋은 점
〈6학년〉

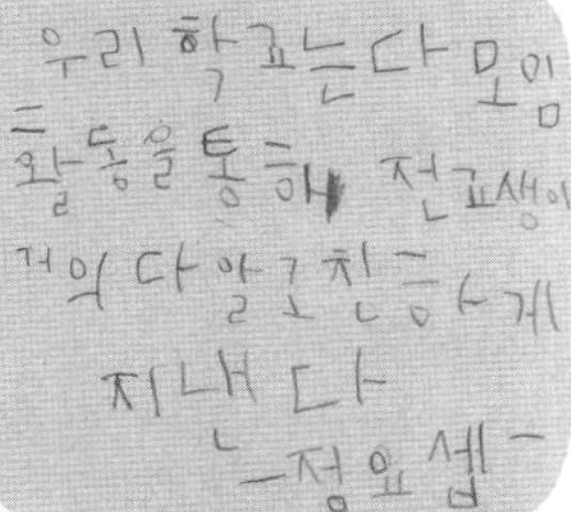

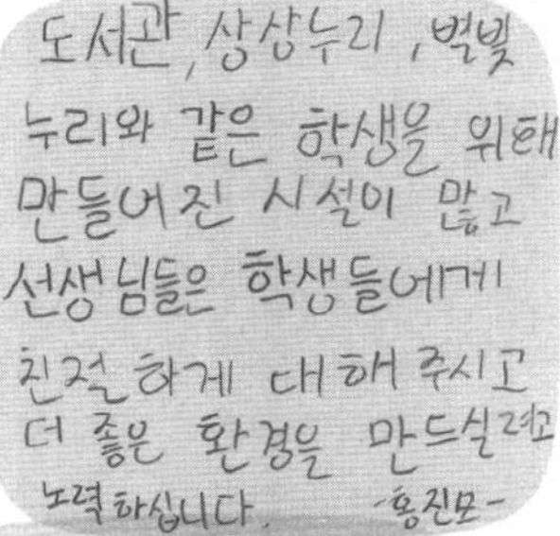

우리 학교는 다 모임 활동을 통해 전교생이 거의 다 알고 친근하게 지낸다
— 정요섭 —

도서관, 상상누리, 별빛누리와 같은 학생을 위해 만들어진 시설이 많고 선생님들은 학생들에게 친절하게 대해 주시고 더 좋은 환경을 만드실려고 노력하십니다. — 홍진모 —

선생님들이 착하시고 좋은길로 잘지도해주신다 친구들이 착하고 배려를 많이 해준다
— 준환 —

도서관, 어울림누리 등 많은 공간들이 예쁘고 동아리, 다모임 등 다양한 활동을 자주 해서 재밌다
— 장소윤 —

우리 학교 좋은점은 학생들이 학교를 자유롭게 이끌어 갈수있게 하고 학생들의 의견에 귀기울 여줍니다
— 강수용 —

학교시설도 좋고 학생들이 자치적으로 학교를 이끌어가서 재밌고 좋다
— 윤여명 —

학교 활동이 단출하지 않고 다채롭다
— 김주협 —

우리학교는 학생들에게 꿈과 자신의 장점을 알려주는 곳이다 또 체험학습과 행사등을 많이 하고 다양한 방과후로 정말 도움이 된다.
양유경

삶의 행복을 꿈꾸는 교육은
어디에서 오는가?

● **교육혁명을 앞당기는 배움책 이야기** 혁신교육의 철학과 잉걸진 미래를 만나다!

| 혁신학교 | 성열관·이순철 지음 | 224쪽 | 값 12,000원 |

| 행복한 혁신학교 만들기 | 초등교육과정연구모임 지음 | 264쪽 | 값 13,000원 |

| 서울형 혁신학교 이야기 | 이부영 지음 | 320쪽 | 값 15,000원 |

| 혁신교육, 철학을 만나다 | 브렌트 데이비스·데니스 수마라 지음 | 현인철·서용선 옮김 | 304쪽 | 값 15,000원 |

| 대한민국 교사, 어떻게 가르칠 것인가? | 윤성관 지음 | 320쪽 | 값 15,000원 |

| 아이들을 어떻게 가르칠 것인가 | 사토 마나부 지음 | 박찬영 옮김 | 232쪽 | 값 13,000원 |

| 모두를 위한 국제이해교육 | 한국국제이해교육학회 지음 | 364쪽 | 값 16,000원 |

| 경쟁을 넘어 발달 교육으로 | 현광일 지음 | 288쪽 | 값 14,000원 |

| 혁신교육 존 듀이에게 묻다 | 서용선 지음 | 292쪽 | 값 16,000원 |

| 다시 읽는 조선 교육사 | 이만규 지음 | 750쪽 | 값 37,000원 |

| 교실 속으로 간 이해중심 교육과정 | 온정덕 외 지음 | 224쪽 | 값 13,000원 |

| 대한민국 교육혁명 | 교육혁명공동행동 연구위원회 지음 | 224쪽 | 값 12,000원 |

| 포스트 코로나 시대의 교육 | 성열관 외 지음 | 224쪽 | 값 15,000원 |

| 내일 수업 어떻게 하지? | 아이함께 지음 | 300쪽 | 값 15,000원 |

| 핀란드 교육의 기적 | 한넬레 니에미 외 엮음 | 장수명 외 옮김 | 456쪽 | 값 23,000원 |

| 한국 교육의 현실과 전망 | 심성보 지음 | 724쪽 | 값 35,000원 |

| 독일의 학교교육 | 정기섭 지음 | 536쪽 | 값 29,000원 |

| 교실 속으로 간 이해중심 통합교육과정 | 온정덕 외 지음 | 224쪽 | 값 15,000원 |

| 초등 백워드 교육과정 설계와 실천 이야기 | 김병일 외 지음 | 352쪽 | 값 19,000원 |

| 학습격차 해소를 위한 새로운 도전 보편적 학습설계 수업 | 조윤정 외 지음 | 240쪽 | 값 15,000원 |

● **경쟁과 차별을 넘어 평등과 협력으로 미래를 열어가는 교육 대전환!** 혁신교육 현장 필독서

| 학교의 미래, 전문적 학습공동체로 열다 | 새로운학교네트워크·오윤주 외 지음 | 276쪽 | 값 16,000원 |

| 마을교육공동체 생태적 의미와 실천 | 김용련 지음 | 256쪽 | 값 15,000원 |

| 학교폭력, 멈춰! | 문재현 외 지음 | 348쪽 | 값 15,000원 |

| 학교를 살리는 회복적 생활교육 | 김민자·이순영·정선영 지음 | 256쪽 | 값 15,000원 |

| 삶의 시간을 잇는 문화예술교육 | 고영직 지음 | 292쪽 | 값 16,000원 |

| 미래교육을 디자인하는 학교교육과정 | 박승열 외 지음 | 348쪽 | 값 18,000원 |

| 코로나 시대, 마을교육공동체운동과 생태적 교육학 | 심성보 지음 | 280쪽 | 값 17,000원 |

대전환 시대 변혁의 교육학	진보교육연구소 교육과정연구모임 지음	400쪽	값 23,000원
교육의 미래와 학교혁신	마크 터커 지음	전국교원양성대학교 총장협의회 옮김	336쪽	값 18,000원
남도 임진의병의 기억을 걷다	김남철 지음	288쪽	값 18,000원
프레이리에게 변혁의 길을 묻다	심성보 지음	672쪽	값 33,000원
다시, 혁신학교!	성기신 외 지음	300쪽	값 18,000원
백워드로 설계하고 피드백으로 완성하는 성장중심평가	이형빈·김성수 지음	356쪽	값 19,000원
우리 교육, 거장에게 묻다	표혜빈 외 지음	272쪽	값 17,000원
교사에게 강요된 침묵	설진성 지음	296쪽	값 18,000원
왜 체 게바라인가	송필경 지음	320쪽	값 19,000원
풀무의 삶과 배움	김현자 지음	352쪽	값 20,000원
비고츠키 아동학과 글쓰기 교육	한희정 지음	300쪽	값 18,000원
교사에게 강요된 침묵	설진성 지음	296쪽	값 18,000원
마을, 그 깊은 이야기 샘	문재현 외 지음	404쪽	값 23,000원
비난받는 교사	다이애나 폴레비치 지음	유성상 외 옮김	404쪽	값 23,000원
한국교육운동의 역사와 전망	하성환 지음	308쪽	값 18,000원
철학이 있는 교실살이	이성우 지음	272쪽	값 17,000원
왜 지속가능한 디지털 공동체인가	현광일 지음	280쪽	값 17,000원
선생님, 우리 영화로 세계시민 만나요!	변지윤 외 지음	328쪽	값 19,000원
아이를 함께 키울 온 마을은 어떻게 만들어야 할까?	차상진 지음	288쪽	값 17,000원
선생님, 제주 4·3이 뭐예요?	한강범 지음	308쪽	값 18,000원
마을배움길 학교 이야기	김명신, 김미자, 서영자, 윤재화, 이명순 지음	300쪽	값 18,000원
다시, 남도의 기억을 걷다	노성태 지음	332쪽	값 19,000원
세계의 혁신 대학을 찾아서	안문석 지음	284쪽	값 17,000원
소박한 자율의 사상가, 이반 일리치	박홍규 지음	328쪽	값 19,000원
선생님, 평가 어떻게 하세요?	성열관 외 지음	220쪽	값 15,000원
남도 한말의병의 기억을 걷다	김남철 지음	316쪽	값 19,000원
생태전환교육, 학교에서 어떻게 할까?	심지영 지음	236쪽	값 15,000원
북유럽의 교사와 교직	예스터 에크하르트 라르센 외 엮음	유성상·김민조 옮김	412쪽	값 24,000원
산마을 너머 지금 뭐해?	최보길 외 지음	260쪽	값 17,000원
전문적 학습네트워크	크리스 브라운·신디 푸트먼 엮음	성기선·문은경 옮김	424쪽	값 24,000원

교육사상가의 삶과 사상 2 · 김누리 외 지음 | 유성상 엮음 | 432쪽 | 값 25,000원

선생님이 왜 노조 해요? · 윤미숙 외 지음 | 교사노동조합연맹 기획 | 328쪽 | 값 18,000원

교실을 광장으로 만들기 · 윤철기 외 지음 | 212쪽 | 값 17,000원

초등 개념기반 탐구학습 설계와 실천 이야기 · 김병일 지음 | 380쪽 | 값 27,000원

다시 읽는 민주주의와 교육 · 존 듀이 지음 | 심성보 옮김 | 620쪽 | 값 32,000원

자율성과 전문성을 지닌 교사되기 · 린다 달링해몬드, 디온 번즈 지음 | 전국교원양성대학교총장협의회 옮김 | 412쪽 | 값 25,000원

선생님, 완벽하지 않아도 괜찮아요 · 유승재 지음 | 264쪽 | 값 17,000원

지속가능한 리더십 · 앤디 하그리브스, 딘 핑크 지음 | 정바울, 양성관, 이경호, 김재희 옮김 | 352쪽 | 값 21,000원

남도 명량의 기억을 걷다 · 이돈삼 지음 | 280쪽 | 값 17,000원

교사가 아프다 · 송원재 지음 | 300쪽 | 값 18,000원

존 듀이의 생명과 경험의 문화적 전환 · 현광일 지음 | 272쪽 | 값 17,000원

왜 읽고 쓰고 걸어야 하는가? · 김태정 지음 | 300쪽 | 값 18,000원

미래 교직 디자인 · 캐럴 G. 베이즐 외 지음 | 정바울 외 옮김 | 192쪽 | 값 17,000원

타일러 교육과정과 수업 설계의 기본 원리 · 랄프 타일러 지음 | 이형빈 옮김 | 176쪽 | 값 15,000원

시로 읽는 교육의 풍경 · 강영택 지음 | 212쪽 | 값 17,000원

부산 교육의 미래 2026 · 이상철 외 지음 | 384쪽 | 값 22,000원

11권의 그림책으로 만나는 평화통일 수업 · 경기평화교육센터·곽인숙 외 지음 | 304쪽 | 값 19,000원

명량 10대 명량 챌린지 · 강정희 지음 | 320쪽 | 값 18,000원

교장이 바뀌면 학교가 바뀐다 · 홍제남 지음 | 260쪽 | 값 16,000원

교육정치학의 이론과 실천 · 김용일 지음 | 308쪽 | 값 18,000원

교사, 깊이 있는 학습을 말하다 · 황철형 외 5인 지음 | 210쪽 | 값 15,000원

더 나은 사고를 위한 교육 · 앤 마가렛 샤프·로렌스 스플리터 지음 | 김혜숙·박상욱 옮김 | 432쪽 | 값 25,000원

세계의 대안교육 · 넬 나딩스·헬렌 리즈 지음 | 심성보 외 11인 옮김 | 652쪽 | 값 38,000원

더 좋은 교육과정 더 나은 수업 · 이형빈 지음 | 290쪽 | 값 18,000원

한나 아렌트와 교육 · 모르데하이 고든 지음 | 조나영 옮김 | 376쪽 | 값 23,000원

공동체의 힘, 작은학교 만들기 · 미셸 앤더슨 외 지음 | 권순형 외 옮김 | 262쪽 | 값 18,000원

어떻게 어린이를 사랑해야 하는가-개정판 · 야누시 코르착 지음 | 송순재, 안미현 옮김 | 396쪽 | 값 23,000원

토대역량과 사회정의 · 알렌산더 M 지음 | 유성상, 이인영 옮김 | 324쪽 | 값 22,000원

나는 어떤 특수 교사인가-개정판 · 김동인 지음 | 268쪽 | 값 17,000원

북한교육과 평화통일교육 · 이병호 지음 | 336쪽 | 값 22,000원

능력주의 시대, 교육과 공정을 사유하다   한국교육사상학회 지음 | 280쪽 | 값 19,000원

교사와 학부모, 어디로 가는가?   한만중, 김용, 양희준, 장귀덕 지음 | 252쪽 | 값 17,000원

프레네, 일하는 인간의 본성과 교육   셀레스텡 프레네 지음 | 송순재 엮음 | 김병호, 김세희, 정훈, 황성원 옮김 | 564쪽 | 값 33,000원

지속가능한 마을교육공동체 운동   양병찬, 한혜정 지음 | 268쪽 | 값 18,000원

평생학습으로 두 나라를 잇다   고바야시 분진 지음 | 양병찬, 이정연 편역 | 220쪽 | 값 15,000원

초등 1학년 교실, 궁금하세요?   이경숙 지음 | 324쪽 | 값 19,000원

정의로운 한국사   김은석 지음 | 272쪽 | 값 17,000원

세계의 교사 교육   린다 달링 –해먼드. 앤 리버맨 편저 | 전국교원양성대학교총장협의회 번역 | 320쪽 | 값 21,000원

'좋아요'와 '싫어요'를 넘어: 우리를 위한 미디어 리터러시   여은호, 원숙경지음 | 268쪽 | 값 18,000원

남도 항일독립운동가의 기억을 걷다   김남철 지음 | 292쪽 | 값 19,000원

에듀테크, 교육에 좋은가?   닐 셀윈 지음 | 유성상, 배정현, 김범주 옮김 | 238쪽 | 값 18,000원

독일 정치교육   볼프강 잔더, 케르스틴 폴 지음 | 504쪽 | 값 32,000원

혁신교육과 마을교육의 도전과 전환   윤양수 지음 | 212쪽 | 값 17,000원

한국의 교사와 교원노조   박정훈 지음 | 344쪽 | 값 21,000원

위선자가 되지 않는 법   아담 스위프트 지음 | 곽덕주, 이승현, 이진호, 배춘환 옮김 | 316쪽 | 값 19,000원

교육의 정치적 중립성   김용 외 12명 지음 | 420쪽 | 값 25,000원